北大中文文库

阴法鲁文选

阴法鲁 著 / 刘玉才 编选

北京大学出版社
PEKING UNIVERSITY PRESS

图书在版编目(CIP)数据

阴法鲁文选/阴法鲁著;刘玉才编选.—北京:北京大学出版社,2010.9
(北大中文文库)
ISBN 978-7-301-17690-0

Ⅰ.①阴… Ⅱ.①阴…②刘… Ⅲ.阴法鲁(1915—2002)-文集
Ⅳ.C53

中国版本图书馆CIP数据核字(2010)第163792号

书　　　名:	阴法鲁文选
著作责任者:	阴法鲁 著　刘玉才 编选
责 任 编 辑:	张弘泓
标 准 书 号:	ISBN 978-7-301-17690-0/G·2937
出 版 发 行:	北京大学出版社
地　　　址:	北京市海淀区成府路205号　100871
网　　　址:	http://www.pup.cn
电 子 邮 箱:	zpup@pup.pku.edu.cn
电　　　话:	邮购部 62752015　发行部 62750672　编辑部 62753334 出版部 62754962
印 刷 者:	三河市北燕印装有限公司
经 销 者:	新华书店

650毫米×980毫米　16开本　16印张　230千字
2010年9月第1版　2010年9月第1次印刷

定　　价: 32.00元

未经许可,不得以任何方式复制或抄袭本书之部分或全部内容。
版权所有,侵权必究　举报电话:010-62752024
　　　　　　　　　　电子邮箱:fd@pup.pku.edu.cn

目 录

那些日渐清晰的足迹(代序)……………………陈平原(1)
前　言……………………………………………………(1)

学习整理中国古代音乐史料小记……………………(1)
《乐记》试论
　　——读吕骥同志《乐记理论探新》札记………(10)
"六律六吕"与"六律六同"…………………………(16)
汉乐府与清商乐………………………………………(20)
霓裳羽衣曲……………………………………………(32)
隋唐时期的"文康乐"…………………………………(39)
南北朝至唐代佛教寺院的音乐活动…………………(43)
唐宋大曲之来源及其组织……………………………(51)
从敦煌壁画论唐代的音乐和舞蹈……………………(98)
从音乐和戏曲史上看中国和日本的文化交流………(122)
利玛窦与欧洲教会音乐的东传………………………(131)
中国古代音乐史料杂记三则…………………………(138)
西藏音乐资料见闻札记………………………………(144)

《诗经》中的舞蹈形象…………………………………(149)
《诗经》乐章中的"乱"…………………………………(162)
《商颂》的《那》篇和《烈祖》篇初探……………………(169)
中国古代诗歌中的唱和形式…………………………(173)
关于词的起源问题……………………………………(189)
姜白石歌词十七首今译………………………………(203)

古文献中不同语言的译语校注问题……………………………(215)
敦煌唐末佚诗所反映的当地状况………………………………(221)
唐代西藏马毬戏传入长安…………………………………………(232)

阴法鲁先生学术年表………………………………………………(237)
后　记………………………………………………………………(239)

那些日渐清晰的足迹(代序)

随着时光流逝，前辈们渐行渐远，其足迹本该日渐模糊才是；可实际上并非如此。因为有心人的不断追忆与阐释，加上学术史眼光的烛照，那些上下求索、坚定前行的身影与足迹，不但没有泯灭，反而变得日渐清晰。

为什么？道理很简单，距离太近，难辨清浊与高低；大风扬尘，剩下来的，方才是"真金子"。今日活跃在舞台中心的，二十年后、五十年后、一百年后，是否还能常被学界记忆，很难说。作为读者，或许眼前浮云太厚，遮蔽了你我的视线；或许观察角度不对，限制了你我的眼光。借用鲁迅的话，"伟大也要有人懂"。就像今天学界纷纷传诵王国维、陈寅恪，二十年前可不是这样。在这个意义上，时间是最好的裁判，不管多厚的油彩，总会有剥落的时候，那时，什么是"生命之真"，何者为学术史上的"关键时刻"，方才一目了然。

当然，这里有个前提，那就是，对于那些曾经作出若干贡献的先行者，后人须保有足够的敬意与同情。十五年前，我写《与学者结缘》，提及"并非每个文人都经得起'阅读'，学者自然也不例外。在觅到一本绝妙好书的同时，遭遇值得再三品味的学者，实在是一种幸运"。所谓"结缘"，除了讨论学理是非，更希望兼及人格魅力。在我看来，与第一流学者——尤其是有思想家气质的学者"结缘"，是一种提高自己趣味与境界的"捷径"。举例来说，从事现代文学或现代思想研究的，多愿意与鲁迅"结缘"，就因其有助于心灵的净化与精神的提升。

对于学生来说，与第一流学者的"结缘"是在课堂。他们直接面对、且日后追怀不已的，并非那些枯燥无味的"课程表"，而是曾生气勃勃地活跃在讲台上的教授们——20世纪中国的"大历史"、此时此地的"小环境"，讲授者个人的学识与才情，与作为听众的学生们共同酿造了诸多充满灵气、变化莫测、让后世读者追怀不已的"文学课堂"。

如此说来，后人论及某某教授，只谈"学问"大小，而不关心其"教学"好坏，这其实是偏颇的。没有录音录像设备，所谓北大课堂上黄侃如何狂放、黄节怎么深沉，还有鲁迅的借题发挥等，所有这些，都只能借助当事人或旁观者的"言说"。即便穷尽所有存世史料，也无法完整地"重建现场"；但搜集、稽考并解读这些零星史料，还是有助于我们"进入历史"。

时人谈论大学，喜欢引梅贻琦半个多世纪前的名言："所谓大学者，非谓有大楼之谓也，有大师之谓也。"何为大师，除了学问渊深，还有人格魅力。记得鲁迅《关于太炎先生二三事》中有这么一句话："先生的音容笑貌，还在目前，而所讲的《说文解字》，却一句也不记得了。"其实，对于很多老学生来说，走出校门，让你获益无穷、一辈子无法忘怀的，不是具体的专业知识，而是教授们的言谈举止，即所谓"先生的音容笑貌"是也。在我看来，那些课堂内外的朗朗笑声，那些师生间真诚的精神对话，才是最最要紧的。

除了井然有序、正襟危坐的"学术史"，那些隽永的学人"侧影"与学界"闲话"，同样值得珍惜。前者见其学养，后者显出精神，长短厚薄间，互相呼应，方能显示百年老系的"英雄本色"。老北大的中国文学门（系），有灿若繁星的名教授，若姚永朴、黄节、鲁迅、刘师培、吴梅、周作人、黄侃、钱玄同、沈兼士、刘文典、杨振声、胡适、刘半农、废名、孙楷第、罗常培、俞平伯、罗庸、唐兰、沈从文等（按生年排列，下同），这回就不说了，因其业绩广为人知；需要表彰的，是1952年院系调整后，长期执教于北大中文系的诸多先生。因为，正是他们的努力，奠定了今日北大中文系的根基。

有鉴于此，我们将推出"北大中文文库"，选择二十位已去世的北大中文系名教授（游国恩、杨晦、王力、魏建功、袁家骅、岑麒祥、浦江清、吴组缃、林庚、高名凯、季镇淮、王瑶、周祖谟、阴法鲁、朱德熙、林焘、陈贻焮、徐通锵、金开诚、褚斌杰），为其编纂适合于大学生/研究生阅读的"文选"，让其与年轻一辈展开持久且深入的"对话"。此外，还将刊行《我们的师长》《我们的学友》《我们的五院》《我们的青春》《我们的园地》、《我们的诗文》等散文随笔集,献给北大中文系百年庆典。也就是说,除了著述,还有课堂;除了教授,还有学生;除了学问,还有心情;除了大师之登高一呼,还有同事之配合默契;除了风和日丽时之引吭高歌,还有风雨如晦时的相濡以沫——这才是值得我们永远追怀的"大学生活"。

没错,学问乃天下之公器,可有了"师承",有了"同窗之谊",阅读传世佳作,以及这些书籍背后透露出来的或灿烂或惨淡的人生,则另有一番滋味在心头。正因此,长久凝视着百年间那些歪歪斜斜、时深时浅,但却永远向前的前辈们的足迹,有一种说不出的感动。

作为弟子、作为后学、作为读者,有机会与曾在北大中文系传道授业解惑的诸多先贤们"结缘",实在幸福。

陈平原
2010年3月5日于京西圆明园花园

前　言

　　阴法鲁先生(1915—2002)，山东省肥城县人，著名古典文献学家和音乐舞蹈史专家。1935年考入北京大学中文系读书，1939年在昆明西南联合大学中文系毕业。1942年昆明北京大学文科研究所首届研究生毕业，获硕士学位。历任昆明北京大学文科研究所研究助教，武昌华中大学(迁滇)副教授，北京政法学院副教授，中国科学院历史研究所副研究员，北京大学副教授、教授，中国文化书院导师，北京市音乐舞蹈协会副主席，国家古籍整理出版规划小组成员诸职。主要论著有《唐宋大曲之来源及其组织》、《宋姜白石创作歌曲研究》(与杨荫浏先生合著)、《从敦煌壁画论唐代的音乐和舞蹈》、《从音乐和戏曲史上看中国和日本的文化交流》、《关于词的起源问题》、《古文献中不同语言的译语校注问题》等，结集有《阴法鲁学术论文集》(中华书局，2008)。20世纪70年代，阴法鲁先生参加中华书局本廿四史的整理工作，主要负责《隋书》的点校定稿。此外，还主编有高校文科教材《中国古代文化史》，荣获教育部、北京大学等各项奖励。

　　阴法鲁先生的主要研究方向为古典文献学和中国文化史，侧重古代音乐舞蹈研究，在古代音乐与文学交叉领域的研究有突出贡献。1939年，阴先生于西南联合大学毕业之后，即考入北京大学文科研究所，与逯钦立、马学良、周法高、杨志玖、王明、任继愈等成为该所西南联大时期首届研究生。阴先生的研究生导师为罗庸(庸中)、杨振声(今甫)先生，两先生为其确定的研究方向为"词之起源及其演变"。罗庸先生还拟订了详细的研究工作指导说明书，并提示三点研究进阶：其一，唐五代宋词调之统计及时代之排比；其二，就各调之性质分类，溯其渊源；其三，依性质及时次，重编一"新词律"，主要在调名题解及说明其在文学史上之关系，不重在平仄律令之考订。罗庸先生把随身携带的清万澍《词律》和清徐本立《词律拾遗》两书交由阴先生剪贴,编成《词调长编》,另外编集《乐调长编》,然后以两长编为条目,归纳门类,辑录资料,强调要"从乐曲之见地,溯其渊源,明其体变"。在扎实的文献工作基础上,阴先生得以进入唐宋音乐与文学关系领域的探究,并认识到研究古代诗歌体裁的发展嬗变,首先必须研究当时乐曲形式的发展嬗变。循此思路,阴先生在罗庸先生指导下,撰写完成毕业论文《词与唐宋大曲之关系》。大曲是燕乐之一种,每曲由十余乐章组成,结构颇为复杂。其为唐代梨园法部所用者,谓之"法曲";如仅截取其后半部分,则称为"曲破"。大曲盛行于唐宋时期,且堪称两代音乐最高之典制。大曲影响所及,不惟产生若干词调曲调,即宋之杂剧,金之院本,元之杂剧,亦莫不承其余绪,在文学史上占据重要地位。王国维先生著有《唐宋大曲考》,开大曲研究之先河,然所论仅限宋代,唐代大曲较少涉及,宋代部分亦失之简略,且颇有可商榷之处。阴先生论文在王国维先生研究的基础上,全面梳理大曲的来源与组织结构,进而深入分析词调与大曲之关系,大曲曲词之特征,探究词的起源问题。因为相关研究植根于深厚的音乐史背景,且视角独到,故其论述推理缜密,结论颇具说服力。

阴先生的研究结论,澄清了唐宋大曲及其与文学关系研究的许多关键问题。如唐梨园法部所演奏之法曲实即大曲,或有以为古代之遗音者。清儒凌廷堪《燕乐考原》即指法曲出于清商三调,"天宝法曲即清商南曲"。阴先生条分缕析,多方举证,论定凌说之非,法曲不能等同清商,成为定谳。至于大曲的来源,阴先生认为,既有对清商乐"相和大曲"的继承,又有传自西域者,还有根据西域音乐自造者。唐宋大曲的特征有三:即多遍,具备序、破之组织,配舞,缺一不可。"遍",亦作"徧"、"片",虽为乐曲单位名称,然所指范围有大小之别。大曲包括的许多可以独立之小曲,相对于整部大曲而言,谓之"大遍";而就其中一节而言,则有排遍、摅遍、衮遍诸称,此"遍"也有称"叠"者,大致相对于西方音乐中的乐章,而所谓"小遍",即指大曲中可以独立之乐章;每遍所包括之小曲,也有不止一曲者。此种小曲,或亦谓之"遍",或谓之"叠",或谓之"阙",源光圀《大日本史·礼乐志》谓之"帖"。大曲虽有多遍,但结构大致为三部分,即白居易《霓裳羽衣歌》描述之散序、中序和破。王国维《唐宋大曲考》云:"顾大曲虽多至数十遍,亦只分三段:散序为一段,排遍、攧、正攧为一段,入破以下至煞衮为一段。"此正可与白氏散序、中序、破相对应。散序部分没有拍子,也不配以舞蹈,然别具一种悠扬婉转之情调。大曲自"排遍"开始有拍。"排遍"亦称"叠遍",因大曲各遍内包含小曲不止一曲,而尤以排遍为多,故谓之"排"、"叠"。任二北《南宋词之音谱拍眼考》认为"排遍之排谓排匀也",恐失之穿凿。王国维《唐宋大曲考》云:"唐以前,'中序'即'排遍',宋之'排遍'亦称'歌头'。"然唐大曲之中序与宋大曲之歌头,两者虽地位相当,仍有可区别之处。宋大曲虽然歌者自排遍起,但与歌头得名之由来,无甚关涉。根据文献记载,唐五代已有"歌头"之说。排遍起歌,则歌头必为排遍之第一遍,可由宋人作品证明。大曲多遍繁复,故至于宋代,管弦家在普通演奏时,已多截取某一部分。此截取之部分,即谓之"摘遍"。摘遍之法盛行,影响有二:即词家选择大曲之摘遍以填词,曲家就摘遍衍生创制性质不同之独立乐曲。

  词是唐代产生的一种文学体裁,而且与当时的音乐有密切关系。唐代音乐以新兴的燕乐为主体,其间源自西域的音乐又占有重要位置,并成为教坊演奏的主要内容。因此,有学者推断,词的产生与创作,其大部分就是为了配合这种流行的新乐曲调。因为燕乐的乐器以琵琶为主,音律变化繁多,五七言诗体不容易与之配合,遂有长短句形式的歌词应运而生。阴先生对此类观点,不表认同。他认为,不能单纯根据西域乐器和乐律盛行中原的记载,就推断西域音乐占据统治地位,肆意夸大西域音乐的影响。唐代新兴燕乐并非与中原传统音乐截然划分,判若鸿沟。唐代音乐是中原地区民间音乐、传统音乐和西域音乐诸因素融合而成,西域乐器和乐律的流行,丰富了演奏声音,提高了演奏技巧,促进了音乐艺术的发展,但并没有导致中原音乐脱离自己的传统和基础,改变发展轨道,形成另一种体系的风格。基于此种对唐代音乐的认识,阴先生不认同词作为唐代音乐的产物,主要是配合西域音乐的观点。他根据自己爬梳的词调文献统计,指出唐宋时代大致固定的填词乐曲,约有八百七十余首,其间大约有八十首出于唐代的教坊曲,而可以成为西域乐曲或具有西域情调者,不超过十分之二。在宋代音乐中,西域音乐因素占的比重更小。大部分词调还是出于民间乐曲,也有出于琴曲和清商乐者。因此,词所配合的主要还是中原地区乐曲,而词起源于民间,也已为敦煌曲子词所证明。

罗庸教授主张"古代韵文是由于唱才发展起来的,唱是普遍的",他三十年代讲授曹操《短歌行》(其一),即指出此诗是宴会中宾主唱和之作。阴先生深受启发,遂尝试照此路数分析《诗经》各篇的结构,颇有独到之见。他认为《诗经》有不少篇属于唱和形式,并大致归为三种类型:第一、对唱,两人或两方交替歌唱。或采取问答方式,或采取接续方式。问答方式如《召南·采蘋》:"〔唱〕于以采蘋?〔和〕南山之滨。〔唱〕于以采藻?〔和〕于彼行潦。"(下略。"唱"、"和"字眼是现在所加,下同。)接续方式如《周南·芣苢》:"〔唱〕采采芣苢,薄言采之。〔和〕采采芣苢,薄言有之。"(下略)第二、帮腔,是紧接每段唱词尾句、每句唱词或全首唱词尾句而出现的应和部分,一般采用"一唱众和"的方式。如《郑风·木瓜》:"〔唱〕投我以木瓜,报之琼琚。〔和〕非报也,永以为好也。〔唱〕投我以木桃,报之以琼瑶。〔和〕非报也,永以为好也。"(下略)第三、重唱,依照同一曲调唱歌。如《商颂》的《那》篇和《烈祖》篇都是春秋时期商族后裔宋国公室祭祀商汤时用的乐歌。旧本把这两篇都定为一章,阴先生把这两篇各分为五章,每章四句,每篇都剩余两句"顾予烝尝,汤孙之将"。两篇章法相同,只是《烈祖》第四章多一字,无关全篇结构。因此,可以推论两篇属于同一曲调,先唱《那》,后唱《烈祖》,《烈祖》就属于重唱之类。两篇的末尾两句可能是祝语,在诗歌结构上也可以算是帮腔之类。《诗经》之外,唱和形式在汉魏乐府、南北朝清商曲词、唐代歌舞戏、竹枝词以及古代民歌中,也都普遍存在。

阴先生还就《诗经》乐章中的"乱"进行了分析。"乱"是古代音乐名词,指较长乐曲的尾章,而且往往采用多种乐器合奏,以达至高潮部分。根据阴先生的推论,《诗经》里的乐歌许多都具备"乱"段,而现存文献记载可以确定的,则有三篇,即《周南·关雎》、《周颂·大武》和《商颂·那》。《国语·周语》记载:"昔正考父校商之名颂十二篇,以《那》为首。其辑之'乱'曰:'自古在昔,先民有作,温恭朝夕,执事有恪。'"这四句是

《那》篇的最后一章，也是乐曲的乱。春秋时期之后，"乱"这种艺术形式为其他作品所继承。《楚辞》和乐府中某些作品有"乱"，在乐府中或称为"趋"。唐宋大曲的结尾乐段称"煞衮"，宋金"诸宫调"每一组乐曲中大都有"尾"，元散曲"套数"中有"尾"，或称"尾声"、"收尾"、"煞尾"等等，都相当于"乱"的部分。由"乱"的问题引申，阴先生还认为古代乐曲多比较短，如果歌词只用一只乐曲，不能尽意，于是有重复使用，即用多节歌的办法，也有用组曲和大曲形式的办法。《仪礼》有"间歌"、"合乐"的文字记载，已反映出演唱程式和内容的复杂。因此，当时的组曲所吸收的乐曲或属于同一地区，或属于同一门类，而内容又相似，可以保持组曲情调的协调。组曲的诗歌在今《诗经》中多排在一处或接近处，或许《诗经》中有一部分诗篇的编排是以音乐情调为次序的。

阴先生以古代音乐与文学的关系作为学术研究的主攻方向，视角堪称新颖，但其研究方法仍传承扎实的朴学功夫，注重文献基础。不仅选题之初，即从梳理文献入手，在研究过程中也是有一分材料说一分话，不尚空谈。1942年初，阴先生研究生毕业，留任北京大学文科研究所研究助教。当时该所所长为傅斯年先生，对年轻人要求很高，经常找他们谈话，督促学业，贯彻其"史学即史料学"的理念，倡导"上穷碧落下黄泉，动手动脚找东西"。严格的文献训练不仅为阴先生的治学打下了扎实的基础，还令其获得了古典文献学者的称号。1959年，在翦伯赞、吴晗、金灿然、魏建功等前辈学者的倡议下，北京大学创设古典文献专业，魏建功先生主持，次年即邀请阴先生到专业执教，并协助其工作。此后，阴先生长期在北京大学中文系古典文献专业担任教学科研工作，强调古典文献和文化史基础知识的训练，培养了不少专门人才。他本人除在中国音乐舞蹈史领域耕耘之外，也致力于古籍整理研究工作，参与了中华书局廿四史点校等古籍整理项目，业绩斐然，成为公认的古典文献学专家。

虽然治学继承了注重文献的朴学传统，但阴先生的学术视野并未局限于此，而是接受了现代史学的进步理念，非常重视古文献资料与文物资料的结合，与社会调查资料的结合，以及中国材料与外国材料的结合。他认为，文献记载虽是研究古代音乐文化史的主要资料，但古文献中有记载过于简略、不周密、不具体或疏漏、错误、伪托的情况,需要用文物资料和社会调查资料来加以补充、澄清和订正。如商代甲骨文中有"樂"字,像木板上张着丝弦,有学者认为其原来就是一种弦乐器。阴先生认为,木板上张着丝弦,还必须有共鸣器,才能发出较高的音响。甲骨文中就有一个带底座的"樂"字,底座大概同时就是共鸣箱。这种乐器可能就是古琴的原型。湖北随县曾侯乙墓以及长沙马王堆汉墓出土的古琴,琴面板的背部有槽,和另一块有槽的底板相合后,才能构成共鸣器,这是商代以来的遗制。当时因限于工艺水平,还不能做出固定的中间保留较大空间的共鸣器。古文字和古文物的实证反映出一种乐器形成发展的过程,可以弥补文献记载之不足。阴先生还对敦煌石窟壁画和藏经洞文献研究倾注了极大热情,他与向达、常书鸿、阎文儒等敦煌学者交往密切,1962年即在北大组织主持"敦煌发现60周年纪念系列讲座"。他先后撰写了十余篇论文,利用敦煌壁画资料,结合文献记载与传世文物,考察唐代的乐器、服饰、舞姿,解读舞谱,描摹丝绸之路文化交融的盛况。阴先生的敦煌艺术研究成果,在许多方面都具有开创之功。

　　社会调查是近世学术颇为倚重的研究手段,阴先生较早地将其引入音乐文学研究领域。比如他注意到各地民歌,特别是西南地区的山歌,许多都采取唱和形式,即领起部分和应和部分相结合的形式。而古代许多入歌作品,亦有此例。遂参照分析中国古代诗歌的唱和形式。西安及其近郊流行一种传统的民间音乐,称为"鼓乐"。据学者研究,鼓乐保存着某些唐宋大曲的遗迹。阴先生认为这是极有价值的资料,推测鼓乐中所用的独奏、轮奏、合奏等演奏方式,应存在于唐宋大曲之中。鼓乐演奏时还有穿插乐段、变奏、加花等手法,乐谱之外有口传心授的部分。依例可以想见,唐宋大曲在演奏时,于乐谱之外,或有即兴穿插补充之处。1959年,阴先生与历史研究所的同事参加西藏文物调查,历时四个月,遍览西藏重要寺庙。其间,他特别关注各寺庙残存的乐器、壁画和经书文献,并据此考察吐蕃文化与敦煌文化的关联,西藏文化与内地文化的联系。此类研究,当时还很少有人涉足。

　　对于国外材料的利用,阴先生在敦煌音乐舞蹈艺术研究方面,已经做出了很好的示范。他在考察敦煌壁画描摹的乐器、服饰、舞蹈时,穷究其地域背景,并引用不同文种的文献和社会调查资料予以佐证。如考察敦煌壁画乐器时,即引用到日本宫内省存藏的腰鼓、羯鼓实物,日本信西古乐图描绘的羯鼓、揩鼓,以及亚述的铜铙等国外材料。论及"答腊鼓",则联系到新疆维吾尔族仍在使用的名为"答普"的手鼓,并引用唐代张祜《周员外席上观柘枝》诗句"画鼓拖环锦臂攘"为例,指出类似形式的鼓,法文称"昙不腊",英文称"昙波铃"(tambourine),阿拉伯人称"塔波儿",都是源于同一语根。类似的考证事例再如:商代甲骨文"龠"字是一种编管乐器,至战国时代称为"箫"或"籁"。用竹管排比而成,即指排箫。至今国内外有些民族语言称管乐器为"奈伊"(nay),和籁的读音相近。如维吾尔语称笛为奈伊,中亚各族语称管乐器为奈伊,特别是匈牙利语和罗马尼亚语,就称排箫为奈伊。汉语古代中方言往往 l 和 n 不分,因此,nay 很有可能是籁的音译。阴先生还对中外音乐文化交流史进行了全面而深入的研究,撰写了《丝绸之路上中外舞乐交流》、《唐代中国和亚洲各国音乐文化的交流》、《从音乐和戏曲史上看中国和日本的文化交流》、《历史上中国和东方诸国音乐文化的交流》、《古代中国与南方邻国的音乐文化交流》、《明清时代中外音乐文化的交流》、《利玛窦与欧洲教会音乐的东传》、《近代澳门与中外音乐文化的交流》等论文,学术贡献卓著。

综观阴先生的治学经历,我们深切地感受到,他在学术切入点和研究对象的选择上,明显具有现代学术的眼光,而在研究方法上,则既崇尚传统朴学功夫,强调文献基础,同时又接受现代史学重视文物考古和社会调查资料的先进理念。因此,他的研究选题虽然角度不大,对象冷僻,但立论甚高,视野开阔。阴先生并不是一位书斋型学者,他的学术追求都是尽力与实践相结合,服务于现实。20 世纪 50 年代起,由于受苏联学术分科体系的影响,交叉边缘类课题研究处境尴尬,即便是在北京大学这样的综合性大学,阴先生的研究也难以得到理解和容纳。但阴先生仍坚持在自己的园地默默耕耘,并努力让自己的学术成果付诸实践。他为校外音乐舞蹈史学界培养的不少人才,都成为指导古代音乐舞蹈实践的骨干。他本人还与著名音乐史家杨荫浏先生合作,研究南宋词人姜夔,解译其词曲乐谱,令宋时的吟唱再现于七八百年后的舞台。上世纪80年代,驰名中外的民族舞剧《丝路花雨》,其辉煌成功的背后也有艺术顾问阴先生的一份贡献。

学习整理中国古代音乐史料小记

1935年我考入北京大学中文系读书。1939年在昆明西南联合大学（由北大、清华、南开三大学联合组成）毕业后，即考入北大文科研究所，做研究生，导师为罗庸（膺中）先生和杨振声（今甫）先生。两先生给我定的研究题目是《词的起源及其演变》。罗先生写了详细的研究工作指导说明书，强调指出要"从乐曲之见地，溯其渊源，明其体变"。罗先生把自己随身带去的《词律》（清万澍撰）和《词律拾遗》（清徐本立撰）两书，交我剪贴，编成《词调长编》；此外，对一般乐曲，则编为《乐调长编》。然后以两长编为条目，辑录有关材料。通过这两项资料工作，我对唐宋时代音乐与文学的关系问题开始有所了解，认识到要研究古代诗歌体裁的发展嬗变，必须先研究其时乐曲形式的发展嬗变。匆匆两年半过去，罗先生指导我先就《词与唐宋大曲之关系》专题，写成论文，于1942年初，在研究所毕业。尔后，无论从事教学或研究工作，都常常思考这类问题，只是由于个人的钻研不够，所得成果实在不多。

近年来，许多音乐史家都注意到，中国古代音乐史既不能和诗歌史分离，又是和中国古代文化史密切相关的。我国各族人民世世代代辛勤创造的音乐文化源远流长，而且又保存下来非常丰富的史料。其中有（甲）音乐文献资料，包括有关文字记载及唐代以来的各种乐谱；（乙）文物资料，包括地上保存的和地下发掘出的有关文物；（丙）社会调查资料，包括古代乐曲的遗音、古代音乐活动的流风余韵以及民间的音乐实践经验、民间的口头传说等。我们面对着如此丰富的音乐文化遗产，应当学习前辈学者的研究成果和治学方法，继续探索中国古代音乐文化史上的问题。这里谈谈我学习前辈研究方法，从事整理运用音乐史料的点滴体会。

一　古文献资料与古文物资料结合

文献记载是研究古代音乐文化史的主要资料。但古文献中有记载过于简略、不周密、不具体或疏漏、错误、伪托的情况，需要文物资料和社会调查资料来加以补充、澄清和订正。所谓文物资料指绘画、雕塑以及后来出土或发现的古文字、古文献和古器物等。例如：

1. 商代甲骨文中有"樂"(乐)字，像木板上张着丝弦。有的学者认为它原来就是一种弦乐器。按木板上张着丝弦，必须有共鸣器，才能发出较高的音响。甲骨文中就有一个带底座的樂字，底座大概同时就是共鸣箱。这种乐器可能就是古琴的原型。湖北随县曾侯乙墓以及长沙马王堆汉墓出土的古琴，琴面板的背部有槽，和另一块有槽的底板相合后，才能构成共鸣器，这是商代以来的遗制。当时因限于工艺水平，还不能做出固定的中间保留较大空间的共鸣器。古文字和古文物可以反映一种乐器形成发展的过程。

2. 中国古代乐律学上的十二律形成很早，但在各地名称不统一，最后定为黄钟、大吕、太簇、夹钟、姑洗、中吕、蕤宾、林钟、夷则、南吕、无射、应钟。十二律表示绝对音高，由低音往高音排列，相邻两音之间依次相差半音。古代又把十二律分为两组："六律"(阳律)——黄钟、太簇、姑洗、蕤宾、夷则、无射；"六吕"(阴律)——大吕、夹钟、仲吕、林钟、南吕、应钟。因此，"律吕"便成为乐律的代称。"律"可以解释为早期定律的竹管，"吕"又怎样解释呢？按《周礼·春官》有"六律六同"、"典同"(乐官)及"太师(乐官)执同律，以听军声"的记载。东汉郑众注："阳律以竹为管，阴律以铜为管。"此说未必可信，但指出"同"和"铜"有关。以前，我认为"吕"、"同"形近，"六吕"可能是"六同"之误，"同"可以解释为"筒"字，原义也是竹筒的意思。

后来，读了唐兰先生论吕字的文章，才认识到"同"字可能是"吕"字之误，或者最初两字有混用的情况，原义都指铜质材料。唐先生说："'吕'在古代写作'㕣'或'㕣'是两个金饼。""所谓金饼也只是铜饼，而不是黄金的。"①十二律的名称和写法的固定化,有一个很长的过程,最后确定下来,大概是在广泛地使用钟律即用铜钟作为标准音之后,所以律名中多有钟、吕等字眼。

3. 战国末年,荀子或他的门徒作过《成相篇》,全篇五十六章,每章都重复一种文字格式,如"得后稷,五谷殖,夔为乐正鸟兽服。契为司徒,民知孝弟尊有德"。有显明的节奏感。杨荫浏先生认为这是一个说唱文学的本子。②但诗歌中没有说白部分。到了汉代,乐府民歌都是可以唱的,也没有标出说白部分,但作品中有非常口语化的语句,不知是否为说白部分的遗迹? 如《病妇行》:

> 妇病连年累岁,传呼丈人前一言。当言未及得言,不知泪下一何翩翩。属(嘱)累君两三孤子,莫我儿饥且寒。有过慎莫笪笞,行当折摇,思复念之。乱曰:抱时无衣,襦复无里,闭门塞牖,舍孤儿到市。道逢亲交,泣坐不能起,从乞求与孤买饵。对交啼泣,泪不可止,我欲不伤悲不能已。探怀中钱持授交。入门见孤儿,啼索其母抱。徘徊空舍中,行复尔耳,弃置勿复道。(据逯钦立校本)

描写的是一个长期患病的妇女一家人的悲惨境遇。歌中"乱曰"二字是标记,不属于唱词。"乱"是歌曲中的高潮段落。歌中"从乞求与孤买饵"、"探怀中钱持授交"句似为说白部分。最后一句"弃置勿复道",是乐府民歌中的习惯用语,每次演唱结束后,向听众致意。此外,如《艳歌何尝行》最后两句"今日乐相乐,延年万岁期";《古诗十九首·行行重行行》结尾"弃捐勿复道,努力加餐饭",都属于这类性质。只是"弃捐勿复道"两句更切合诗人的心情。

现存相和大曲中有《陌上桑》(《艳歌罗敷行》),是"魏晋乐所奏",本辞不传。本辞当是汉代作品,而大曲形式的歌词大概是经过魏晋时代的乐人加工扩展而形成的。歌词描写一个美丽勇敢的少妇罗敷的故事。她正在路边采桑时,有个巡行的太守竟然妄图劫持她,但受到机智的罗敷

---

① 唐兰:《中国古代社会使用青铜乐器问题的初步研究》,《故宫博物院院刊》1960年2期。
② 《中国古代音乐史稿》第四章。

的奚落和训斥,太守狼狈逃走。歌词最后说:"坐中数千人,皆言夫婿殊。"听众对罗敷夫婿的赞赏,也是对太守的憎恨嘲笑,反映了演唱故事的效果。至南北朝时,吴歌《上声歌》开头说:"初歌《子夜曲》,改调促鸣筝。四座暂寂静,听我歌上声。"南朝所传古诗也说:"四座且莫喧,听我歌一言。请说铜炉器,崔巍象南山。"可见当时已盛行在大庭广众中唱长篇诗歌的风气。对《孔雀东南飞》和《木兰诗》都应当作如是观。《木兰诗》属横吹曲。开头说:"唧唧复唧唧,木兰当户织。不闻机杼声,唯闻女叹息。问女何所思,问女何所忆。"这几句话也见于《折杨柳歌》,只是文字稍异。我推测《木兰诗》可能是用的《折杨柳》曲。

　　四川成都出土的东汉说唱俑,左臂挟鼓,右手执桴,兴高采烈,眉飞色舞,正是表演说唱曲艺的生动形象。四川彭山出土的东汉说唱俑,仪态从容,沉着老练,表情幽默,举右臂作比画状。可见当时确有说唱艺人,而且这种曲艺还相当流行,从而可以推论当时也会有这种口头创作和底本。流传下来的乐府民歌,也许就有艺人的作品。这些例证说明,中国文学史上的说唱文艺并非从唐代受了佛教"变文"的影响而后出现的一种文学体裁。

二　社会调查资料与古文献资料结合

　　这一项也可以说是古今资料的结合,由今天的资料印证古文献记载。

　　4. 今天的民歌,特别是西南地区的山歌,很多都采取"唱和"形式,即领起部分和应和部分相结合的形式。古代也是如此。在三十年代,罗庸先生讲曹操的《短歌行》(其一),就指出此诗是宴会中宾主唱和之作,我受到了深刻的启发。近年,我依照这个路数,试验着分析《诗经》各篇的结构,看到其中属于唱和形式的不少。大致可以分为三类:

　　第一类　对唱——两人或两方交替歌唱。或采取问答方式,或采取接续方式。《召南·采蘋》可能属于问答方式:

　　　　〔唱〕于以采蘋?〔和〕南山之滨。

　　　　〔唱〕于以采藻?〔和〕于彼行潦。

（下略。唱、和字眼是现在加的。下同。）

《周南·芣苢》可能属于接续方式：

〔唱〕采采芣苢，薄言采之。

〔和〕采采芣苢，薄言有之。（下略）

第二类 帮腔——是紧接每段唱词尾句、每句唱词或全首唱词尾句而出现的应和部分，一般采用"一唱众和"的方式。如《郑风·木瓜》：

〔唱〕投我以木瓜，报之琼琚。

〔和〕非报也，永以为好也。

〔唱〕投我以木桃，报之以琼瑶。

〔和〕非报也，永以为好也。（下略）

第三类 重唱——依照同一曲调唱歌。在《诗经》中也有。如《商颂》的《那》篇和《烈祖》篇都是春秋时期商族后裔宋国公室祭祀商汤时用的乐歌。旧本把这两篇都定为一章，我把这两篇各分为五章，每章四句，每篇都剩余两句"顾予烝尝，汤孙之将"。两篇章法相同，只是《烈祖》第四章多一字，无关全篇结构。因此，可以推论两章属于同一曲调，先唱《那》，后唱《烈祖》，《烈祖》就属于重唱之类。这种情况在《诗经》中还可能存在。所以三百零五篇诗不一定是配合三百零五支乐曲。这两篇的末尾两句可能是祝语，在诗歌结构上也可以算是帮腔之类。

5. 古代乐曲，一般都比较短，如果歌词只用一支乐曲，不能尽意，于是有重复使用，即用多节歌的办法，也有用组曲和大曲形式的办法。孔子有一次和鲁国乐师谈论音乐。他说："乐，其可知也：始作，翕如也；从（纵）之，纯如也，皦如也，绎如也，以成。"认为乐曲表现的层次是可以理解的：开始是合奏，乐声浑厚继续展开，乐声纯朴；接下来，使人有明朗舒畅的感觉，有连绵悠扬的感觉，以致演奏结束。孔子还有一段话："师挚之始，《关雎》之乱，洋洋乎盈耳哉！"师挚即鲁国的乐官太师挚。《关雎》是《诗经》的首篇。"乱"，一般在末章，用多种乐器合奏。在一次演奏时，一开始，太师挚唱"升歌"，[①]最后，合奏《关雎》篇的乱段，演唱的开头和结尾，声音宏亮，充满了人们的耳朵。孔子的这两段话可作比较研究，所论

---

① 参看杨伯峻:《论语译注》89 页。

的问题可能是相同或相似的,都是就组曲说的。前段归纳了演唱的规律性,未提具体乐曲;后段只提到《关雎》一曲,也不完备。组曲联合演唱,是当时贵族宴饮场合中常用的演唱程式。

《仪礼·乡饮酒礼》篇有"间歌"、"合乐"。如"间歌《鱼丽》,笙《由庚》"。即唱《鱼丽》后,用笙吹奏《由庚》。《鱼丽》见《诗经·小雅》,《由庚》是《小雅》逸诗。又说:"乃合乐,《周南》:《关雎》、《葛覃》、《卷耳》;《召南》:《鹊巢》、《采蘩》、《采蘋》。"《仪礼·燕礼》篇记载:"升歌《鹿鸣》,下管《新宫》,笙入三成。遂合乡乐,若舞则《勺》。"演唱开始,堂上的升歌是《鹿鸣》,堂下的笙歌是《新宫》(逸诗)。吹笙的乐工进来以后,演奏《新宫》三章,紧接着合奏乡乐六篇(见上)。如果有舞蹈,就表演《勺》舞。《勺》是《大武》的一章。如果《仪礼》的这项记载可信,可见当时的演唱程式和内容还是很复杂的。当时的组曲所吸收的乐曲或属于同一地区,或属于同一门类,而内容又相似,可以保持组曲情调的协调。组曲的诗歌在今《诗经》中多排在一处或近处,或许《诗经》中有一部分诗篇的编排是以音乐情调为次序的。

6. 西安市及近郊有一种传统的民间音乐,称为"鼓乐"。据学者研究,鼓乐保存着唐宋大曲的一些遗迹。这是很有价值的资料。鼓乐中所用的独奏、轮奏、合奏等演奏方式,也应见于唐宋大曲中。白居易《霓裳羽衣歌》自注:"凡法曲之初,众乐不齐,唯金石丝竹次第发声。"法曲大都具备大曲的规模,《霓裳》是法曲,也是大曲。所谓"众乐不齐",恐不限于乐曲的开始部分。宋人记载,大乐队演奏时,"作(开始)不偕(同时)作,止不偕止。"鼓乐演奏时还有穿插乐段、变奏、加花等手法,乐谱之外有口传心授的部分。我们虽然不能据以考察千年以上的唐宋大曲,但唐宋大曲于乐谱之外,在演奏时也会或多或少地具有循例(按照一般规律)或即兴穿插补充之处。

西安地区的乡镇和城市都有鼓乐社团。其成员有市民、农民、和尚、道士,互教互学,能者为师。有些社团以佛道寺观为主,但传习的仍然以鼓乐为主,并非佛曲、道曲,当然也包括佛道曲。根据这种情况,又可以推想,为什么敦煌石窟寺中保存下来那么多唐代流行的曲谱、舞谱和曲子词,而曲子词中宣扬佛法的并不多,绝大部分是以爱情为主题。这说明当时寺庙的音乐活动已经和社会上的音乐活动结合起来,寺庙并非经常作道场。

三 中国材料与外国有关材料结合

中国和外国的音乐文化中,有相同或相似的东西。其中有些是互相借鉴或吸收而产生的,但有些并不一定是从一方传入另一方的,而是各自独立创造发明的。有些共同的东西究竟源出于哪一方,一时不容易考察清楚。

7. 商代甲骨中即有"龠"字,是一种编管乐器,至战国时代称为"箫"(排箫)或"籁"。《庄子·齐物论》说:"人籁则比竹是已。"用竹管排比而成,即指排箫。当时籁是一种流行乐器。至今国内外有些民族语称管乐器为"奈伊"(nay),和籁的读音相近。如维吾尔语称笛为奈伊,中亚各族语称管乐器为奈伊,特别是匈牙利语和罗马尼亚语,就称排箫为奈伊。不知奈伊是否和籁有关。在古代汉语中,有些方言 l 和 n 往往不分,因此,nay 有可能是籁的音译。

东汉初年,我国北部民族匈奴族分为南、北两部。和帝永元四年(46),北匈奴的一部分经中亚向西迁徙,于第 4 世纪出现在欧洲东部,即欧洲历史上所说的"洪斯"(Huns)。其中一部分就在今匈牙利一带定居下来。洪斯把中国的音乐文化带到了他们经过和定居的地方。至今匈牙利民歌歌词的结构和中国甘肃省"裕固"族民歌很近似,曲调也有很多极为相似。在古代,裕固族的祖先"丁零"和匈奴有密切关系。① 匈牙利语称排箫为奈伊,可能就是洪斯西迁时传过去的。

8. 前面提到的《艳歌罗敷行》,这个故事反映了封建社会的黑暗,也反映了人民反抗斗争的胜利和喜悦。

---

① 杜亚雄:《裕固族西部民歌与有关民歌之比较研究》,《中国音乐》1982 年 4 期。

艳歌罗敷行

日出东南隅,照我秦氏楼。秦氏有好女,自名为罗敷。罗敷善蚕桑,采桑城南隅。青丝为笼系,桂枝为笼钩。头上倭堕髻,耳中明月珠。缃绮为下裙,紫绮为上襦。行者见罗敷,下担捋髭须。少年见罗敷,脱帽著绡头。耕者忘其犁,锄者忘其锄。来归相怨怒,但坐见罗敷。(一解)

使君从南来,五马立踟蹰。使君遣吏往,问此谁家姝。"秦氏有好女,自名为罗敷。""罗敷年几何?""二十尚不足,十五颇有余。"使君谢罗敷:"宁可共载不?"罗敷前致辞:"使君一何愚!使君自有妇,罗敷自有夫。"(二解)

东方千余骑,夫婿居上头。何用识夫婿?白马从骊驹。青丝系马尾,黄金络马头。腰中鹿卢剑,可值三万余。十五府小吏,二十朝大夫。三十侍中郎,四十专城居。为人洁白皙,鬑鬑颇有须。盈盈公府步,冉冉府中趋。坐中数千人,皆言夫婿殊。(三解)

关于"解"的含义,杨荫浏认为它是章段之后"用器乐演奏或用器乐伴奏着跳舞的部分"。[①] 这个故事后来发展成乐府《秋胡行》。晋傅玄《秋胡行》说:"秋胡子娶妇,三日会行。仕宦既享显爵,保兹德音。以禄颐亲,韫此黄金。睹一好妇,采桑路旁。遂下黄金,诱以逢卿。……奈何秋胡,中道怀邪。美此节妇,高行巍峨。哀哉可悯,自投长河。"以后的戏曲《秋胡戏妻》又由此故事发展而成。

印度拉贾斯坦有一支流行的民歌,歌词大意说:

> 一个妇女在汲水时遇到一个骑马的男人。这个男人用财宝引诱她,企图与之私奔,被严词拒绝。回到家时,汲水的妇女喜出望外地发现那个男人原来是她那远出归来的丈夫。[②]

这支印度民歌很可能受了中国民歌《罗敷行》的影响,只是由于两国的历史文化背景不同,所以细节稍有不同。

---

① 《中国古代音乐史稿》第五章。
② 陈露茜:《印度音乐巡礼》,上海《音乐艺术》1983 年 3 期。

9. 日本传统戏剧"歌舞伎"受到中国传统戏剧的影响很深,不仅在演出形式上,而且在内容上也显出相似之处。如歌舞伎著名的传统剧目中有一出《双蝶道成寺》,描写少女清姬为了追求爱情,变成一条蛇,不顾生死,向破坏她的爱情的邪恶势力作斗争,最后还是被罩在一口大钟下边,而失望愤恨成了她斗争的结果。这个故事类似中国的《白蛇传》。清姬被罩在大钟下边,白娘子被压在雷峰塔下边,大钟和雷峰塔都是残酷的封建制度的象征。

明朝世宗嘉靖(1522—1565)以后,中国封建社会内正孕育着的资本主义萌芽因素,不仅推动了戏剧的发展,而且促使戏剧反映人们反抗封建意识而追求个性解放的要求,《白蛇传》就是这样产生的。而在十七世纪的日本元禄时代,新兴的市民阶级也逐渐成长起来,因而产生了市民文化,在戏剧中也反映了要求解放个性的呼声,于是产生了《道成寺》。《道成寺》和《白蛇传》都负有反封建制度的使命。那么,两者提出了相同的主题思想,不是偶然的。从戏剧也可以考察当时双方的社会性质。

上举事例,是我采用前辈学者的方法,整理中国古代音乐文化史料的尝试,这种做法和见解是否妥当,希望读者指正。

(《文史知识》1990 年 9 期)

《乐记》试论
——读吕骥同志《乐记理论探新》札记

现在一般所说的《乐记》,是指《礼记》第十九篇《乐记篇》而言。由于年代悠久,成书历程复杂,而有关文献记载又有残缺错乱,所以对这部重要著作的研究一直存在着争论。吕骥同志的新著《〈乐记〉理论探新》,提出了《乐记》研究的新思路,对读者有深刻的启发性。

《乐记》是一部文艺理论著作,也是一部哲学著作,吕骥同志一方面分析作者的思想,一方面分析这部著作产生的历史背景,认为它是战国时代的著作,写作的目的在冀图挽救当时"礼崩乐坏"的危机。(吕著页35)这种说法很中肯,可以阐明书中的一些论点。

一 儒家音乐思想的萌芽和发展

在春秋时代,社会大变革运动已经开始酝酿。无论变革的性质是奴隶制向封建制转化,还是封建领主制向封建地主制转化,所引起的社会动荡都是很广泛的。不同的阶级和阶层,各种社会集团,都按照各自不同的阶级立场,各是所是,各非所非,从而出现了"百家争鸣"的活跃气象,推动着学术思想的发展,其中也包括音乐。吕骥同志指出:

> (当时)从统治阶级的长远利益出发,(统治阶级)迫切要从礼乐的形成到如何作用于社会,一系列的实际问题进行理论总结,明确提出维护礼乐制度,以巩固统治阶级的政权和安定的社会生活的思想方针。这就是产生《乐记》的时代背景。

关于音乐的各种特点,在孔子(前551—前479)之前或同时,已有不少音乐思想家议论过。例如:

1. 西周末年,周太史史伯说:"和六律以聪耳。"就指出音乐以"和"

为主。

2. 和孔子同时的齐国相晏婴也提出"和五声"的主张。

3. 周景王(前544—前520在位)时,周乐官伶州鸠说:"夫政象(表现于)乐,乐从和、和从平,声以和乐,律以平声。"主张政治与音乐相通,音乐以和为主。乐律的作用在协调音高,不过高,也不过低。

4. 郑国相游吉主张,一切行动都以礼为标准,构成社会的和谐关系。

5. 鲁襄公二十九年(前544),吴国公子季札在鲁国观周乐,对大部分乐舞都有评论,评论都以政治为标准。①

上举诸家提出评论的具体时间,难以详考,或对孔子有所影响,或与孔子所见略同,或受孔子的影响。孔子参酌并吸收同时或以往各家的见解,按自己的标准归结成早期儒家的音乐思想萌芽因素,后来就部分地被转录或融化于《乐记》中。

孔子认为,音乐应保持中和原则。它的形式和内容都以和谐为目标。"声音之道,与政通矣",这一命题在孔子时代还没有提出来,但孔子等已经意识到这个问题了。孔子也意识到乐舞形式的"美"和乐舞内容的"善",这两方面应当是统一的,但内容的"善"居于首位。他还指出音乐的政治和教育的功能,从而构成了儒家以及中国传统美学的基本理论,这些理论也反映在《乐记》里了。

但这部《乐记》原来有没有书名?作者是谁?何时编撰的?至今还没有考察清楚,所以姑且称它为甲本《乐记》,在时间上它是最早的。

二 两种《乐记》

——甲本《乐记》和乙本《乐记》

《汉书·艺文志》(以下简称《汉志》)著录的乐类书籍,只有六家:(1)《乐记》二十三篇,(2)《王禹记》二十四篇,(3)《雅歌诗》四篇,(4)《雅琴赵氏》七篇,(5)《雅琴师氏》八篇,(6)《雅琴龙氏》九十九篇。

鲁按:汉朝宫廷乐舞大致分为两大类:一类是"太乐"("太"原写作

---

① 参看文化部文学艺术研究所编《中国古代乐论选辑》(先秦部分)。

"大"),即雅乐、典礼音乐,由太乐令、太乐丞(副职)掌管。制氏是宫廷雅乐的世袭乐官。《汉书·礼乐志》说:"汉兴,乐家有制氏,以雅声律世世在太乐官,但能记其铿锵鼓舞,而不能言其义。"制氏只会表演雅乐的乐舞,而不理解它的内容含义。宫廷乐舞的另一大类是"乐府",即俗乐、流行音乐,主要来自民间,由乐府令、乐府丞(副职)掌管。

《汉志》对乐类的综合评论说:

> 孔子曰:"安上治民,莫善于礼;移风易俗,莫善于乐。"二者相与并行,周衰俱坏(礼乐),乐尤微眇(衰微),以音律为节,又为郑、卫(郑卫之音)所乱,故无遗法。汉兴,制氏颇能记其铿锵鼓舞,而不能言其义。六国之君,魏文侯最为好古,孝文时(汉文帝,前179—前156在位),得其乐人窦公,献其书,乃《周官·大宗伯》之《大司乐》章也。武帝时(汉武帝,前140—前96在位),河间献王(刘德)好儒,与毛生等共采《周官》及诸子言乐事者,以作《乐记》,献八佾之舞,与制氏不相远。其内史丞王定传之,以授常山王禹。禹,成帝时为谒者(汉成帝,前32—前8在位),数言其义,献二十四卷记。刘向校书(汉成帝时),得《乐记》二十三篇,与禹不同。其道浸以益微。

这一段评论主要是针对雅乐而发的,说到周乐的衰微,制氏技艺的荒疏,刘德恢复古制的迂阔,这些现象表示了礼崩乐坏的一个侧面。上举《汉志》所列乐书六家,有四家标明"雅"类,大概属于雅乐;《王禹记》虽然没有标明雅类,大概也属于雅乐(见下文)。《汉志》同时在这里提到了两种《乐记》,即二十三篇本《乐记》(甲本《乐记》)和二十四卷本《乐记》(乙本《乐记》)。吕骥同志认为这两种《乐记》的内容根本不同,二十四卷本大概就是《王禹记》,是刘德组织门人编撰的(68—69页)。这种见解是合理的。鲁按:上引《汉志》语,称刘向校书,"得《乐记》二十三篇,与禹不同"。"与禹不同",即非河间献王所编撰,不是"雅乐汇编"一类的书。

三 补缀的《乐记》(丙本《乐记》)

汉代初年,学者们曾对《礼记》的一些残缺篇章加以补缀。南朝梁武

帝天监元年(502),武帝询问乐事,尚书仆射(官名)沈约奏答(以下简称《奏答》)说:

> 窃以为秦代灭学,《乐经》残亡。至于汉武帝时,河间献王与毛生等共采《周官》及诸子言乐事者,以作《乐记》。其太史丞王定,传授常山王禹。刘向校书,得《乐记》二十三篇,与禹不同。向《别录》有《雅歌诗》四篇,①《赵氏雅琴》七篇,《师氏雅琴》八篇,《龙氏雅琴》百六篇。② 唯此而已。《晋中经簿》无复乐书。③《别录》所载,已复亡逸。
>
> 按汉初典章灭绝,诸儒捃拾沟渠墙壁之间,得片简逸文,与礼事相关者,即编次以为礼,皆非圣人之言。《月令》取《吕氏春秋》;《中庸》、《表记》、《坊记》、《缁衣》,皆取《子思子》;《乐记》取《公孙尼子》;《檀弓》残杂,又非方幅典诰之书也。④ 礼既是行己经邦之切,故前儒不得不补缀以备事用。乐书大而用缓,自非逢钦明之主,制作(制礼作乐)之君,不见详议。……

鲁按:当时保守者对"礼崩乐坏"的局面深感忧虑。他们所说的乐是与礼相结合的传统社会及政治秩序的标志,是雅乐,不是一般的音乐。《汉志》引孔子的话说:"周衰俱坏,乐忧微眇。"周朝的礼和乐都趋于衰微,而乐尤为严重,"微眇"是衰微的意思,古注解释为"其道精细",非是。下文"其道浸以益微",也是指雅乐日益衰微而言。

关于《奏答》所追述的《礼记》七篇的补缀状况,语焉不详。它说《乐记》取《公孙尼子》,这是首次见于记载的史料,而且出于史学家沈约之口,应比较可信,但不知作为底本的《乐记》是否为甲本《乐记》?而经过补缀后的《乐记》是否为丙本《乐记》,一直流传到后世?如果公孙尼子是甲本《乐记》的作者,直至沈约时才为人所知,这是一个可疑之点;但如果

---

① 《别录》,刘向校书,每一书成,由向编次,写出提要,称为《别录》。此书已佚。
② 原文所记篇数,前后不一致。
③ 《晋中经簿》,三国时,魏秘书郎郑默编次宫廷所藏经籍目录,称为《中经》。晋荀勖又因《中经》编成《新簿》,分为甲、乙、丙、丁四部。此书已佚。
④ 方幅,指重要文书。

认为在汉初《乐记》即已残缺,学者于是断取《公孙尼子》中的部分篇章加以补缀,人们从而认为公孙尼子为《乐记》全书的作者,这也是可能的。

上述《月令》篇是断取《吕氏春秋》十二月纪的首章综合而成的,篇幅已相当长。那么,《乐记》断取《公孙尼子》,篇幅也可能很长。据《汉志》著录,《乐记》二十三篇,《公孙尼子》二十八篇,《乐记》的断取有充分回旋余地。《乐记》除了征引儒家学说外,对法家、道家、杂家关于音乐的言论都有征引。从现存《乐记》考察,书中语句多有重复之处,也有互相矛盾之处,可见《乐记》的补缀和修订非一人一时所作。

四 河间乐——乙本《乐记》的消亡

《礼乐志》说:

> 是时(汉武帝时),河间献王有雅材,亦以为治道非礼乐不成,因献所集雅乐。天子下太乐官,常存肄(讲习)之,岁时以备数,然不常御(使用、演奏),常御及郊庙皆非雅声。然诗乐施于后嗣,犹得有所祖述。……今汉郊庙祀歌,未有祖宗之事,八音调均(韵),又不协于钟律,而内有掖庭材人(艺人),外有上林乐府(乐府设在长安上林苑中),皆以郑声施于朝廷。

说到"河间乐",指明是"所集雅乐";是河间献王搜集雅乐材料,加以编撰而成。皇帝下令太乐官时常讲习,以备节日充数,但乐官玩忽职守,而郑声俗乐又日益弥漫于朝廷,所以包括河间乐在内的雅乐已难以维持下去了。

河间献王献的这套雅乐,《汉志》认为"与制氏不相远";《宋书·乐志》认为"与制氏不相殊",那是一套地道的使魏文侯听了就打瞌睡的宫廷雅乐。

《礼乐志》还说:

> 至成帝时,谒者常山王禹,世受河间乐,能说其义。其弟子宗晔等上书言之,下大夫博士平当等考试。当(平当)以为"汉承秦灭道之后,赖先帝圣德,博爱兼听,修废官,立太学,河间献王聘求幽隐,

修兴雅乐以助化。时大儒公孙弘、董仲舒等皆以为音中正雅,立之太乐(雅乐)。春秋乡射,作于学官,希阔不讲(淡然弃置),故自公卿大夫观听者,但闻铿锵,不晓其义,而欲以讽喻众庶,其道无由。是以行之百有余年,德化至今未成。今晔等守习孤学,大指归教化。衰微之学,兴废在人。宜领属雅乐,以继绝表微。……"事下公卿,以为久远难分明,当议复寝。

西汉末成帝时,世传河间乐的王禹的弟子宋晔又准备振兴河间乐,但公卿已不予支持,以为河间乐"久远难分明","而欲以讽喻众庶,其道无由"。平当的议论又被搁置,从此,河间乐即趋于消亡。这样的抱残守缺的音乐实践,是不可能产生《乐记》中那些先进理论的。

(《音乐研究》1995年1期)

"六律六吕"与"六律六同"

在我国古代乐律学上,"十二律"体系构成了理论和技术的基础。十二律即测试音高的十二根长短不同的竹管,其名称原有分歧,后来才逐渐统一为:(1)黄钟,(2)大吕,(3)太簇,(4)夹钟,(5)姑洗,(6)仲吕,(7)蕤宾,(8)林钟,(9)夷则,(10)南吕,(11)无射(yì),(12)应钟。单数律名称"六律",双声称"六吕",合称"六律六吕"。《周礼》一书中称"六律六同",《国语》一书中称"六律六间"。十二律体系的形成经过了漫长的历程。

关于远古时期的乐舞,《吕氏春秋·古乐篇》中有三人执牛尾,投足而歌的想象或传说。青海省大通县上孙家寨墓地出土的新石器时代晚期的陶盆,内壁上画着三组舞人形象,每组五人,手拉着手,化装跳舞,动作整齐协调,有显明的节奏感,似乎在边舞边唱。假如在盆中注水,再持盆左右摇摆,就可能看到舞人都在翩翩起舞,像要跃出水面似的。学者指出,这种舞蹈正是游牧社会"百兽率舞"的形象,和后世的"踏歌"舞相似。(王克芬:《中国古代舞蹈史话·表现劳动生活的舞蹈》)这样解释是合理的。陶盆的画面疏朗而能传神,已无法容纳伴奏乐器;如有伴奏,那恐怕主要就是"击石拊石"的场面了。《尚书·益稷篇》记载:"击石拊石,百兽率舞。""石"指发音响亮的石片即磬。击指重击,拊指轻击。这里反映出声音有轻重高低,还不能反映乐律——音阶结构等的萌芽迹象。

《吕氏春秋·古乐篇》还记述,古代音乐家伶伦制十二筒,"听凤凰之鸣,以制十二律",十二律不是根据鸟鸣声一次制成的,而是模拟人声,按一般人的中部音高,则单纯至复杂,经过无数次试验制成的。甘肃玉门火烧沟出土的新石器晚期陶埙,有一次孔、两按音孔,可发四个乐音,构成四声音阶。山东潍坊市姚官庄出土的新石器时代晚期陶埙,有一吹孔,一按音孔,可发小三度音程的两个乐音。确定的夏代史料还没有发现。商代的音乐文化已经发展到相当高的水平,如河南辉县琉璃阁殷墓出土的陶埙,有五按音孔,可发八个连续半音。(刘东升、袁荃猷:《中国音乐史图鉴》)根据商代的出土乐器和甲骨文字,可以推想商代乐人已经掌握更多的乐律知识。十二律、五声的形成,大概在西周时代。

《国语·周语》记载,伶(乐师)州鸠回答周景王(前544—前520在位)的询问时说:十二律有六律六"间"(律名从略)。关于五声,伶州鸠指出琴、瑟尚宫,钟尚羽,石尚角,匏竹利制,大不逾宫,细不过羽。虽然没有提"商"、"徵"(zhǐ)二声,但已反映出对五声——宫、商、角、徵、羽的深刻理解。六间即六吕。间是中间的意思,六间各律都分别介于六律各律之间。这些名称当出现在此时以前。

古人最初以竹管定律,后来发现管律不准确,于是改用丝弦定律,取得标准音高,再据以审定乐器。但这样做,也不方便,又改用钟律。用十二个钟作为标准音,比较稳定。十二律的名称大概是在钟律使用之后才定下来的,其中除太簇、姑洗、蕤宾、夷则、无射五律外,其余各律律名都和钟律有关。律名带"钟"字的,不必说了,即便带"吕"字的,也和钟律有关。唐兰先生在论证古代青铜农器时说:"'吕'在古代写作'吕'或'吕',是两块金饼。""所谓金饼也只是铜饼,而不是黄金的。"(唐兰:《中国古代社会使用青铜农具问题的初步研究》,《故宫博物院院刊》1960年2期)吕是铜饼,在十二律中大概也是铜钟的代称。

《周礼》中多次说到"六律六同"。六同即六吕。《周礼》成书约在战国时代,但其中可能保存着一些较早的资料。东汉郑玄认为,律和同"皆以铜为之"。按"以铜为之"并非以铜做律管,而是以铜铸为标准钟。《周礼》中"六同"、"典同"(官名)等语词,同字疑是吕字之讹,两字形体近似,律和声都代表音高,前者为绝对音高,后者为比较音高。所谓宫、商、角、徵、羽五声,都是以字音模拟逐步升高的音调,和字义无关。五声中,角和徵之间,羽和商宫之间,音程较大,所以有时增加"变徵"、"变宫"两声,成为七声结构。把五声、七声的最低音宫声,安排在十二律的最低音"黄钟"的位置,就可以依次构成中部声律关系表:

十二律	黄钟	大吕	太簇	夹钟	姑洗	中吕	蕤宾	林钟	夷则	南吕	无射	应钟
五声	宫		商		角			徵		羽		
七声	宫		商		角		变徵	徵		羽		变宫
现代阶名	C		D		E	F		G		A		B

这是常用的、一般人容易发出的音阶。声是比较音高,所以宫可以安排在黄钟的位置,也可以安排在其他律的位置,但以能使人从容唱出谐和的乐音为准。

最早记载各律长度比例数字的,为《管子·地员篇》。它用数学方法,先定出宫声为81,然后用"三分益一"(4/3)和"三分损一"(2/3)的长度比例,依次求得其他各声的比例数字:

宫——81

徵——81×4/3=108

商——108×2/3=72

羽——72×4/3=96

角——96×2/3=64(参看王光祈:《中国音乐史》第二章。)

上列数字当是根据发出五声的管律算出来的。古人先把黄钟的长度定为9寸,然后再按上述比例定出其他十一律的长度,就符合谐和的原则。但对《管子》所记五声比例数字,学者有不同的理解,有些人认为这是发五声的律管容积。古人求容积的算法:以管径为3分,则管围为9分,以律长乘管围,即得容积之数,如黄钟律长9寸,管围9分,以围乘长,得81,即黄钟容积之数。他们的算法并不科学,但他们考虑到容积的存在,并提出计算容积的方法。用竹管定律,如管径相同,则短者发音高,长者发音低。《管子》所记,如按音高排列,徵声律管最长,发音最低,应为下徵调式,比宫调式低二律。

《管子》虽然并非春秋时代的管仲(?—前645)所著,而多半是战国时代齐国的管子学派的著作,但不能认为其中所保存的资料——如三分损益法的乐律理论,都不早于战国时代;即使是到战国时代才概括成数学公式,记载在书上,这种方法一定已有很长的使用和流传过程。杨荫浏先生说:"三分损益律的理论,约出现于公元前第七世纪左右;其实践当更在其前。"(杨荫浏:《三律考》,见《杨荫浏音乐论文选集》)

自商代以后至春秋战国时代,编钟、编磬、编铙等成套乐器出土的不少。比较完全的成套乐器,不仅作为乐器演奏,而且可以作为定律的标准音。其中突出的一套就是曾侯乙编钟。战国初年,即公元前433年或稍后,这个诸侯小国——曾国的国君曾侯乙安葬在今湖北随县擂鼓墩地方。1978年,这座古墓出土青铜编钟64件以及其他大批乐器,保存完好。经黄翔鹏先生等测音研究,发现这套编钟的总音域跨五个八度。按照编钟上浇铸的花纹可以分成几组,它们共同的音阶结构和现代的C大调七声音阶为同一音列。不同组的编钟,在这基本七音之外,又分别具有或同或异的变化音。它们合起来又十二律齐备,可以在三个八度的中心音域范围内,构成完整的半音阶。每钟可发两个不同的音,只要按照标音位置敲击,就能发出合乎一定音阶的乐音。可以旋宫转调。生律法以《管子·地员篇》所载方法为主,五音顺序为徵、羽、宫、商、角,属下徵调式。编钟上的铭文共两千七百多字,说明春秋战国之际,楚、齐、晋、周、申等国和曾国本地各种律名,阶名、变化音名之间的对应关系。世传周代十二律名如黄钟、大吕等,已有八个律名在曾侯钟上出现,可见十二律名在春秋时代已经存在。〔黄翔鹏:《先秦音乐文化的光辉创造》,《文物》1979年7期。《古代音乐光辉创造的见证》,见《传统是一条河流》(音乐论集)。《曾侯乙编钟铭文乐学体系初探》,《音乐研究》1981年1期。〕曾侯乙钟反映了古代乐律学上的高度成就,这是当时文献所未记载,而且也是当时用文字所不能完全充分表达的。古人音乐实践的成就,往往超过音乐理念。

(《阴法鲁学术论文集》中华书局2008年版)

汉乐府与清商乐

一　汉代的鼓吹曲与相和歌

宋沈括《梦溪笔谈》卷五说:"唐天宝十三载(754),以先王之乐为雅乐,前世新声为清乐,合胡部者为宴乐(燕乐)。"这里所说的雅乐是指战国以前的古乐,流传下来的歌词即《诗经》。清乐,也称为清商乐,是指汉魏六朝的乐府音乐,流传下来的歌词即当时的乐府诗。燕乐是指隋唐时代以中原音乐为基本,融合边疆地区音乐并吸收中亚等地的音乐而成的新音乐,流传下来的歌词,初期多半是五、七言绝句诗,随后改变为长短句体,当时称为"曲词"或"曲子词",即唐宋词。这里所说的音乐是指各个历史阶段形成的来自民间的音乐主流,而不包括历代朝廷专用于郊庙祭仪的徒具形式的所谓"雅乐"。

公元前202年,汉高祖刘邦建立了西汉王朝。西汉初期采取与民休养生息的政策,使社会经济逐渐恢复和发展起来。到汉武帝时达到了极盛的顶峰,因此,朝廷有条件进行搜集和整理音乐的工作。《汉书·礼乐志》说:

> 至武帝定郊祀之礼,祠太一(神)于甘泉,就乾位也(在长安西北方);祭后土(地神)于汾阴,泽中方丘也。乃立"乐府",采诗夜诵,有赵、代、秦、楚之讴。以李延年为协律都尉。多举司马相如等数十人造为诗赋,略论律吕,以合八音之调,作十九章之歌。

按元鼎四年(前113),汉武帝在汾阴立后土祠,"亲望拜如上帝礼。礼毕。天子遂至荥阳"而还。是岁,天子"始巡幸郡县,寖寻于泰山矣"[①]。立乐

[①] 以上引文见《汉书》卷二五上《郊祀志》。

府大概就在这一年或稍后。搜集整理民间音乐的工作,当然不是从这时才开始;只是这时才设立了规模庞大的机构,专门负责这项工作。

这时乐府里有赵、代、秦、楚之讴,只是举这四个地区作为代表,实际上搜集的地方音乐绝不限于这四个地区。《汉书·艺文志》著录"歌诗"三百一十四篇,大体上可以分为两类:(一)贵族歌诗——如《高祖歌诗》,《宗庙歌诗》,《汉兴以来兵所诛灭歌诗》,《出行巡狩及游歌诗》等。(二)各地方的民间歌诗——如《吴、楚、汝南歌》,《燕、代讴——雁门、云中、陇西歌诗》,《邯郸、河间歌诗》,《齐、郑歌诗》,《淮南歌诗》,《左冯翊秦歌诗》,《京兆尹秦歌诗》,《河东、蒲反(坂)歌诗》,《洛阳歌诗》,《河南周歌诗》,《河南周歌声曲折》(曲谱),《周谣歌诗》,《周谣歌诗声曲折》等。这些歌诗大概都是乐府采用的。虽然《汉书·艺文志》著录的一定不完备,但也可以看出乐府搜集民歌的范围是非常广泛的。

汉哀帝即位(前6)后,曾下诏罢乐府。当时乐府中的人员"大凡八百二十九人",可以分为五类:(一)鼓员——如邯郸鼓员,骑吹鼓员,江南鼓员,淮南鼓员,巴俞(渝)鼓员,歌鼓员,楚严鼓员,梁皇鼓员,安世乐(楚声房中乐)鼓员,沛吹鼓员,陈吹鼓员,商乐鼓员,东海鼓员,长乐鼓员,缦乐(杂乐)鼓员,楚鼓员等。鼓员大概多半是鼓吹员。(二)演奏员——如主调篪员,张瑟员,治竽员,竽、瑟、钟、磬员等。另外,还有郑四会员,楚四会员,巴四会员,铫四会员,齐四会员等。四会员不知道是什么意思,人数较多,可能就是器乐演奏员。(三)舞蹈及百戏演员——如常从倡,常从象人,诏随常从倡,秦倡员,秦倡象人员,诏随秦倡等。《汉书注》说:"象人,若今戏虾鱼师(狮)子者也。"(四)歌咏员—如蔡讴员,齐讴员等。(五)乐器制造及维修人员——如钟工,磬工,箫工员,竽工员,琴工员,柱工员,绳弦工员等。从这些记载可以想见西汉乐府的规模。

汉哀帝虽然把乐府人员裁减了大半,留者改属太乐署,撤消了乐府;"然百姓渐渍日久,又不制雅乐有以相变,豪富吏民,湛沔自若。"①这种音乐已经普遍盛行起来。

公元25年,汉光武帝建立了东汉王朝。东汉虽然没有乐府这个机

---

① 《汉书·礼乐志》语。

构名称,但"黄门鼓吹署"的职责却是和西汉乐府相同的①。东汉继续进行搜集整理民间音乐的工作。流传下来的汉乐府歌诗,西汉的很少,大部分是东汉的作品。

汉代的乐府曲有种种不同的分类。就它的用途说,大体上可以分为两大类,即"鼓吹曲"和"相和歌"。鼓吹曲是军队和隆重的典礼上所用的音乐,相和歌是一般丝竹合奏的流行歌曲。现在发现的汉代的画像砖和画像石上,保留了不少的当时的乐舞及表演百戏的场面,有演奏鼓吹曲和相和歌的。

第一类,鼓吹曲——也包括横吹曲。宋郭茂倩《乐府诗集》卷二一说:

> 横吹曲,其始亦谓之鼓吹,马上奏之,盖军中之乐也。北狄诸国,皆马上作乐,故自汉以来,北狄乐总归鼓吹署。其后分为二部:有箫(排箫)、笳者为鼓吹,用之朝会道路,亦以给赐,汉武帝时南越七郡皆给鼓吹是也。有鼓角者为横吹,用之军中,马上所奏者是也。……横吹有双角,即胡乐也。汉博望侯张骞入西域,传其法于西京,唯得《摩诃兜勒》一曲。李延年因胡曲更造新声二十八解,乘舆以为武乐。后汉以给边将,和帝时,万人将军得用之。

汉代的"短箫铙歌"也属于这一类。这一类音乐吸收了北方和西方兄弟民族的音乐成分,但采用更多的还是中原各地区的这一种性质的民歌。西汉乐府中的"鼓吹员",也许大部分是演奏鼓吹乐的。上述《汉书·艺文志》著录的第一类歌诗,也许大部分是他们演唱的歌词。如《高祖歌诗》当即"沛吹鼓员"所演唱的。《汉书·礼乐志》说:

> 初,高祖既定天下,过沛,与故人父老相乐,醉酒欢哀,作风起之诗②,令沛中僮儿百二十人习而歌之。至孝惠时(前194—188),以沛宫为原庙,皆令歌儿习吹以相和,常以百二十人为员。文(帝)、景(帝)之间(179—141),礼官肄业而已。

---

① 参看王运熙:《乐府诗论丛·汉魏两晋南北朝乐府官署沿革考略》。
② 汉高祖《大风歌》:"大风起兮云飞扬,威加海内兮归故乡。安得猛士兮守四方!"

乐府成立之后，乐府里的"沛吹鼓员"只有十二人。沛是楚地，这一部鼓吹乐应当属于楚声。沛吹鼓员演唱的应当是沛县一带的地方乐曲，不会只限于汉高祖《大风歌》一首。

第二类，相和歌。《晋书·乐志》说："相和，汉旧歌也。丝竹更相和，执节者歌。"主要的乐器是琴、瑟、箫、笙、竽（大笙），有时也用琵琶（汉琵琶）、横笛等。鼓也是不可缺少的乐器，特别是有舞蹈和百戏表演的场面，要用鼓声来表示显明的节拍，使音乐和表演动作具备一致的节奏。"执节者歌"，唱歌的人同时也打拍子。汉画像中的歌咏人多数是一面击掌、一面唱歌，也有的一面击缶（瓦器）、一面唱歌，击掌、击缶都是打拍子。还有的唱歌人袖手而坐，或一面弹琴一面唱歌，一面舞蹈一面唱歌。乐府的讴员就是专门唱歌的。

《汉书·艺文志》著录的第二类歌诗，如《吴、楚、汝南歌诗》等，大都属于相和歌一类，可惜绝大部分失传了。现在流传下来的汉乐府歌诗多半是东汉的作品。《晋书·乐志》说："凡乐章古辞，今之存者，并汉世街陌谣讴——《江南可采莲》、《乌生十五子》、《白头吟》之属也。"

　　江南可采莲，莲叶何田田（茂密）！鱼戏莲叶间！鱼戏莲叶东，鱼戏莲叶西，鱼戏莲叶南，鱼戏莲叶北。——《江南可采莲》

这样美丽的风光，使采莲的人们情不自禁地唱和起来。它具有语言朴素、情感真实的民歌的特点。"街陌谣讴"是相和歌的主要来源。

《乐府诗集》分相和歌为相和六引、相和曲、吟叹曲、四弦曲、平调曲、清调曲、瑟调曲、楚调曲、大曲等类。

二　魏晋时代的清商三调

公元三世纪初叶，逐渐形成了三国——魏、蜀、吴鼎立的局面，东汉王朝崩溃。魏武帝曹操、魏文帝曹丕和曹植，以及其他文士，都爱好乐府歌曲，填写了很多歌词。魏国设置"清商署"，掌管流行的乐舞。

在音乐史上，"清商"有几种不同的含义。一种含义是：清商即高的商调。宫、商、角、徵（zhǐ）、羽五调，一般是指中部音高说的，即相当于今天的 C、D、E、G、A 五调。比它们的本调高半个音的调子，就加一个"清"字来表示，如"清宫"、"清商"。清商比商调高半个音。这个调子的应用似乎很早。《韩非子·十过篇》记载，在春秋初期，乐师师涓鼓琴。晋平公问："此所谓何声也？"乐师师旷说："此所谓清商也。"晋平公又问："清商固最悲乎？"师旷说："不如清徵。"师旷拿清徵和清商相比，当然是指的一种调子，而不是一类乐曲。

还有一种含义是：商声"清"。商声使人听了，在心理上有清爽的感觉，因此，常用清字来形容它。如宋玉《长笛赋》："吟清商，逐流徵。"陆机《七徵》："合清商以绝节，挥流徵而赴曲。"李百药《笙赋》："发繁弦于流徵，动浮磬于清商。"以清商和流徵对举，清字和流字相当，是形容音色的特点而不是表示音高的程度。

用这两种含义来解释清商乐，都是不适当的，因为很难设想出于许多不同地区的民歌会只用一个调子——清商或商调，这是不可能的。也不能说："一切俗乐的特点是声音清越，哀怨动人。清乐也是如此。"[1]在过去的民歌里，哀怨是一方面，而更重要的一方面则是激昂慷慨地反抗压迫的斗争精神。只是古代官方的音乐机构所搜集的究竟有限，而歌词流传下来的更少；何况当时搜集的歌谣中，具有强烈反抗精神的必在被排斥之列，或者加以删改，变成了"怨而不怒"的作品。即使如此，这样的歌谣保留下来的还是不少。

关于"清商乐"这个名称的来源问题，以出于"清商三调"之说最为妥当。相和歌中有"平调、清调、瑟调、汉世谓之三调。"[2]为什么称为"清商"呢？《魏书·乐志》记载："〔北魏孝文帝〕神龟二年（519），陈仲儒言：依琴五调调声之法，以均乐器，其瑟调以宫为主，清调以商为主，平调以角为主。五调各以一声为主，然后错采众声以文饰之。"这种调声法是有来历的，必然是继承了汉代以来的传统。因为三调之中"清调以商为主"，举清商以代表三调，所以称为清商三调。[3]

---

[1] 王运熙：《乐府诗论丛·清乐考略》。

[2] 《旧唐书·音乐志》。

[3] 参看《中国诗史》旧版第345—346页。

《隋书·音乐志》说："清乐，其始即清商三调是也。并汉来旧曲。乐器形制，并歌章古辞，与魏三祖（魏武帝、魏文帝、魏明帝曹叡）所作者，皆被于史籍。"清商三调原是汉代以来的旧曲，到了曹魏时代盛行起来。南朝宋顺帝升明二年(489)，王僧虔上表说："今之清商，实由铜爵；三祖风流，遗音盈耳。京洛（魏、晋）相高，江左（南朝）弥贵。"[①]曹操于汉献帝建安十五年(210)，在鄴城（今河南临漳）建铜雀台，作为享乐之处。《魏志·武帝纪注》引《曹瞒传》说："太祖（曹操）为人，佻易无威重，好音乐，倡优在侧，常以日达夕。"曹操临死时还留遗令说："吾婢妾与伎人皆勤苦，使著铜雀台，善待之。……每月旦、十五日，自朝至午，辄向帐中作伎。"公元220年，曹丕建立魏国，设置"清商署"。大概清商署即以铜雀台的乐伎为基本成员。

曹操、曹丕、曹植等写了很多可以唱的诗歌。《晋书·乐志》说，许多诗歌"始皆徒歌，既而被之管弦，又有因丝竹金石造歌以被之，魏世三调歌辞之类是也"。魏世三调歌辞之类，是依照清商三调等乐曲的节奏而填写的，这是一种；另一种是像晋王沈《魏书》所说的，曹操"登高必赋，乃造新诗，被之管弦，皆成乐章"[②]。先写了诗，然后根据诗作成乐曲。这个时期也是文学创作比较旺盛的时期，诗歌的形式和内容都受了乐府歌诗的影响；它对于后世的诗歌——特别是唐代的乐府诗，也发生了深刻的影响。

公元265年，晋武帝司马炎建立了西晋王朝。《晋书·乐志》说："〔曹魏〕三祖纷纶，咸工篇什，声歌虽有损益，爱玩在乎雕章。是以王粲等各造新诗，抽其藻思，吟咏神灵，赞扬来飨。〔晋〕武皇帝采汉魏之遗范，览景文之垂则，鼎肃唯新，前音不改。"西晋继承了曹魏的音乐，音乐官署中也有清商署。《宋书·乐志》著录的"清商三调歌诗"，乃"〔晋〕荀勖撰旧词施用者"。其中平调曲有魏武帝词二首，魏文帝词三首；清调曲有古词一首，魏武帝词四首，魏明帝词一首；瑟调曲有古词一首，魏武帝词二首，魏文帝词三首，魏明帝词二首。由于配乐的关系，这时对歌词的文

---

① 《南齐书》卷三三《王僧虔传》。
② 《魏志·武帝纪》注引。

字有所调整;每首分为若干"解",解就是"章"、"段"的意思。歌词多半是五言或七言体。

清商曲继承了汉代以来的相和歌,而在魏晋时代有新的发展。魏晋清商署虽然由清商三调得名,但所演奏的音乐不会只限于清商三调,除了其他相和歌之外,也必定吸收了当时流行的民歌,这些民歌大都出于北方各地区。

三　南朝的吴声歌和西曲

从公元四世纪初年起,匈奴、羯、鲜卑、氐、羌等族开始在中原地区及边疆地区,建立起一些短期的王国,北方遭受极大的破坏。公元317年,晋元帝司马炎渡江,迁都建康(今南京),建立东晋王朝。此后一直到隋朝统一,约二百七十年,历史上称为南北朝时代。

《晋书·乐志》说:"永嘉(晋怀帝年号,307—312)之乱,伶官既减,曲台宣榭,咸变涝莱。虽复象舞歌工,自胡归晋,至于孤竹之管、云和之瑟、空桑之琴、泗滨之磬,其能备者,百不一焉。"虽然如此,以清商三调为主的北方音乐随着东晋政权到了江南,对于南方的音乐必然有所影响。《旧唐书·音乐志》说:"永嘉之乱,五都沦覆。遗声旧制,散落江左(江南)。宋梁之间,南朝文物,号为最盛,人谣国俗,亦世有新声。"东晋以后,南方历宋、齐、梁、陈四朝,统称为南朝,国都都设在建康。南朝不断涌现的"新声",如《宋书·乐志》所说的:"吴歌杂曲,并出江东,晋宋以来,稍有增广。"这里所说的"吴歌杂曲"即指南方的音乐,[①]大体上包括"江南吴歌"和"荆楚西曲"两类。

《南齐书·萧惠基传》说:"自宋大明(宋武帝年号,457—464)以来,声伎所尚,多郑卫淫俗,雅乐正声,鲜有好者。惠基解音律,尤好魏三祖曲及相和歌,每奏辄赏悦不已。"魏三祖曲即指清商三调。这时清商三调与相和歌,已经认为"雅乐正声"了。所谓"郑卫淫俗"即指吴歌和西曲,它们正在发展起来。

---

① 参看孙楷第《清商曲小史》(《文学研究》1957年1期)。

《乐府诗集》卷四四说:"自永嘉渡江之后,下及梁、陈,咸都建业(建康),吴声歌曲,起于此也。"卷四七说:"西曲歌出于荆(今湖北江陵)、郢(今湖北宜昌)、樊(今湖北襄樊一带)、邓(今河南邓县)之间,而其声节送和,与吴歌亦异,故因其方俗而谓之西曲云。"吴声歌是江苏一带的民歌,西曲是湖北、江西、四川东部、河南一带(都属旧荆楚地区)的民歌[①]。吴声歌中有《大子夜歌》:"歌谣数百种,子夜最可怜(爱)。慷慨吐清音,明转出天然。""丝竹发歌响,假器扬清音。不知歌谣妙,声势出口心。"可见当时民间的歌谣很多。这些歌谣音节悦耳,文词朴素,充分地表达了人们的心情。

现存的吴声歌和西曲中有很多情歌,这些情歌深刻地热烈地赞扬男女间的真挚爱情,有一些充满了含蓄的反抗礼教的精神。

也有些文人、商人和歌伎的作品,反映了城市和商业市镇的各种生活。在东晋南朝时期,长江流域成为富饶的地区。由于农业生产力的提高、手工业和商业的发达,城市经济有显著发展。长江、汉水沿岸形成了许多商业及水上交通中心,如建康、江陵、襄阳等都是繁华的城市。襄阳是当时的军事重镇,也是对北方进行贸易的城市之一。在大城市里,贵族和大商人过着奢侈荒淫的腐朽生活,一般商人为贩运货物而奔忙着;与此同时,由于残酷的剥削压迫。贫苦人民在悲惨的命运中挣扎着、斗争着。从南朝诗歌中可以想见当时城市生活的情况。

南朝陈后主也是一个沉溺于声色的荒唐皇帝。《陈书·张贵妃传》记载:"〔陈后主〕每引宾客对贵妃等游宴,则使诸贵人及女学士,与狎客共赋新诗,互相赠答。采其尤艳丽者,以为曲词,被以新声。选宫女有容色者,以千百数,令习而歌之,分部迭进,持以相乐。其曲有《玉树后庭花》、《临春乐》等。"陈后主时所造乐曲还有《黄鹂留》、《金钗两臂垂》、《春江花月夜》、《堂堂》等。这些也都属于吴声歌。

---

① 参看王运熙:《六朝乐府与民歌·吴声西曲的产生地域》。

四　隋唐时代的清商乐

晋室南渡以后,在北朝,清商三调等乐曲并非立即绝迹,仍然流行于民间,成为构成新音乐的一种因素。这个时期,北方的音乐仍然以汉族音乐为根本,由于时代的进展,由于北方少数民族的音乐和西域音乐陆续地传进来,正在酝酿着共同融合成为一种新音乐。

《魏书·乐志》说,北魏太和十七年(493),孝文帝在维汉一带作战,景明元年(500),宣武帝攻占寿春(今安徽寿县),始收其"所传中原旧曲《明君》、《圣主》、《公莫》、《白鸠》之属,及江南吴歌、荆楚四声,总谓清商。"这时,"清商"的内容又有了发展,它不但包括汉魏以来的相和歌、清商三调,并且包括南朝的吴声歌和西曲,以及杂舞曲等,而成为汉代以来中原及南方各地传统音乐的总名称。北齐的太常寺统太乐署令丞,"掌诸乐及行礼节奏等事。鼓吹署令丞,掌百戏鼓吹乐人等事。太乐兼领清商部丞,掌清商音乐等事。"中书省也设置"伶官清商部直长"、"伶官清商四部"①。

公元581年,隋文帝杨坚建立隋朝;589年灭陈,统一南北。隋文帝灭陈时,"获宋齐旧乐,始于太常(寺)置清商署以管之。求陈太乐令蔡子元、于普明等复居其职。"②隋文帝曾令音乐家何妥考定钟律,何妥上表说:

　　至于魏晋,皆用古乐。魏之三祖,并制乐辞。自永嘉播越,五都倾荡,乐声南度,是以大备江东。宋、齐已来,至于梁代,所行乐事,犹皆传古。……及侯景篡逆(梁简文帝天正元年、公元551),乐师分散,其四舞(鞞舞、铎舞、巾舞、拂舞)三调(清调、平调、瑟调),悉度伪齐(北齐)。齐氏虽知传受,得曲而不用之于宗庙朝廷也。臣少好音律,留意管弦,年虽耆老,颇皆记忆。及东土剋定,乐人悉返,访其逗遛,果云是梁人所教。今三调四舞,并皆有手,虽不能精熟,亦颇具

---

① 《隋书·百官志》。
② 《隋书·音乐志》。

雅声。①

何妥所说的古乐,就是汉代以来的相和歌、清商三调、吴声歌和西曲以及杂舞曲等。这些乐舞又出现在隋朝宫廷里。隋文帝所定的"七部乐"和隋炀帝所定的"九部乐"中,第一部都是"清商伎"。

公元 618 年,唐高祖李渊建立唐朝。唐代初年,新的民族形式的乐舞在发展和形成中,但沿用隋朝的九部乐和以后的十部乐中仍然都有清商伎。唐代清商伎因为是在宫廷里演奏,所以增加了很多乐器。到了第八世纪,宫廷里的清商乐便逐渐失传。《通典》卷一四六叙述清商乐变化的情况说:

> 遭梁陈亡乱,所存盖尠(鲜);隋室以来,日益沦缺。大唐武太后之时,犹六十三曲。今其辞存者有,《白雪》、《公莫》、《巴渝》、《明君》……《春江花月夜》、《玉树后庭花》、《堂堂》、《泛龙舟》等共三十二曲。……又七曲有声无辞:《上林》、《凤曲》、《平调》、《清调》、《瑟调》、《平折》、《命啸》,通前为四十四曲存焉……自长安(唐武后年号,701—704)以后,朝廷不重古曲,工伎转缺,能合于管弦者,惟《明君》、《杨伴》、《骁壶》、《春歌》、《秋歌》、《白雪》、《堂堂》、《春江花月夜》等共八曲。旧乐章多或数百言,武太后时《明君》尚能四十言,今所传二十六言,就中讹失,与吴音(即江南音乐)转远。刘贶以为宜取吴人使之传习。开元(唐玄宗年号、713—741)中有歌工李郎子,郎子北人,声调已失,云学于俞才生,江都人也。自郎子亡后,清乐之歌缺焉。……唯弹琴家犹传楚汉旧声,及清调、琴调、蔡邕五弄、楚调四弄调,谓之九弄,雅声独存。非朝廷郊庙所用,故不载。

这里所叙述的只是宫廷里清商乐变化的过程。但清商乐是不会完全灭绝的,它也是构成唐乐的一种成分。唐代的"法曲"就是清商乐融合"法乐"——佛教音乐而成的。如《玉树后庭花》、《泛龙舟》、《堂堂》等曲经过加工改编,又成为唐代流行的乐曲,前两曲为大曲,后一曲为法曲。又如汉代横吹曲《梅花落》,到唐代还是非常流行的乐曲。李白《听胡人吹

---

① 《隋书·何妥传》。

笛》:"胡人吹玉笛,一半是秦声。十月吴山晓,梅花落敬亭。"李白听的就是《梅花落》,当然比起原曲来可能会有一些发展变化。白居易《杨柳枝》:"《六幺》、《水调》家家唱,《白雪》、《梅花》处处吹。古歌旧曲君休听,听取新翻《杨柳枝》。"《白雪》和《梅花落》都是古歌旧曲,但仍在处处吹奏。清商乐所用乐器离不开琴瑟,所以许多清商曲即作为琴曲流传着。如琴曲《白雪》大概就是由清商曲《白雪》改编的。唐高宗显庆二年(657),太常上言:

> 《白雪》琴曲,本宜合歌。……今准敕依于琴中旧曲,定其宫商,然后教习,并合于歌,辄以御制《雪诗》为《白雪》歌辞。又按古今乐府,奏正曲之后,皆别有送声,君唱臣和,事彰前史,辄取侍臣等奉和《雪诗》以为送声,各十六节,今悉教讫,并皆谐韵。①

这个琴曲的结构和相和歌仍然是一样的。

在唐代,乐曲演变转化的情况是很复杂的。如琴曲中有《湘妃怨》,是民间祭祀娥皇、女英时所用的乐曲。古代有个神话:虞舜巡游云南,使二妃——娥皇、女英留居潇湘间。舜死了之后,"二妃啼,以泪洒竹,竹尽斑"②。白居易依照《湘妃怨》的节拍填词,此曲即变为词调《长相思》。白居易《长相思》词第二首:

> 深画眉,浅画眉,蝉鬓鬅鬙云满衣。阳台行雨回。　巫山高,巫山低,暮雨潇潇郎不归。空床独守时。

用《湘妃怨》曲调写巫山神女的传说。白居易又有《听弹湘妃怨》一诗:

> 玉轸朱弦瑟瑟徽,吴娃徵调奏《湘妃》。分明曲里愁云雨,似道"潇潇郎不归"。

自注:"江南新词有云:'暮雨萧萧郎不归。'"他所说的江南新词即指《长相思》词。因此可以推断,《长相思》的前身即《湘妃怨》。

琴曲中不断地吸收民间乐曲,从唐代以后也吸收了很多词调。在唐

---

① 《旧唐书·音乐志》。
② 晋张华:《博物志》。

代，琴曲必然或多或少地受了燕乐的影响。

  一个时代有一个时代流行的音乐。旧音乐必然被新音乐所代替。但旧音乐中为人民所最喜爱的部分，有的经过若干变化而保存下来，有的便融化在新音乐中。对于汉魏以来的乐府和清商乐的看法，也应当是这样。宋王灼《碧鸡漫志》卷一说：

    西汉时，今之所谓古乐府者渐兴，魏晋为盛。隋氏取汉以来乐器、歌章、古调，并入清乐，馀波至李唐始绝。唐中叶虽有古乐府，而播在声律则勘矣。士大夫作者，不过以诗一体自名耳。

唐代出现了新音乐，也出现了新的歌词。如王灼所说的，当时文人作的乐府诗是不能入乐的了。到了唐代，清商乐也逐渐衰败了，但其中的若干精华部分却汇入祖国音乐发展的洪流里。

           （《阴法鲁学术论文集》中华书局 2008 年版）

霓裳羽衣曲

"霓裳羽衣"大曲或简称"霓裳",曾属于唐代教坊之"法部",故亦称"法曲"。王建《旧宫人》诗:"霓裳法曲浑抛却,独自花间扫玉阶。"元稹"法曲"歌:"赤白桃李取花名,霓裳羽衣号天落。"然《通考·乐考》记后晋天福八年祭祀之乐,云:"又继以龟兹部霓裳法曲,参乱雅音。"是"霓裳"原为龟兹部(今新疆库车一带)之乐曲也。特以音节清和幽雅,而使听者有神秘之感,故唐人每多奇怪之传说,今由王灼《碧鸡漫志》中摘录二则如后:

> 开元六年,上皇与申天师,中秋夜同游月中。见一大官府,牓曰"广寒清虚之府"。兵卫守门不得入。天师引上皇跃超烟雾中,下视玉城,仙人道士,乘云驾鹤,往来其间。素女十馀人,舞笑于广庭大树下。音乐噪杂清丽。上皇归,编律成音,制"霓裳羽衣"曲。(《异人录》)

> 开元正月望夜,帝欲与叶天师观广陵。俄,虹桥起殿前。师奏请行,但无回顾。帝步上,高力士、乐官数十从。顷之,到广陵。士女仰望曰:"仙人现。"师请令乐官奏"霓裳羽衣"曲,乃回。后广陵奏:上元夜,仙人乘云西来,临孝感寺,奏"霓裳羽衣曲"而去。上大悦。(《幽怪录》)

此外,题名柳宗元所著之《龙城录》亦谓:明皇梦游广寒宫,闻仙乐,归制"霓裳羽衣"舞曲。综观诸家所载,大同小异,要皆附会鬼神之说,而荒诞不经,王灼已斥其不可稽据。至张继《华清宫》诗:"玉树长飘云外曲,霓裳间舞月中歌。"杜牧《华清宫》:"月闻仙曲调,霓作舞衣裳。"取流行之神话入句,乃诗人常态,未可迳信为实也。

郑嵎《津阳门》诗注谓叶法善引明皇入月宫,闻仙乐,及归且记其半,"遂于笛中写之。会西凉都督杨敬述进'婆罗门'曲,与其声调相符。遂以月中所闻为之'散序',用敬述所进曲为其'腔',而名'霓裳羽衣'法曲"。

月宫事虽荒诞,与上举诸小说相同,然"霓裳"之前身即"婆罗门"曲,则由此得一线索。《漫志》引杜佑《理道要诀》云:"天宝十三载七月,改诸乐名,中使辅璆琳宣进旨,令于太常寺刊石。内黄钟商'婆罗门'改为'霓裳羽衣'曲。"《唐会要》卷三十三亦载此事:

> 天宝十三载七月十日,太常署供奉曲名及改诸乐名。(略)"婆罗门"改为"霓裳羽衣"。

白居易《长恨歌》序谓杨太真进见玄宗之日,奏"霓裳羽衣"以导之。然杨氏入宫在天宝四载,岂"霓裳"曲名在天宝十三载以前固已有之乎?曰,不然。盖太真事乃后人追记,故原以"婆罗门"曲导之者,即改称"霓裳"矣。意者:天宝十三载,法曲始与胡部合作,而"婆罗门"曲盖于此时被采为法曲,故改名"霓裳羽衣"。其改名后之音节舞容是否曾经变易,史记无徵。然此两曲名原为一曲,尚可于下列诸事见之:

(一)《乐府诗集》卷五六引《乐苑》曰:"'婆罗门',商调曲。开元中,西凉节度杨敬述进。"而同卷"霓裳"条亦引《乐苑》曰:"'霓裳羽衣'曲,开元中,西凉都督杨敬述进。"又白居易《霓裳羽衣歌》亦云:"由来能事各有主,杨氏创声君造谱。"自注:"开元中,西凉节度使杨敬述造。"然吾人既知天宝十三载后始有"霓裳"之名,则白氏与《乐苑》所谓开元中杨敬述进"霓裳"者,必指"婆罗门"言也。

(二)"婆罗门"系梵语 Brohmnn 之音译,则此曲盖为来自印度之佛曲。王建《霓裳辞》云:"中管五弦初半开,遥教合上隔帘听。一声声向天边落,效得仙人夜唱经。"又《梦溪笔谈》卷五:"蒲中逍遥楼楣上有唐人横书,类梵字,相传是'霓裳'谱。字训不通,莫知是非。"如其传说可信,则"霓裳"谱或原为梵字,亦可以证明系由印度来者,与"婆罗门"之来历相合。

(三)明皇时,梨园设法部,取佛曲与胡部合作,后之法曲出此。胡部必有印度之乐曲,而"婆罗门"当即其中之一。唐代记"婆罗门"舞之装饰者,颇不多见,然宋教坊小儿队中之婆罗门队,"衣紫罗僧衣,绯裈子,执锡环挂杖"。即其遗风也。唐代"霓裳舞"多用女子,其装饰则类似道人仙人,此或系采为法曲后而变化者。

"霓裳"既证为"婆罗门"之易名,然后知白氏《嵩阳观夜奏霓裳》诗:"开元遗曲自悽凉",徐铉《又听霓裳羽衣曲送陈君》诗:"此是开元太平曲,"《南部新书》(己):"'霓裳羽衣'之曲,起于开元,盛于天宝之间"云云,当亦指"婆罗门"言。"婆罗门"为西凉所献,未必即西凉所造,《漫志》云:"西凉创作,明皇润色。"俱无所本。

此曲之音节委婉而悠闲,当时人反复赞叹之情,每见之于诗句中。白居易《卧听法曲霓裳》:"朦胧闲梦初成后,宛转柔声入破时。"又《嵩阳观夜听霓裳》:"迥临山月声弥怨,散入松风韵更长。"又《早发赴洞庭舟中作》:"出郭已行十五里,唯消一曲慢霓裳。"又《池上篇》序云:"酒酣琴罢,又命乐童登中岛亭,合奏'霓裳'散序,声随风飘,或凝或散,悠扬于竹烟波月之间者久之。"元稹《琵琶行》亦云:"曲名无限知者鲜,霓裳羽衣偏宛转。"凡此皆可供吾人玩味而领会其意境也。因其意境如此,故乐人每以笙独奏之。前引白氏之《卧听法曲霓裳》诗有云:"金磬玉笙调已久,牙床角枕睡常迟。"白氏又有《秋夜安国观闻笙》:"月露满庭人寂寂,霓裳一曲在高楼。"箫笙音更可助其和柔也。白氏《琵琶行》记元和十一年秋,送客湓浦口,在船中夜听长安倡女弹琵琶,奏"霓裳"与"六幺",则其歌中所描写者,当即兼顾两曲而言。

> 轻拢慢撚抹复挑,先为霓裳后六幺。大弦嘈嘈如急雨,小弦切切如私语。嘈嘈切切错杂弹,大珠小珠落玉盘。间关莺语花底滑,幽咽流泉水下滩。水泉冷涩弦凝绝,凝绝不通声暂歇。别有幽愁暗恨生,此时无声胜有声。银瓶乍破水浆迸,铁骑突出刀枪鸣。曲终收拨当心画,四弦一声如裂帛。东船西舫悄无言,唯见江心秋月白。

此段描写乐曲所引起之联想。据近代音乐家实验之结果,凡一种乐调唤起某种事物之意象时,其节奏大半与事物之动作有直接类似点。其"间关莺语花底滑"以下六句,大概即暗示"霓裳"曲者,至于此曲之舞容及段落,白居易与鲍溶两氏之《霓裳羽衣歌》,各有详尽之描述,白氏歌云:

> 案前舞者颜如玉,不著人间俗衣服。虹裳霞帔步摇冠,钿璎累

纍佩珊珊。娉婷似不任罗绮,顾听乐悬行复止。磬箫筝笛递相搀,击擪弹吹声迤逦。散序六奏未动衣,阳台宿云慵不飞。(散序六遍无拍,故不舞也。)中序擘騞初入拍,秋竹竿裂春冰拆。(中序始有拍)飘然旋转迴雪轻,嫣然纵送游龙惊。小垂手后柳无力,斜曳裾时云欲生。烟蛾敛略不胜态,风袖低昂如有情。上元点鬟招萼绿,王母挥袂别飞琼。繁音急节十二遍,跳珠撼玉何铿铮。(霓裳破凡十二遍而终)翔鸾舞了却收翅,唳鹤曲终长引声。

全曲可分三大段:(一)散序,六遍;(遍即"段"的意思,亦作徧。)(二)中序,未言遍数;(三)破,十二遍。中序虽未言遍数而至少应有一遍,然则全曲至少应具备十九遍矣。而《唐书·乐志》:"河西节度使杨敬忠献'霓裳羽衣'曲十二遍",《梦溪笔谈》卷五:"'霓裳'曲凡十叠",《漫志》引白氏歌注:"'霓裳'十二遍而曲终"诸说,皆得之乐天而误解其歌者。歌中所谓"繁音急节十二遍"系专指"破段"言,而自注"'霓裳'破凡十二遍而终",尤为显明。乃以为全曲共有十二遍,何疏略之甚也?鲍氏歌云:

  玉烟生窗午轻凝,晨华左耀鲜相凌。人言天孙机上亲手迹,有时怨别无所惜。遂令武帝厌云韶,金针天丝缀飘飘。五声写出心中见,拊石喧金柏梁殿。此衣春日赐何人?秦女腰肢轻若燕。香风闲旋众彩随,联联珍珠贯长丝。眼前意是三清客,星宿离离绕身白。鸾凤有声不见身,出宫入徵随伶人。神仙如月只可望,瑶华池头几惆怅。乔山一闭曲未终,鼎湖秋惊白头浪。

唐代之"霓裳"舞曲,由上举两歌可以想见其梗概。《唐语林》卷七记宣宗时之"霓裳舞","率皆执幡节,披羽服,飘然有翔云飞鹤之势,如是者数十曲。教坊乐工遂写其曲,奏于外,往往传于人间。"其舞人之装饰与白氏歌所谓:"不著人间俗衣服""虹裳霞帔步摇冠"者,大致相同。

  朝廷每举行隆重之宴会时,表演此舞,规模颇大。开元、天宝之际,其舞者之人数不可得而详;然文宗时,教坊则尝进"霓裳"舞女三百人。《唐书·音乐志》谓:"文宗好雅乐,诏太常卿冯定采开元雅乐,制'云韶'法曲及'霓裳羽衣'舞曲。"而王灼遂以为"疑曲存而舞节非旧,故就加整顿"。其意似谓此曲曾中绝,不知"唐志"所云,实失之诬妄也。(一)《唐书·冯宿传》谓宿弟定"太和九年八月为太常少卿,文宗每听乐,鄙郑、卫声,诏奉常习开元中'霓裳羽衣'舞,以'云韶'乐和之。"所谓习开元中"霓裳羽衣"舞者,即取此曲而时时演习之谓,而非重新制造也;且既云开元中"霓裳羽衣"舞,则此曲自开元以来,并未尝失传也。(二)是时四方大都邑及士大夫之家,多已按习此曲,如白居易《燕子楼》诗:"钿晕罗衫色似烟,几回欲著即潸然;自从不舞'霓裳曲',叠在空箱十一年。"又《答苏庶子月夜闻家童奏乐见赠》:"墙西明月水亭东,一曲霓裳按小伶。"可见此曲不惟未失传,而且此时仍盛行于世。既盛行于世,何必令冯定重制耶?考"霓裳"谱之残缺或在李唐末年。盖彼时流传于民间者,多非其全曲;而教坊中能奏全曲者,又皆因丧乱而散亡也。虽然,亦不得即谓"霓裳"永无完谱行世。宋张唐英《蜀梼杌》谓三月上巳,王衍宴怡神亭,自执板,唱"霓裳羽衣"、"后庭花"、"思越人"曲。王灼以为决非开元全章。而愚意以为如无充分证据。亦不可迳谓其非开元全章。后唐天成四年(929)春二月诏,乐章有"霓裳",曲名与德祖孝成皇帝庙讳同,改为"云裳曲"。后晋高祖天福八年(943)祭祀,亦曾奏"霓裳"法曲。其曲谱是否仍为开元之旧观,俱不得而知。

《南唐书·周后传》谓宋太祖乾德二年(964),南唐后主李煜得"霓裳"谱而不完整,其乐工曹者素按谱粗得其声,而未尽善。昭惠周后辄变易讹谬,颇去洼淫,繁手新声,清越可听。于是开元、天宝之音复传于世。内史舍人徐铉闻之,问曰:"法曲终则缓,此声反急,何也?"曹生曰:"此声实缓,宫中有人易之,非吉徵也。"岁馀,周后死。据此,则唐"霓裳谱"经昭惠删订后,其显著之变迁,即曲终之声由缓变急也。江休复《嘉祐杂志》:"同州乐工翻河中黄幡绰'霓裳'谱,钧容乐工程士守以为非是,别依法曲造成。教坊伶人花日新见之,题其后云:法曲虽精,莫近'望瀛'。"花日新为仁宗时人,则此时之'霓裳'谱已纠纷不清矣。《漫志》云:"宣和(徽宗)初,普府守山东人王平,词学华瞻,自言得夷则商'霓裳羽衣'谱,取陈鸿《白乐天长恨歌传》并乐天《寄元微之霓裳羽衣歌》,又杂取唐人小诗长句及明皇太真事,终以微之'连昌宫词',补缀成曲,刻板流传。曲十一段:起第四遍、第五遍、第六遍,正攧,入破,虚催,衮,实催,衮,歇拍,杀衮。音律节奏与白氏歌注大异,则知唐曲今世决不复见,亦可恨也。"案音律节奏虽异唐曲,而其段落组织或系唐曲之旧。顾白氏歌注未详细叙明,以资吾人之比勘,是为憾耳。钦宗靖康元年(229),姜白石登祝融峰,尝得"霓裳"谱。其"霓裳中序第一"序云:"丙午岁,留长沙,登祝融,因得其祠神之曲,曰'黄帝□'、'苏合香'。又于乐工故书中,得商调'霓裳曲'十八阕,皆虚谱无词。(略)音节闲雅,不类今曲。"此谱不类今曲,然亦绝非乐天所见者。此简而彼繁,或系昭惠删订后而流传者,亦未可知也。《武林旧事》谓孝宗淳熙九年(282)八月十五日,驾过德寿宫,"太上召小刘贵妃独吹白玉笙'霓裳中序',上自起执玉杯,奉两殿酒。"此曲直至南宋,独传习于宫掖教坊中。但此处仅言中序,而未及其他部分,全曲是否存在,亦成问题。《齐东野语》所记《乐府混成集》中"霓裳"一曲共三十六段,王国维《唐宋大曲考》以为每遍二段,三十六段即十八遍,则与白石在祝融峰所见者相同。然大曲之组织并不如王氏所云之整齐也。

初期之"霓裳"词与其他乐曲同,亦皆为整齐之律绝。刘禹锡"三乡驿楼,伏维玄宗望女儿山诗,小臣斐然有感"诗云:

> 开元天子万事足,惟惜当年光景促。三乡陌上望仙山,归作霓裳羽衣曲。仙心从此在瑶池,三清八景相追随。天上忽乘白云去,世间空有秋风词。

案"归作霓裳羽衣曲"者,谓其望女儿山后而发奋求仙,归而作曲词也。求仙不成,故袭其空有秋风词。其词盖即刘氏题中所谓玄宗"望女儿山"诗因取以配"霓裳"曲,乃以"词"称之。惜佚而不传,亦遗憾也。《乐府诗乐》卷六载王建《霓裳辞》十首,皆整齐之七绝诗。姜夔有《霓裳中序第一》词:

> 亭皋正望极。乱落红莲归未得。多病却无气力,况执扇渐疏,罗衣初索。流水过隙。叹杏梁双燕如客。人何在?一帘淡月,彷佛照颜色。　　幽寂。乱蛩吟壁。动庾信清愁似织。沈思年少浪

迹。笛里关山,柳下坊陌。坠红无消息。漫暗水涓涓溜碧。飘零久,而今何意,醉卧酒垆侧。

此词系摘取"霓裳中序"中之第一遍而填者,始于姜氏,故录之以为本文之殿焉。

(《国文月刊》第 77 期)

隋唐时期的"文康乐"

隋唐时期(581—907)的音乐文化,是在魏晋南北朝时期(220—581)音乐文化的基础上发展起来的。魏晋南北朝时期是一个社会大动荡的时期。除西晋王朝取得短暂的统一局面之外,中国处于分裂状态中。西晋末年,北部和西部的少数民族鲜卑、匈奴、羯、氐、羌等陆续内迁,并先后在黄河流域建立政权,连同汉族在这里建立的政权,历史上称为"十六国"。西晋灭亡后,东晋迁都建康(今南京),偏安江南。在河西(今甘肃省黄河以西地区),先后出现过五个政权,即"前凉"(汉族)、"西凉"(汉族)、"后凉"(氐族)、"南凉"(鲜卑)和"北凉"(匈奴)。公元386年,鲜卑人建立的北魏逐步统一黄河流域,辖区东起辽西,西至今新疆东部,从而形成与江南的南朝对峙的形势。南朝有宋、齐、梁、陈的更迭;而北魏又分裂为东魏和西魏,继而东魏为鲜卑化汉人建立的北齐所取代,西魏为鲜卑人建立的北周所取代。

当时河西地区社会生活比较安定。中原人民不断地迁到这里以至今新疆,而新疆以及今中亚、西亚等地的西域人,也不断地迁到这里以至中原地区。其中应包括一些艺人。

由于社会的进展、民族的流动杂居与融合,各民族间频繁的文化交流,以及中外音乐频繁的交流,中原音乐正酝酿着深刻的发展变化,为隋唐音乐的兴盛提供了条件。

中原地区经过长期的动荡,在民族融合运动达到一个新阶段时,在各族人民都有政治统一的要求下,隋文帝杨坚建立了隋朝,统一南北,继承了北朝和南朝的文化——包括音乐文化。

隋文帝开皇初年,规定宫廷燕乐(宴乐)七部:(1)国伎(即西凉伎);(2)清商伎(传统乐舞);(3)高丽伎(朝鲜及韩国乐舞);(4)天竺伎(古印度乐舞);(5)安国伎(中亚布哈拉乐舞);(6)龟兹伎(新疆库车乐舞);(7)文康伎(礼毕)。又杂有疏勒(新疆喀什噶尔)、扶南(柬埔寨)、康国

（中亚撒马尔罕）、百济（在朝鲜半岛）、突厥（我国北部少数民族）、新罗（在朝鲜半岛）、倭国（在日本）等伎。隋炀帝时又加以调整，定为九部，即清乐（清商乐）、西凉、龟兹、天竺、康国、疏勒、安国、高丽、礼毕等乐。这些项目可以反映当时朝廷已经广泛地搜集到国内外的各种乐舞。但这些只是朝廷举行宴会时乐舞表演的节目单，不能反映当时社会上新乐舞的内容。

七部伎中的"国伎"在九部乐中改称"西凉乐"，七部伎中的"文康伎"在九部乐中改称为"礼毕"。按河西地区的民族流动频繁，代表这个地区的音乐应具有多种民族音乐的因素，但在不同的时期或地方，西凉乐又突出了一个方面的特色。在十六国时期（304—439），鲜卑族的特色较为突出，所以"魏、周之际，遂谓之'国伎'"。[①] 北魏、北周都是鲜卑族建立的政权，所以称具有鲜卑族色彩的"西凉乐"为"国伎"。隋文帝定七部伎，仍沿用此名称，至隋炀帝定九部乐时即改为"西凉乐"。

关于"文康乐"（礼毕）的来历，《隋书·音乐志》有这样的解释：

> 礼毕者，本出自晋太尉庾亮家（庾亮谥文康）。亮卒，其伎追思亮，因假为其面，执翳以舞，象其容，取其谥以号之，谓之为"文康乐"。每奏九部乐终则陈之，故以"礼毕"为名。其行曲有《单交路》，舞曲有《散花》。乐器有笛、笙、箫、篪、铃槃、鞞、腰鼓等七种，三悬为一部。

按文康乐出于庾亮家之说恐未必可信。庾亮是东晋王朝的权臣，卒于东晋成帝咸康六年（340），对他的纪念活动不应列入宫廷燕乐的保留节目。隋文帝开皇九年（589），隋师攻入建康（今南京），陈亡。《旧唐书·音乐志》说："隋文帝平陈，得《清乐》及《文康礼毕曲》列九部伎。"隋文帝设置七部伎，其中有"文康伎"；至隋炀帝时设置九部乐，将文康伎改名《礼毕》，即《文康礼毕曲》。

沈从文先生晚年研究古文物学，深有心得。他在世时有一次谈到河南邓县学庄出土的彩色画像砖，他认为舞蹈画像砖中有一幅就是《文

[①] 《隋书·音乐志》。

康伎》的表演图(见下图)。① 图中舞队前一老人穿朱红色衣,其余衣服色彩均脱落,仅存白、黄色。

沈先生的见解很有启发性。笔者认为燕乐中的"文康伎"、"礼毕乐",或许是指《上云乐》中的文康而言。今节录《上云乐》歌诗两首。

上 云 乐　　　　　　　南朝梁　周舍

西方老胡,厥名文康。遨游六合,傲诞三皇。西观濛汜,东戏扶桑。南泛大蒙之海,北至无通之乡。昔与若士为友,共弄彭祖扶床。往年暂到昆仑,复值瑶池举觞。周帝迎以上席,王母赠以玉浆。故乃寿如南山,志若金刚。青眼眢眢,白发长长。峨眉临髭,高鼻垂口。非直能俳,又善饮酒。箫管鸣前,门徒从后。济济翼翼,各有分部。凤凰是老胡家鸡,狮子是老胡家狗。……伏拜金阙,仰瞻玉堂。从者小子,罗列成行。悉知廉节,皆知义方。歌管愔愔,铿鼓锵锵。响震钧天,声若鹔皇。前却中规矩,进退得宫商。举技无不佳,胡舞最所长。……

上 云 乐　　　　　　　　唐　李白

金天之西,白日所没。康老胡雏,生彼月窟。巉巗容仪,戍削风骨。

---

① 转录自河南省文物局文物工作队编《邓县彩色画像砖墓》(图三〇)。据考古工作者考证,此墓可能是南北朝时期的墓葬。

碧玉炅炅双目瞳,黄金拳拳两鬓红。华盖垂下睫,嵩岳临上唇。不睹谲诡貌,岂知造化神。大道是文康之严父,元气乃文康之老亲。抚顶弄盘古,推车转天轮。云见日月初生时,铸冶火精与水银。阳乌未出谷,顾兔半藏身。女娲戏黄土,团作愚下人。散在六合间,濛濛若沙尘。生死了不尽,谁明此胡是仙真。西海栽若木,东溟植扶桑,别来几多时,枝叶万里长。……老胡感至德,东来进仙倡。五色狮子,九苞凤凰,是老胡鸡犬鸣舞飞帝乡。淋漓飒沓,进退成行。能胡歌,献汉酒,跪双膝,并两肘,散花指天举素手。拜龙颜,献圣寿,北斗戾,南山摧,天子九九八十一岁,长倾万岁杯。

以上两首《上云乐》,都认为"康老"、"老胡"就是文康,是具有高寿、福禄而又神秘的形象,引起人们的种种传说和想象。向达先生认为古代康国人来中国者多以康为姓,如李白《上云乐》中的"康老胡雏"。[①] 七部伎和九部乐中都列入宫廷燕乐节目。《上云乐》中所描写的文康形象和表演情况,和邓县彩色画像砖相似。画像中老人似"胡人"形象。

唐末诗人陈陶撰《将进酒》歌诗,其中也有"文康调笑麒麟起,一曲飞龙寿天地"之语,在文学作品中,这种形象未必实有所指。《将进酒》是汉铙歌十八曲之一。

隋朝的九部乐为唐朝所沿用,至唐太宗时增为十部:(1)燕乐(宴乐),(2)清商乐,(3)西凉乐,(4)天竺乐,(5)高丽乐,(6)龟兹乐,(7)安国乐,(8)疏勒乐,(9)康国乐,(10)高昌乐(今新疆吐鲁番)。这十部乐后来又逐渐被"坐部伎"和"立部伎"所吸收或代替。

(《阴法鲁学术论文集》中华书局 2008 年版)

---

① 向达:《唐代长安与西域文明》页 13。

南北朝至唐代佛教寺院的音乐活动

东汉初年,佛教经由新疆传入中原地区,在统治阶级提倡之下,便逐渐流行起来。随着佛教的东传,天竺(包括今印度、巴基斯坦和孟加拉等国)和西域(包括今中亚及新疆地区)各地的佛教音乐也陆续传进来。但这种佛教音乐和中原地区的语言和音乐传统不能完全适应。南朝梁僧人慧皎说:

> 自大教(指佛教)东流,乃译文(经文)者众,而传声盖寡。良由梵音重复,汉语单奇。若用梵音以咏汉语,则声繁而偈(一种颂诗)促;若用汉曲以咏梵文,则韵短而词长。是故金言(经文)有译,梵响无授。

他认为佛教经文可以翻译,佛教歌曲则无法传授。传来的佛曲不能配合用汉语译出或创作的歌词,而在中原地区传教或"化缘"又必须用汉语歌词,这就发生了矛盾。面对着这样的情况,僧人只有采用民间乐曲改造传来的佛曲或创作新佛曲。杨荫浏同志说:"中国的佛教音乐,一开始就取材于民间,因而获得了在本土上发芽生根的机会。"[1]他的论断非常中肯。

慧皎又说:

> 天竺方俗,凡是歌咏法言,皆称为呗。至于此土(指中国),咏经则称转读,歌赞则称梵呗。
>
> 近有西凉州呗,源出关右(函谷关以西地区),而流于晋阳,今之《面如满月》是也。凡此诸曲,并制出名师,后人继作,多所讹漏。[2]

---

[1] 《中国音乐史稿》第六章。
[2] 《高僧传》卷一三。

佛家相传,三国时曹植"深爱声律,属意经音",他吟唱佛经的声调为僧人所宗。这个故事出于伪托,但这种声调流行于寺院中,大约是指咏经的啭读而言,即所谓"讽诵调",比较单调,还不能算是佛曲。梵呗的唱腔应当属于佛曲。这种佛曲已有地方特点,如"西凉州呗"。一般僧人唱梵呗时,所用佛曲大概也只是有限的几只,而且唱得也未必合调,只有一些突出的"艺僧"才能演唱或演奏许多佛曲,达到一定的水平。如释昙凭,"每梵音一吐,辄象马悲鸣,行途住足"。他能使路上行人驻足而听。

南朝齐竟陵王萧子良,于齐高帝建元五年(483),"招致名僧,讲论佛法,造经呗新声,道俗之盛,江左未有也。"①所谓"经呗新声"大概是指乐曲而言。梁武帝(502—547在位)也是一个信佛的人。《隋书·音乐志》记载:

> 帝既笃敬佛法,又制《善哉》、《大乐》、《大欢》、《天道》、《仙道》、《神王》、《龙王》、《灭过恶》、《除爱水》、《断苦轮》等十篇,名为正乐,皆述佛法。又有法乐童子使,童子倚歌梵呗,设无遮大会则为之。

这十篇都是宣扬佛法的歌词,可以配佛曲演唱。啭读声调和佛曲等虽皆出于中原地区或经过中原僧人改造,但都或多或少地带有印度音乐的因素,有浓厚的宗教意味。

北朝的北魏地区,佛教更为兴盛。《魏书·释老志》记载:"今之僧寺,无处不有。或比满城邑之中,或连溢屠沽之肆。""梵唱屠音,连檐接响。""屠音"即"浮屠"(佛教)之音——佛教音乐。北魏孝文帝太和十年(486),北魏都城由平城(今河北大同)迁到洛阳,从此洛阳就成为北方的佛教中心。《洛阳伽蓝记》一书中,保存了一些关于当时寺院乐舞的资料,如:

> 景明寺。八月节,"京师诸象,皆来此寺。""梵乐法音,聒动天地,百戏腾骧,所在骈比。"
>
> 景兴尼寺。"有金像辇,去地三丈。""飞天伎乐,望之云表。"

---

① 《南齐书》卷四〇。

"像出之日,常诏羽林(军)一百人举此像,丝竹杂伎,皆由旨(皇帝命令)给(调拨)。"

景乐尼寺。"至于六斋,常设女乐。歌声绕梁,舞袖徐转,丝竹寥亮,谐妙入神。""召诸音乐,逞伎寺内。奇禽怪兽,舞抃殿庭,飞空幻惑,世所未睹。"

王典御寺。"至于六斋,常击鼓歌舞。"

这些寺院里在佛教和民间节日,不仅演奏佛教音乐,也演奏一般音乐,并表演舞蹈和杂技。寺院的宗教活动也是社会上的群众性的娱乐活动。佛教乐舞等当由僧尼表演,一般乐舞百戏即由官府艺人和社会上的职业艺人表演。有些艺僧也擅长一般乐舞百戏。如法云寺有西域乌场国僧昙摩罗[1],就是表演幻术的高手。

《洛阳伽蓝记》还记载:"有调音、乐律二里。里内之人,丝竹讴歌,天下妙伎出焉。"这种专业艺人的培养可能得到寺院的帮助,而寺院的音乐活动也需要这些专业艺人参加。

隋代宫廷设置的"七部乐"和"九部乐"中,"西凉乐"有舞曲《于阗佛曲》,于阗是地名,在今新疆和田一带;"天竺乐"有舞曲《天曲》,《天曲》也是佛曲[2]。这时有些佛曲已在社会上流行,其中更有代表性的已列入宫廷燕(宴)乐的节目中。传播佛曲的渠道主要是寺院。当时开始出现的"法曲",属于中原传统音乐,但吸收了宗教(主要是佛教和道教)音乐的因素。

唐高祖即位(618)之后,宫廷仍沿用隋朝的九部乐,至唐太宗贞观(627—649)初年增为十部。其中"天竺乐"的乐工、舞工都穿袈裟,乐舞必然有显明的佛教色彩。唐代是中国佛教发展的鼎盛时期,寺院林立。有些寺院既是宗教和娱乐活动的处所,也是商业活动的处所。不仅有艺僧表演,而且有官府和社会上的艺人到寺院表演。

---

[1] 乌场国(Udyanad),在今巴基斯坦斯瓦特(Swat)河畔。
[2] 向达先生认为,这里所说的《天曲》即陈旸《乐书》所说的《提梵》曲,"提梵"是梵语 deva(天)的音译。(《论唐代佛曲》,见《唐代长安与西域文明》论文集)按《乐书》卷一五九《诸胡曲调》中所列曲名,除《提梵》一曲外,都标明佛曲,但此曲既列入这一类,也应是佛曲。

唐太宗贞观三年(629),著名的高僧玄奘前往天竺取经,访问数十国,于贞观十九年返长安,即从事翻译佛经的工作。《旧唐书·玄奘传》记载:

> 〔唐〕高宗在官为文德太后追福,造慈恩寺及翻经院,内出大幡,敕九部乐及京城诸寺幡盖众伎,送玄奘及所翻经像、诸高僧入住慈恩寺。

这里所说的"众伎"可能包括诸寺中的艺僧。唐宪宗时孟郊作《教坊歌儿》诗:

> 十岁小小儿,能歌得朝天,六十孤老人,能诗独临川。去年西京寺,众伶集讲筵,能嘶《竹枝词》,供养绳床禅。

僧人讲论佛经的集会,也有教坊伶伎参加,演唱歌曲。

寺院中有些艺僧也具有很高的艺术水平。唐武后至唐玄宗时,宋璟有一次上奏疏《请停仗内音乐》。他说:

> 十月十四、十五日,承前诸寺观,多动音声。今传有仗内音声,拟相夸斗。官人百姓,或有缚棚。此事倘行,异常喧杂。①

艺僧出动,演奏音乐,可以引起官府艺人的对抗,可以招致官人百姓搭棚观看。这说明,他们确实有演奏器乐、歌唱或表演舞蹈、杂技的本领。

艺僧中也有不少高手,段善本就是最突出的一个。唐段安节《乐府杂录·琵琶条》说:

> 贞元(785—804)中有康昆仑,第一手。始遇长安大旱,诏移两市祈雨。及至天门街,市人广较胜负,及斗声乐。即街东有康昆仑琵琶最上,必谓街西无以敌也。遂请昆仑登彩楼,弹一曲新翻羽调《录要》(《六幺》)。其街西亦建一楼,东市大诮之。及昆仑度曲,西市楼上出一女郎,抱乐器,先云"我亦弹此曲,兼移在枫香调中。"及下拨,声如雷,其妙入神。昆仑即惊骇,乃拜请为师。女郎遂更衣出见,乃僧也,盖西市豪族厚赂庄严寺僧善本,以定东鄽之胜。

---

① 《全唐文》卷二〇七。

善本原姓段,当时人也称他段师。这个故事不免有演义成分,但可以说明段善本的艺术造诣已为当时人所公认。他这次弹的不是佛曲,而是流行的大曲《六幺》。诗人元稹的《琵琶歌》说:

> 玄宗偏许贺怀智(琵琶名手),段师此艺还相匹。段师弟子数十人,李家管儿称上足。管儿还为弹《六幺》,《六幺》依旧声迢迢。猿鸣雪岫来三峡,鹤唳晴空闻九霄。

管儿弹出的这样优美清爽的《六幺》曲,不是也可以反映段善本的艺术修养和风格吗?

唐代寺院中宗教和音乐活动的开展,是和统治阶级的提倡有关的。如唐懿宗就是笃信佛法的一个皇帝。唐苏鹗《杜阳杂编》卷下记载:

> 上敬天竺教。〔咸通〕十二年(871)冬,制二高座赐新安国寺,一曰讲座,一曰唱经座。"〔佛〕降诞日,于宫中结彩为寺,赐升朝官已下锦袍。李可及(宫廷伶人)尝教鼓百人作四方菩萨蛮队。

《旧唐书·曹确传》说:李可及"作菩萨蛮舞,如佛降生。"宫廷如此崇拜佛教,当然影响到各寺院。

长安的大寺院里,平时也设置"戏场"。宋钱易《南部新书》记载,唐宣宗大中(847—859)年间,"长安戏场多集于慈恩(寺),小者在青龙(寺),其次在荐福(寺)、永寿(寺)。"寺院设戏场,由来已久,并非始于唐宣宗时,这里所说的是当时戏场的分布情况。到戏场去的有平民,也有达官贵人。唐宣宗时寿阳公主嫁给郑颢。有一次,郑颢之弟郑颐患重病,宣宗派人探视。探视者回来以后,宣宗问他:"公主何在"?回答说:"在慈恩寺观戏场。"① 可见公主也到寺庙观戏。这种寺院戏场里都有些什么活动呢?史籍中缺乏详细记载,大概有乐舞、俗讲、歌舞小戏、杂技之类。

唐李公佐《南柯太守传》(传奇)中,写一人曾"过禅智寺,于天竺院观右延舞《婆罗门》"。此书虽然是小说,也反映了一些社会现实。右延

---

① 《资治通鉴》卷二四八。

大概是一个比较有名的艺僧,才被写入小说。天竺院里也许有戏场。《婆罗门》是具有印度佛教特征的一个舞种。

唐代寺院中盛行"俗讲",最初只是宣扬佛教,后来,为了招引听众,募集布施(化缘),于是广泛地采用社会题材。唐赵璘《因话录》说:

> 有文溆僧者,公为聚众谈说,假托经论,所言无非淫秽鄙亵之事。(略)听者填咽寺舍,瞻礼崇奉,呼为和尚。教坊效其声调,以为歌曲。

《乐府杂录·文溆子》条说:

> 长庆(821—824)中,俗讲僧文溆善吟经。其声宛畅,感动里人。乐工黄米饭依其念四声观世音菩萨,乃撰此曲。

乐工所记录整理的《文溆子》曲,只是文溆作俗讲时常用的一种唱腔,引起了听众的兴趣。由于俗讲的内容超出佛教故事,文溆受到统治阶级的压制和迫害。[①]

寺院中表演的《狮子舞》属于杂技类,有器乐伴奏。很多僧人都能表演。

清光绪二十五年(1899),在甘肃敦煌莫高窟发现的大量文书中,有曲谱、舞谱、曲子词、变文等,为研究唐代乐舞和音乐文学提供了重要资料。这些资料大部分是寺院保存使用的,也有些文学作品出于僧人之手。唐代流行的乐曲大致可以分为"杂曲子"和"大曲"两类。前者是独立乐曲,一般都比较短;后者是包括许多乐章的大型乐曲。配合这种乐曲的唱词,有歌诗,有曲子词。歌诗指齐言诗,大部分是绝句;曲子词或简称词,是依照乐曲节拍而填写的长短句形式(有少数是齐言体)。长短句的词体起源于民间,但在古代书籍中缺乏著录。敦煌曲子词大部分是民间作品,除宣扬佛教的以外,突出地反映了反对长年战争的心情。

敦煌发现的曲谱有《倾杯乐》、《西江月》、《心事子》、《伊州》等九曲;

---

① 参看向达:《唐代俗讲考》。

舞谱残卷包括《遐方远》、《南歌子》等六曲,还有《五段子》等三曲中的各一段。这些乐谱和舞谱,大概都是艺僧使用的。当时的艺僧经常练习和表演乐舞。斯字3929号卷子抄录的董保德等《建造兰若(佛寺)功德颂文》说:①

  又于窟宇讲堂后,建此普净之塔(原注"四壁图绘")。

  门开慧日,窗豁慈云,清风鸣金铎之音,白鹤沐玉毫之舞。果唇凝笑,演花匀于花台,莲脸将然(燃?),披叶文于叶座。

饶宗颐先生认为"盖当时兼演花舞勾队",如宋代的"花舞"。按后几句未必是写实,也可能是指壁画中的乐舞图而言。伯字4640号卷子背面记着一条:"十四日支与王建铎队舞额子粗纸壹切"。② 饶文认为"此为舞队需用之纸张,王建铎则领队者也。"可见当时有队舞活动。

斯字2440号卷子正面抄录的《八相押座文》,全是七言唱词,叙述"太子修道"的故事。③ 押座文是变文的开头部分。这份卷子的背面也抄录了一篇叙述太子修道故事的唱词,没有标题。④ 它和《八相押座文》比较,有一大段唱词相同。其不同之点即这一篇标出了故事中的不同人物,有大王、夫人、吟生、新妇,还标出"队仗白说"、"回鸾驾却"、"四吟"、"临险吟"、"修行吟"。唱词中又有"青一队,黄一队,态踏","尽情歌舞乐神祇","歌舞不缘别余事"等句。饶文认为从这段记载,"可以明了变文于唱诵时兼有舞队","可为敦煌演奏佛曲时歌舞相兼之写照"。这种形式比一般变文又有所发展,已经构成了一种歌舞小戏。

唐代的变文久已失传,敦煌资料中才又出现了这类作品。它的形式可以分为三类:(1)只唱不说;(2)有说有唱,占多数;(3)只说不唱。前两类都用乐曲演唱,后一类和音乐无关。就内容说,变文可以分为四

---

① 英国斯坦因(M. A. Stein)窃去的敦煌卷子,现在伦敦不列颠博物院。转引自饶宗颐:《敦煌曲》。按:饶文搜集资料比较丰富。我没有见到全文,只看到第六节。所引资料,文字仍待校订。
② 法国伯希和(P. Pelliot)窃去的敦煌卷子,现存巴黎国家图书馆。转引自饶文。
③ 见王重民等《敦煌变文集》卷七。
④ 见上引饶文。

类：(1)宣扬佛教的，占大多数。(2)宣扬佛教时，增加为当时人祈求功德的文词。(3)宣扬佛教时，穿插说唱历史上或民间的一些故事传说。(4)说唱当时人或历史人物的专题故事。宣扬佛教的俗讲，由僧尼担任；为达官贵人或大施主祈求功德的，也应当由僧尼担任；其他演唱当时人或历史人物故事的，可能即由专业艺人担任。演唱变文，一般都在寺院里，有时也在达官贵人的宅第里。

北京图书馆藏成字 96 号卷子，正面写《目连变文》，背面写着：

> 法律德荣唱"紫罗鞋两"，得布五百八十尺；支本分百五十尺，支定真、政会、图福盈各百五十尺，余二十尺。又僧政愿清唱"绯绫绵被"，得布一千五百二十尺、旧傢壹仟尺；支图海明等十五人各百五十尺。又金刚唱"扇"，得布五十五尺；支本分百五十尺，余九十五尺。又道成唱"白绫袜"，得布七十尺；支本分及普列法各百五十尺，余百三十尺。又法律道英唱"白绫袜"，得布三百尺，又唱"黄尽坡"，得布五百尺；支本分及图道明等七人各百五十尺。（下缺）

研究者认为这项材料不易理解[①]。"紫罗鞋两"等不像曲名，不知是否为俗讲僧人所得的报酬布匹，收支数目都不相符，也不知如何解释。

敦煌是当时我国西部的一个佛教中心，虽然寺院中宗教和娱乐活动的规模不能和长安、洛阳的寺院相比，但根据敦煌发现的这些资料也可以推想当时中原地区的寺院的情况。

（《燕园论学集》，北京大学出版社 1984 年）

[①] 参看任二北《敦煌曲初探》第五章。

唐宋大曲之来源及其组织

序　言

宋沈括《梦溪笔谈》云："唐天宝十三载，以先王之乐为雅乐，前世新声为清乐，合胡部者为宴乐（燕乐）。"[①]此之所谓雅乐者即先秦之古乐也，清乐者即汉魏六朝之乐府也，燕乐者即隋唐之西域乐也。雅乐亡而清乐继起，清乐亡而隋唐燕乐独盛于世。燕乐所包括之种类颇多，而每类各有其性质特殊之乐曲。此种乐曲，最初往往配以绝句诗，以供歌唱。而继有依曲子之节拍音律，以填入长短句之歌词者，当时谓之"曲词"或"曲子词"，即唐宋词之所肇始也。自来讨论词体之起源者，率不知燕乐为唐宋词之所本，而乃漫于《三百篇》及乐府诗中求之，故用力虽勤，其说终无是处也。近代有就当时之音乐，以推寻其发生之线索者，较之前人，殊多进步。然所见多偏于一隅而未能概其全，其所论列亦每为局部狭隘之追求，未有能观其会通者。遂使此一问题迄今悬而不决，学者引为遗憾焉。

民国二十八年秋，余入北京大学研究院肄业，导师罗庸教授、杨振声教授谆谆以研治"词之起源及其演变"见嘱。罗庸师撰《工作指导说明书》，昭示进行之程序三点。

其一，现在唐五代宋词调之统计及时代之排比。

其二，就各调之性质分类，溯其渊源。

其三，依性质及时次，重编一"新词律"；主要在调名题解及说明其在文学史上之关系，不重在平仄律令之考订。

[①]　《笔谈》卷三。"燕"与"宴"通，"燕乐"以常用之于宴会而得名。

为统计及分析当时之词调,曾先后纂辑"词调长编"及"乐调长编"两种。前者著录词调八百余,后者著录乐调两千曲。从事既久,颇有所得。乃就各个词调归纳门类,如何者属于大曲,何者属于杂典等,先辨识清晰,然后分别逆溯其源,而由源返顾,复顺推其流。如是,则词调之来历及其变迁,词体之形成及其繁衍,庶皆可畅言其详矣。顾燕乐中有大曲一种,每曲由十余乐章组成,结构颇为复杂。其为唐代之梨园法部所用者,谓之"法曲";如仅截取其后半部分,则称为"曲破"。故法曲与曲破皆可归属于大曲。大曲盛行于唐宋而为两代音乐中最高之典制。其影响所及,不惟产生若干词调曲调,即宋之杂剧,金之院本,元之杂剧亦莫不沿承其余绪。其在文学史上所居地位之重要,可想而知。海宁王国维先生著《唐宋大曲考》,开拓此学之区宇,诚有导夫先路之功。惜所论只限于宋代,唐代大曲则多未涉及。即宋代部分亦过于简略,且其中又有需要重新商榷者。因继王先生之后,拟写《唐宋大曲新考》。然此问题牵涉既广,范围斯大,今先将其来源及组织,论述于此,而其余诸篇,姑俟之异日。至本书之写作,除两位导师终日耳提面命外,罗常培师及向达师亦时时指教,并书此以识不忘云。

一　大曲产生之背景

《唐六典注》尝谓雅乐、清乐、燕乐中皆有大曲。① 实则唐代之雅乐既非先秦之旧观,而清乐亦仅为汉魏之残余,独燕乐风行于世,故本文所论唐宋之大曲,均以燕乐为限焉。然欲论燕乐之传入以及盛行之情形,必先述雅乐清乐消亡之概略。背景既明,则大曲之所由出,亦可得而言矣。

1. 雅乐清乐之消亡

所谓先王之雅乐,自经战国之乱,工伎渐缺,传于后世者,盖已无几。及汉魏之际,即号称娴谙旧乐之杜夔,所传古声辞亦不过《鹿鸣》、《驺虞》、《伐檀》、《文王》四曲。而魏明帝太和中(227—232),左延年又

---

① 卷一四,《协律郎》条。

改其后三曲，自作声节，文虽并存，声则异古。其余一曲，亦亡于晋世。然自隋唐以后，历代所专用于郊庙之宫悬，当时亦名为雅乐。其乐律虽袭古制，而乐器则为迂阔儒生以累黍截竹之法而制造者，徒具形式以惑世自欺而已。《新唐书·礼乐志》云："自周隋以上，雅郑淆杂而无别，隋文始分雅俗二部。"凌廷堪氏以为雅部乃郑译所附会者，[①]意谓有名无实也。唐乐亦分雅俗两部，而所谓雅乐者乃隋协律郎祖孝孙所造，[②]以备祭享大典中充数之用。《旧唐书·音乐志》云："太常阅坐部不可教者隶立部，又不可教者乃习雅乐。"（坐立部伎皆当时之俗乐，详见下文。）元稹《立部伎》诗云："太常雅乐备宫悬，九奏未终百寮惰。怵惕难令季札辨，迟回但恐文侯卧。工师尽取聋昧人，岂是先王作之过。"白居易《立部伎》诗自注："太常选坐部绝无识性者，退入雅乐部。"雅乐之凌替而不受人欣赏，以至于此。五代各国之雅乐，沿承唐制，且已不全，故后晋宫悬乐舞即"杂用九部教坊法曲"。[③]赵宋一代之雅乐，自建隆迄崇宁（960—1107），凡经六易。除写作几部乐书，制造几色无用乐器外，一无成绩可言。南渡后，朱熹、蔡元定等虽相与讲明古今制作之本原，而亦无补于实际之雅乐。故所谓雅乐者，终不能与燕乐相提并论焉。仁宗天圣中（1023—1031），张知白尝云："今太常宫悬，钟磬埙篪，拊拊之器，与夫舞缀羽籥干戚之制，类皆仿古。逮振作之，则听者不知为乐，而观者厌焉。古乐岂真如此哉？"[④]又孝宗兴隆二年（1164），洪适奏议云："臣职在太常，不容箝嚜。窃谓古今不相沿乐，金石丝竹不入俗人之耳。故通国无习其艺者，而听者则倦且寐。独以古乐用之郊庙耳。"[⑤]盖一种音乐既已消亡，则不可复生。唐宋徒託空言之士，所斤斤于援据古曲而制作之乐器，乐工用之，实已往往参入俗乐之法。《辽史·乐志》讥之曰："其器雅，其音亦西。"宜乎听者倦且寐矣。

---

① 《燕乐考原》卷一。
② 《通典》卷一四六。
③ 《文献通考》卷一二九。
④ 《宋史·乐志》一七。
⑤ 《宋会要稿·乐部》引《永乐大典》卷二一六八三。

前述雅乐之余波,虽至晋代始绝,而自西汉初年即有一种新乐起而代之。及武帝设立乐府而集其大成,此种新乐即以"乐府"为名。当时对雅乐言,或诋为郑卫;而隋唐对燕乐言,则谓之"清乐"(乐府以清商三调为主)。清乐盛行于汉魏。后经晋怀永嘉之乱,中原烽火滋扰,其声遂南渡。南朝之宋、齐、梁陈所传者,虽各代微有变迁,究属汉魏之嫡系也。北朝拓跋魏起于朔方,与南朝文物初无接触,其音乐固亦无承继乐府之旧者。至太和十七年(493),孝文帝讨淮汉,景明元年(500),宣武帝定寿春,始收其所传中原旧曲《明君》《圣主》《公莫》《白鸠》之属,及江南吴歌,荆楚西声,总谓之"清商"。① 然据隋文帝时,祖珽奏议云:"至永熙(北魏孝武帝,532年即位)中,录尚书长孙承业及臣先人太常卿莹等,斟酌缮修,华戎兼采,至于钟律,焕然大备。"② 则其乐虽有采自清商者,然驳杂已甚。至于北齐之乐,据《通典·乐典》云:"其时郊庙宴享,皆魏代西凉伎。"而北周之乐,《隋书·音乐志》云:"所用皆是新造,杂有边夷之声。"盖益与清乐无甚关系。

　　隋文帝开皇二年(582),齐黄门侍郎颜之推上言:"礼崩乐坏,其来已久,今太常雅乐并用胡声。请凭梁国旧事,考正雅乐。"文帝不从曰:"梁亡国之音,奈何迁我用邪?"后因沛公郑译奏请,诏何妥、辛衍之等议正乐。然沦谬既久,音律多舛,积年不能定。至开皇九年(589)平陈,获宋、齐旧乐,始于太常设"清商署"以管之,求陈太乐令蔡子元、于普明等复居其职。③ 开皇之七部乐与大业之九部乐,所以皆有清乐者,即缘蔡于等所传也。但其时之清乐,《隋志》谓:"以新律吕,更造乐器",是否纯系南朝之旧,亦成问题。且至大业元年,炀帝即位后,即罢清商署矣。④

　　唐高祖御宇后,宴享因隋旧制,所用之九部伎中亦有清商伎。后太宗增为十部仍有之。然其乐曲,据《通典·乐典》云:

　　　　遭梁陈亡乱,所存盖鲜。隋室以来,日益沦缺。大唐武太后时,犹六十三曲。今其辞存者,有《白雪》、《公莫》、《巴渝》、《明君》、

---

① 《魏书·乐志》。
②③ 《隋书·音乐志》。
④ 《隋书·百官志》。

《明之君》、《铎舞》、《白鸠》、《白纻》、《子夜》、吴声四时歌、《前溪》、《阿子歌》、《团扇歌》、《懊侬》、《长史变》、《督护歌》、《读曲歌》、《乌夜啼》、《石城》、《莫愁》、《襄阳》、《栖乌夜飞》、《估客》、《杨叛》、《雅歌》、《骁壶》、《长林欢》、《三洲采桑》、《春江花月夜》、《玉树后庭花》、《堂堂》、《泛龙舟》等，共三十二曲。《明之君》、《雅歌》各二首，四时歌四首，合三十七曲。又七曲有声无辞，《上林》、《凤曲》、《平调》、《清调》、《瑟调》、《平折》、《命啸》等，通前为四十四曲存焉。

又云：

> 自长安(701)以后，朝廷不重古曲，工伎转缺。能合于管弦者，惟《明君》、《杨叛》、《骁壶》、《春歌》、《秋歌》、《白雪》、《堂堂》、《春江花月夜》等共八曲。旧乐章多或数百言，时《明君》尚能四十言，今所传二十六言，就中讹失，与吴音转远，以为宜取吴人，使之传习。开元中，有歌工李郎子，北人，声调已失，云学于俞才生，江都人也。至郎子亡后，清乐之歌阙焉。(中略)惟弹琴家犹传楚、汉旧声及清调、瑟调，蔡邕五弄调，谓之"九弄"，雅乐独存，非朝廷郊庙所用，故不载。

清乐大都以琴瑟为主，故弹琴家犹欲守其师承。然一则讹谬传袭，已非一日，本身千疮百孔，难以自立；① 即能传旧曲，亦不为时俗所重。② 二则西域音乐弥漫全国，不能与之分庭抗礼。③ 三则中唐以后之帝王，每多厌弃其声。④ 朝廷郊庙且不用之，寥寥弹琴家岂能挽其颓势乎？

2. 西域音乐之盛行

雅乐清乐之消亡，固足招致西域乐(即燕乐)之传入；而西域乐之传

---

① 张籍《废瑟词》："千年曲谱不分明，乐府无人传正声。"
② 刘长卿《听弹琴》："古调虽自爱，今人多不弹。"白居易《五弦诗》："嗟嗟俗人耳，好今不好古；所以绿窗琴，日日生尘土。"
③ 白居易《废瑟》："废弃来已久，余音尚泠泠。不辞为君弹，纵弹人不听。何物使之然？羌笛与秦筝。"戎昱《听杜山人弹胡笳》："世上爱筝不爱琴，则明此调无知音。"
④ 南卓《羯鼓录》："上(玄宗)性俊迈，酷不好琴。曾听弹琴，正弄未毕，叱琴者出，曰：待诏出去，谓内官曰，速召花奴(汝南王琎)将羯鼓来，为我解秽。"

入,实亦促进雅乐清乐之消亡。两者可谓互为因果。若远溯西域乐东渐之端,当自汉武帝时,张骞通西域,得《摩诃兜勒》二曲始。① 及魏晋以下,南朝各代虽盛行清乐,然《齐书·高帝纪》有云:"与左右作羌胡伎为乐。"《郁林王纪》:"常列胡伎二部,夹阁迎奏。"《陈书·章昭达传》:"每饮会,必盛设女伎杂乐,备尽羌胡之声。"所谓羌胡者,固明谓西域乐伎,毫无疑问;而胡伎者,盖亦指此辈人言也。拓拔魏雄据北方,西域乐多于此时大量东传。《隋书·音乐志》云:

> 天竺者,起自张重华据有凉州(346—353),重四译来贡男伎,天竺即其乐焉。②

> 西凉,起符氏之末,吕光、沮渠蒙逊等据有凉州(386—432),变龟兹声为之,号为"秦汉伎"。至魏周之际,遂谓之"国伎"。③（据此,即西凉乐实源于龟兹乐。）

> 疏勒、安国、高丽并起自后魏平冯氏,及通西域,因得其伎。④

> 龟兹者,起吕光灭龟兹,因得其声。吕氏亡(403),其乐分散,后魏平中原,复获之。其后声多变易。⑤

> 初太祖(北齐)辅魏之时,高昌欵附,乃得其伎,教习以备飨宴之礼。⑥

此数种乐伎中尤以龟兹伎最为时所重。《通典·乐典》二云:"自宣武(后

---

① 《晋书》二三:"张博望入西域,传其法于西京,惟得《摩诃兜勒》一曲。"崔豹《古今注》谓为二曲。

② 天竺即今之印度。

③ 凉州即今甘肃武威。当时以其位于西部边陲,故亦谓之西凉。

④ 案魏太武太延元年(435),平冯文通后,曾遣使二十辈使西域。《册府元龟》五七〇引乐部此条无高丽。疏勒,《新唐书·西域传》云:"一名佉沙环。"一名喀什噶尔,在今新疆伽师县境。安国,《新唐书·西域传》云:"一名布豁,又名捕喝。"即今中亚细亚之布哈剌(Bokhara),在撒马尔罕之西。

⑤ 龟兹,《新唐书·西域传》云:"一曰丘兹,一曰屈兹。"史籍中亦称丘慈,屈支,屈茨。即今新疆库车县。

⑥ 高昌,在今新疆吐鲁番县境,一名哈剌和卓,一名和州,一名火州,见法国伯希和著"高昌和州火州哈剌和卓考"。(冯承钧译《史地丛考》)

魏世宗,齐永元元年,公元499年即位)以后,始爱胡声。洎于迁都,屈茨琵琶、五弦、箜篌、胡笛、胡鼓、铜钹、打沙锣、胡舞,铿锵镗镗,洪心骇耳。"所谓屈茨琵琶即龟兹琵琶。后魏文帝时(535—551),有西域人曹婆罗门者,受龟兹琵琶于商人,世传其业。及北齐之世,龟兹乐益盛。《北史·恩倖传》云:"西域丑胡,龟兹杂伎,封王开府,接武比肩。"来自西域各地之乐人,大都以传习龟兹乐为主,而当时统谓之"胡小儿"或"胡儿"。其姓名可考者,有上述之曹婆罗门,及其子僧奴,其孙妙达,以及何朱弱,安马驹,史丑多等。① 据向达教授及日本桑原骘藏氏之考证,此辈著名乐人皆系源出中亚细亚而入居中土者。② 且皆以工歌能舞,得跻显位而被宠遇。如文宣帝高洋尝自击胡鼓,以与曹妙达相和,而僧奴女以善琵琶而为后主高纬之昭仪。其乐技之见重也如此。西域乐人至中原者既多,而后主又能自度曲,故《隋志》谓其:"别裁新声为《无愁曲》,音韵窈窕极于哀思。胡儿阉官之辈,齐唱和之。"西域乐之盛行,可以想见其梗概矣。

  北齐后主天统四年,北周天和三年(568),周武帝所纳皇后阿史那氏至自突厥。③ "西域诸国来媵,如龟兹、疏勒、康国④之乐,大聚长安。胡人令羯人白智通教习,颇杂以新声。"⑤此次任总领队之白智通,文中泛称羯人,盖即龟兹人。当时随后入国者,尚有一龟兹人名苏祗婆,精于龟兹琵琶。郑译从之学习,演成隋唐之"燕乐"。然燕乐之为西域音

---

① 《北史·恩倖传》及《隋书·音乐志》。
② 曹婆罗门出身曹国。曹国即《大唐西域记》卷一之劫布呾那国,亦即阿拉伯地理学者所言之 Kabudhan 或 Kabunhangekath,在撒马尔罕之东北。(鲁案,其所以名婆罗门者,盖以原系僧人,入华后即以"婆罗门"呼之。其子名僧奴,孙名妙达,由名字上亦可见其逐渐华化之迹。)《北史·恩倖传》云:"其曹僧奴,僧奴子妙达,以能弹胡琵琶(即龟兹琵琶),其被宠遇,俱开府封王。"何朱弱(《通典》作安未弱),盖来自何国。《新唐书·西域传》:"何,或曰屈霜你迦或曰贵霜匿。"即阿刺伯学者所言之 Kaschanyah。史丑多来自史国。《新唐书·西域传》:"史或曰佉沙,或曰羯霜那",即今之 Shahrisebz,在撒马尔罕之东南。安马驹来自安国。安国已见前。——见向达先生"唐代长安与西域文明"及桑原骘藏"隋唐时代西域人华化考"。
③ 《周书·武帝本纪》。
④ 康国,《新唐书·西域传》云:"康者一曰萨末鞬,亦曰飒末建",即今中亚细亚之撒马尔罕(Samarkand)。
⑤ 引用《旧唐书·音乐志》原文。

乐,前人每讳莫如深,至清人凌廷堪著《燕乐考原》始具体言之。实则隋唐所谓胡乐、俗乐、边声者,皆与燕乐异名而同实也。

隋开皇二年(582),文帝欲正乐,郑译奏云:"听其(苏祗婆)所奏,一均(即一音级)之中间有七声。因而问之。答云:'父在西域,称为知音,代相传习,调有七种。'以其七调,校勘七声,冥若合符:一曰娑陀力,华言平声,即宫声也。二曰鸡识,华言长声,即商声也。三曰沙识,华言质直声,即角声也。四曰沙侯加滥,华言应声,即变徵声也。五曰沙腊,华言应和声,即徵声也。六曰般瞻,华言五声,即羽声也。七曰俟利箑,华言斛牛声,即变宫声也。译因习而弹之,始得七声之正。"① 案此种乐制,向达教授著《龟兹苏祗婆琵琶七调考原》,谓为印度北宗音乐中之一派。② 近年法国伯希和及枯郎(M. Courant)勒维(S. Levi)诸人研究南印度发现之七调碑,提出论文后,证明苏祗婆之七调确系源出印度,经中亚细亚及龟兹诸地而入中原者。③

龟兹琵琶法自经郑译悉心研究而推演其乐制后,无论雅乐、俗乐尽用其声。④ 其时虽有主张沿用旧乐之苏夔、何妥等力予阻挠,然风尚所趋,亦无可如何矣。关于龟兹乐盛行之情形,《隋志》云:"至隋,有'西国

---

① 《隋书·音乐志》。
② 《学衡》第五十四期,民国十五年六月出版。
③ 光绪三十年(1904),南印度普都可台州(Pudukkottoi)库几米亚马来(Kudimiyamalai)地方发现之七调碑,对于此问题之解决,帮助甚大。综观近人阐明苏祗婆七调之语源者,当以向达先生及枯郎、勒维之成绩最著。日本林谦三尝搜集诸家之说,著于《隋唐燕乐调研究》,今择要节录于下:

一、娑陀力 即七调碑中 sadharita 之对音。

二、鸡识 即七调碑中 kaisika 之对音。

三、沙识 陈旸《乐书》作"涉折",勒维氏以为即 sadja。

四、沙侯加滥 高南顺次郎以为即七调碑中之 sadja—grama。林谦三谓"侯殆俟之讹"。

五、沙腊 即七调碑中 sadaua 之对音。

六、般瞻 即七调碑中 pancama 之对音。

七、俟利箑 郑译谓华言斛牛声,枯郎氏遂有 rsabha 之比拟,此语有牡牛之意(rsabha 略称为 re,为印度七声之一。)

④ 《辽史·乐志》。

龟兹'、'齐朝龟兹'、'土龟兹'等凡三部。开皇中,其器大盛于闾闬。时有曹妙达、王长通、李士衡、郭金乐、安进贵等,皆绝妙弦管。新声奇变,朝改暮易,持其音伎,估炫于公王之间,举世争相慕尚。高祖病之,谓群臣曰:'(略)公等对亲宾宴饮,宜奏正声;声不正,何可使儿女闻也?'帝虽有此勒,而竟不能救焉。"以帝王之权威,尚不能挽救,亦知苏、何等反对新乐之言,徒费唇舌笔墨而已。

上文所引曹妙达、王长通等皆北齐之西域乐人。① 然据《隋志》云"制氏(汉初有制氏者,世掌雅乐。)全出于胡人,迎神犹带于边曲。"是当时出身西域之乐人,为数甚多,而曹、王等最为出色耳。开皇中,置七部乐:一曰国伎(即西凉伎),二曰清商伎,三曰高丽伎,四曰天竺伎,五曰安国伎,六曰龟兹伎,七曰文康伎(即礼毕)。又杂有疏勒、扶南、康国、百济、突厥、新罗、倭国之乐。及大业中,炀帝乃定九部伎:

(1) 清乐　歌曲《杨伴》。舞曲《明君》、《并契》。

(2) 西凉　歌曲《永州乐》。解曲《万世丰》。舞曲《于阗佛曲》。

(3) 龟兹　乐正白明达造新声:《万岁乐》、《藏钩乐》、《七夕相逢乐》、《投壶乐》、《舞席同心髻》、《玉女行觞》、《神仙留客》、《掷砖续命》、《斗鸡子》、《斗百草》、《泛龙舟》、《还旧宫》、《长乐花》十二曲。歌曲《善善摩尼》。解曲《婆加儿》。舞曲《疏勒盐》。

(4) 天竺　歌曲《沙石强》。舞曲《天曲》。

(5) 康国　歌曲《戢殿农和正》。舞曲《贺兰钵鼻始》、《末奚波地》、《农惠钵鼻始》、《拔地惠地》等四曲。

(6) 疏勒　歌曲《亢利死壤乐》。舞曲《远服》。解曲《监曲》。

(7) 安国　歌曲《附萨单时》。舞曲《末奚》。解曲《居和祇》。

(8) 高丽　歌曲《芝栖》。舞曲《芝栖》。

(9) 礼毕　行曲《单交路》。舞曲《散花》。②

---

① 北齐王长通以善音乐,官至刺史,《隋志》列于龟兹条下,疑亦西域人。
② 上据《隋志》所载。《梦溪笔谈》卷五与此略有出入。解曲舞曲等乃音乐中之专门术语,而《笔谈》皆割裂之,恐误。

案此九部中，仅清乐与礼毕仍可谓旧乐，其余皆西域乐也。

唐高祖即位(618)后，不惟宴享因隋旧制，用九部乐，即伶工舞伎亦多前代旧人。如开皇大业间声名焕赫之王长通、白明达等又皆出现于此时。桑原氏谓白明达当是龟兹人，或系随北周突厥皇后入中原之一乐人。此外又有安叱奴者，高祖拜为散骑常侍，而李纲上书指为"舞胡"，①知其必为西域人，盖来自安国。王长通、白明达等至贞观时，亦皆得授高爵。② 其所以为朝廷如是之推重者，盖一则以其本人之乐技高明，二则各重要部伎实皆由西域人主持，故宠其领袖，以羁縻而鼓励之也。自此以后西域伶伎之人数，遂与日俱增。而九部伎至贞观初年，又扩为十部。③ 号称旧乐之礼毕被删，而增"高昌"伎及张文收所造之"燕乐伎"。④ 今将各部所用之乐器及乐工之服饰比较如第一表及第二表所示。

---

① 《唐书·李纲传》："先令舞胡致位五品，鸣玉曳组，驰驱廊庙，顾非创业垂统，贻厥子孙之道。"
② 《唐书·马周传》。
③ 据《唐书·乐志》及《张文收传》，贞观十四年平高昌，设高昌伎，同年张文收造燕乐伎；于是九部中之礼毕被删，而增此两部，共为十部。十六年宴百僚始奏之。然案之同书《回鹘传》：贞观四年，回鹘入朝，"帝坐秘殿，陈十部乐。"贞观十五年召突利失，奏十部伎。则十部伎之完成而施诸宴会，当始于贞观初年矣。
④ 此处之燕乐乃张文收根据当时之俗乐而配制者，与隋唐之俗乐一概泛称为燕乐者不同。

第一表　十部伎乐器比较表[1]

(一) 燕乐	(二) 清商	(三) 西凉	(四) 天竺	(五) 高丽	(六) 龟兹	(七) 安国	(八) 疏勒	(九) 康国[2]	(十) 高昌
	编钟一	编钟一							
玉磬一	编磬一	编磬一							
		独弦琴一							
		击琴一							
	瑟一								
大小琵琶	秦琵琶一	琵琶一	琵琶一	琵 琶	琵琶一	琵琶一	琵琶一	琵 琶*	琵琶二
卧箜篌一	卧箜篌一	卧箜篌一		卧箜篌				箜 篌*	
		竖箜篌一	竖箜篌		竖箜篌一	竖箜篌一	竖箜篌一		竖箜篌一
大小箜篌一			凤首箜篌	凤首箜篌					
筑 一	筑 一								
挡筝一	筝 一	挡筝一		挡 筝					
		弹筝一		弹筝一	弹筝一				
毛员鼓二			毛员鼓一	毛员鼓一					
					正鼓一		正鼓一		
连鞞鼓二									
					和鼓一		和鼓一		
		节鼓一							
			羯鼓一		羯鼓一		羯鼓一		羯鼓二
桴鼓二									
		腰鼓一		腰 鼓	腰鼓一		腰鼓一		腰鼓二
		齐鼓一		齐 鼓	骑鼓一				
		檐鼓一		檐 鼓	檐鼓一				
			都昙鼓一		鼓昙鼓一				
				龟头鼓					
					答腊鼓一		答腊鼓一		答腊鼓二

---

① 新、旧《唐志》所载略有不同,此据《新唐志》。

② 此部乐器,疑记载不完备。注＊符号者,据《隋书·西域传》增补。

(续表)

（一）燕乐	（二）清商	（三）西凉	（四）天竺	（五）高丽	（六）龟兹	（七）安国	（八）疏勒	（九）康国①	（十）高昌
					侯提鼓一		侯提鼓一		
					鸡娄鼓一		鸡娄鼓一		鸡娄鼓二
大小笙一	笙 二	笙 一			笙 一	笙 一			
				葫芦笙					
长笛一	笛 二	笛 一		义觜笛				笛 二	
短笛一		横笛一	横笛一		横笛一	横笛一	横笛一		横笛二
箫 一	箫 二	箫 一		箫	箫 一	箫 一	箫 一		箫 二
	篪 二								
方响一	方响二								
铜钹一		铜钹二	铜钹二		铜钹二	铜钹一		铜钹二	
	跋膝二								
吹叶一	叶 一								
大小五弦一	五弦一	五弦一	五弦一	五 弦	五弦一	五弦一	五弦一	五 弦*	五弦二
大小觱篥一	觱篥一	觱篥一	觱篥一	大觱篥	觱篥一	觱篥一	觱篥一		觱篥二
		小觱篥一		小觱篥					
				桃皮觱篥					
贝 二		贝 一	贝 一	铁板贝	贝 一				
									铜角一

---

① 此部乐器，疑记载不完备。注 * 符号者，据《隋书·西域传》增补。

第二表　十部伎乐工舞工之服饰比较表①

部伎	乐　工	舞　工
燕乐	工人绯绫袍,丝布裤。	舞二十人分为四部：(一)景云乐,舞八人,花锦袍,五色绫裤,云冠,乌皮靴。(二)庆善乐,舞四人,紫绫袍,大袖,丝布裤,假髻。(三)破阵乐,舞四人,绯绫袍,锦衿摽,绯绫裤。(四)承天乐,舞四人,紫袍,进德冠并铜带。
清商	工人平巾帻,绯裤褶。	舞四人,碧轻纱衣裙襦,大袖,画云凤之状,漆鬟髻,饰以金铜杂花,状如雀钗,锦履,舞容闲婉,曲有姿态。
西凉	工人平巾帻,绯褶。	白舞一人,方舞四人。白舞今阙。方舞四人,假髻,玉支钗,紫丝布褶,白大口裤,五彩接袖,乌皮靴。
高丽	工人紫罗帽,饰以鸟羽,黄大袖,紫罗带,大口裤,赤皮靴,五色绦绳。	舞者四人,椎髻于后,以绛抹额,饰以金珰,二人黄裙襦,赤黄裤,极长其袖,乌皮靴,双双并立而舞。
天竺	工人皂丝布头巾,白练襦,紫绫裤,绯帔袈裟。	舞二人,辫发,朝霞袈裟,行缠,碧麻鞋。
龟兹	工人皂丝布头巾,绯丝布袍,锦袖,绯布裤。	舞四人,红抹额,绯袄,白裤帑,乌皮靴。
安国	工人皂丝布头巾,锦摽领,紫袖裤。	舞二人,紫袄,白裤帑,赤皮靴。
疏勒	工人皂丝布头巾,白丝布裤锦襟摽。	舞二人,白锦袄袖,赤皮靴,赤皮带。
康国	工人皂丝布头巾,绯丝布袍,锦领。	舞二人,绯袄,锦领袖,绿绫裆裤,赤皮靴,白裤帑。舞急转如风,俗谓之胡旋。
高昌		舞人白袄锦袖,赤皮靴,赤皮带,红抹额。

---

① 新、旧《唐志》所载,略有出入,此据《旧志》。

由第一表观之，十部中仅清商伎有"秦琵琶"及琴瑟。而其他九部则皆有琵琶，觱篥，五弦三器。案仅言琵琶而不冠"秦"字即指龟兹琵琶也。觱篥，《乐府杂录》谓为"本龟兹国乐"。《通考·乐考二一》引陈旸《乐书》云："隋唐之乐，虽有雅俗胡三者之别，实不离胡声也。"所谓俗乐与胡乐者，实即一种。而俗乐虽分为九部（清商除外），除乐器及工伎服饰稍有不同外，全以龟兹琵琶为主。观第二表，惟清乐舞工著履，其他诸部舞工除天竺外，皆著皮靴。《隋书·礼仪志》云："靴，胡履也。"自非中原旧物。至于袄、裤、椎髻等，必亦处处模仿西域人也。

十部伎在贞观初虽已完成，而自高宗以后，朝廷宴享仍多用九部。① 意者此后之九部盖缺清商伎。元稹《代曲江老人百韵》云："文物千官会，夷音九部陈。"夷音不包括中原旧乐，故与贞观前所奏者不同。然诸部伎，朝廷举行宴会时，常归并于坐立两部中。所谓坐部者即在堂上坐奏，立部在堂下立奏。《新唐志》谓两部之分始于玄宗。实则不然。案《唐志》云："仪凤二年（679）十一月六日，太常少卿韦万石奏曰：'（略）立部伎内《破阵乐》五十二遍，修入雅乐只有两遍，名曰《七德》。'立部伎内《庆善乐》七遍，修入雅乐只有一遍，名曰《九功》。"然则高宗时固已有立部之名；有立部必亦有坐部矣。武后中宗之代，曾大增两部诸舞，寻以废寝。至玄宗时始确定其内容。

所谓十部伎及坐立部伎者，在开元以前，与雅乐同隶于太常。自武德后，虽置教坊于禁门内，而规模颇小。② 历太宗高宗两朝，至武则天如意元年（即天授三年，公元692），改为云韶府。③ 中宗神龙年中，又恢复旧名。玄宗既好西域音乐，且洞晓声律，而承平日久，听歌阅舞，亦为

---

① 《旧唐书·玄奘传》："高宗在宫为文德太后追福，造慈恩寺及翻经院。内出大幡，勅九部乐及京城诸寺幡盖众伎送玄奘及翻刻经像诸高僧入住慈恩寺。"《高宗本纪》："乾德元年正月七日，宴群臣，陈九部乐。"《玄宗本纪》："天宝十四载春三月，宴群臣于勤政楼，奏九部乐。"《德宗本纪》："贞元四年春正月甲寅地震，宴郡臣于麟德殿设九部乐。"又："贞元十四年二月戊午，上御麟德殿，宴文武百寮，初奏《破阵乐》，遍奏九部乐。"《通考·乐考》："后晋天福四年，（略）又奏宫悬，歌舞未全，请杂用九部雅乐，教坊法曲，从之。"

② 《新唐书·百官志》。

③ 《唐会要》卷三四。

社会风尚;于是开元二年(714),设置教坊五所:内教坊在禁内蓬莱宫侧;外教坊西京两所,左教坊在光宅坊,右教坊在延政坊;东京两教坊俱在明义坊。命右骁卫将军范及为之使。自是离太常而独立。太常专典祭祀所用之雅乐,而所有诸部伎及散乐百戏等之俗乐,统归于教坊。① 教坊遂成为俗乐之"乐府"。若寻常飨会,"先一日具奏坐立部伎乐名,御注其下,会日,先奏坐部伎,次奏立部伎,次奏骠马,次奏散乐。"② 坐立部乐名可考者如下:

坐部伎 (1)燕乐 (2)长寿乐 (3)天授乐 (4)鸟歌万岁乐 (5)龙池乐 (6)小破阵乐

立部伎 (1)安乐 (2)太平乐 (3)破阵乐 (4)庆善乐 (5)大定乐 (6)上元乐 (7)圣寿乐 (8)光圣乐

《通典·乐典》谓坐部伎"自《长寿曲》以下,皆用龟兹曲,惟《龙池乐》备用雅乐笙磬。"立部伎"自《安乐》以后,皆雷大鼓,杂以龟兹曲,声震百里,皆立奏之;惟《庆善曲》独用西凉乐,最为闲雅。"案除《庆善乐》独用西凉乐,燕乐杂有旧乐成分外,两部大体均以龟兹乐为本。至于《龙池乐》,《旧唐书》谓其无钟磬之音,是否纯系雅乐,亦成问题也。白居易《立部伎》诗:"堂上坐部笙歌清,堂下立部鼓笛鸣。"龟兹部鼓类最多,故立部伎"鼓笛鸣"而"声震百里"。坐部伎之龟兹曲,以琵琶为主,故谓之琵琶曲。"琵琶曲厥后盛流于时"。③

教坊中普通乐人,统谓之"音声人",其数已近及二千员,④而下列三部尚不计焉:

(1)梨园 "玄宗既知音律,又酷爱法曲,选坐部伎子弟三百,教于梨园。声有误者,帝必觉而正之,号'皇帝梨园弟

---

① 《通考·乐考》一九及崔令钦《教坊记》。
② 《唐会要》卷三三。
③ 引用《宋史·乐志》语。
④ 陈旸《乐书》。

子'。"①
　　（2）宜春院　"宫女数百亦为梨园弟子，居宜春北院。"②"妓女入宜春院，谓之'内人'或'前头人'，以常在上前也。"③
　　（3）小部　"梨园法曲部更置小部音声三十余人。"④

以上三部称为"别教院"。无论教坊或别教院之乐人，概称为"国工"或"国乐"。此外尚有云韶院及掖庭诸伎。（云韶院妓女谓之宫人）《新唐志》云："唐之盛时，凡乐人，音声人，太常杂户子弟，隶太常及鼓吹署，皆番上总号音声人，至数万人。"并非夸大之言也。

　　教坊自经玄宗整顿扩大，其影响所及，无论都城郡邑，几皆有西域之音。《唐书·舆服志》云："开元来，太常乐尚胡曲，贵人御馔尽贡胡食，士女皆衣胡服。"当时风气，不惟倾心胡曲，而胡食胡服，亦均在羡慕仿效之列。天宝十五载，安禄山陷两京，玄宗幸蜀，教坊乐人多有散亡各地者。然其遗声余曲，因此更广传于民间。至德二年(757)，肃宗返京后，教坊虽不及开天之盛，而其规模仍如之。且此时之西域乐，早已普遍于四方，为士大夫燕居之暇，所不可须臾离者。元稹《法曲》诗云："女为胡服学胡妆，伎进胡音务胡乐。胡音胡骑与胡妆，五十年来竞纷泊。"王建《凉州行》："城头山鸡鸣角角，洛阳家家学胡乐。"其风靡一时，观此二诗可见。代宗大历十四年(779)五月，诏罢梨园伶使及冗员三百余人，留者隶太常。⑤ 至宪宗元和十四年(819)，复置内教坊于延政里。⑥ 宣宗大中初，太常乐工五千余人，俗乐一千五百余人；而宣宗每宴臣僚，自制新曲，所教女伶犹有数千人。故终唐之世，历朝虽有治乱之不同，而教坊则始终保持其盛况。推其原因，当由于朝廷对乐人待遇之优渥：(甲)如有一技之特长，每可立致显官。(乙)视年限及成绩，可

---

① 《新唐志》。
② 《新唐志》。
③ 《教坊记》。
④ 《新唐志》。
⑤ 《唐会要》卷三四。
⑥ 《旧唐书·宪宗本纪》。《会要》卷三四作"徙仗内教坊于延政里"。

授正员官,至永贞元年(805)九月,始废此制。① (丙)每奏乐或表演百戏,必厚予赏赐。(丁)乐人可自由受人雇用。基上数端,教坊得集各种俗乐之大成,而又由此以分散于各地。

中唐以后之乐人伶工,出身西域者,仍称胡儿或胡小儿。其姓名可考者,向达教授及桑原氏所论綦详,兹再简略介绍之:(甲)安氏,盖来自安国。玄宗时有安万善②,昭宗时有安辔新③,或皆与上述之安叱奴有关。(乙)康氏,盖来自康国。玄宗时有康老④,德宗时有康昆仑⑤,宣宗时有康迺。⑥ (丙)曹氏,来自曹国之曹婆罗门及曹僧奴曹妙达等已见前。唐代琵琶名手,尤多曹姓。贞元中有曹保,保子善才。⑦ 善才子纲⑧,俱以乐技著名。白居易有《代琵琶弟子谢女师曹供奉寄新调弄谱》诗,此曹供奉盖亦是曹纲一家。唐末又有曹触新,善弄《婆罗门舞》;武宗朝有俳优能手曹叔度,或亦曹国人也。⑨ (丁)米氏,盖来自米国。⑩ 宪宗、穆宗两朝有名歌手米嘉荣,刘禹锡诗中称为"三朝供奉",盖尝为

---

① 《旧唐书·宪宗本纪》。
② 李颀《听安万善吹觱篥歌》云:"南山截竹为觱篥,此乐本自龟兹出;流传汉地曲转奇,凉州胡人为我吹。"
③ 长安舞胡,见《北梦琐言》一五。
④ 李白新乐府《上云乐》:"金天之西,白日所没。(略)康老胡雏,生彼月窟。(略)老胡感旧德,东来进仙倡。(略)能胡歌,进汉酒。"鲁案盖以其姓康而年老故有此名。
⑤ 《乐府杂录》琵琶条:"贞元中康昆仑第一手。"
⑥ 《乐府杂录》俳优条。
⑦ 曹保祖孙三人并见《乐府杂录》。李绅《悲善才》诗:"紫髯供奉前屈膝,尽弹妙曲当春日。"所谓供奉者,盖以其曾充宫廷之供奉官。鲁案"善才"一词乃专谓弹琵琶之高手。元稹《琵琶歌》"铁山已近曹穆间"。自注:"二善才姓。"白居易《琵琶行序》:"尝学琵琶于曹穆二善才。"曹善才当即曹保之子,穆善才必亦以此技见长。其姓虽定,而名非私名也。
⑧ 白居易《听曹刚弹琵琶兼示重莲诗》云:"拨拨弦弦意不同,胡啼番语两玲珑。"薛逢亦有《听曹刚弹琵琶》诗。此曹刚即曹纲。
⑨ 曹触新、曹叔度,见《乐府杂录》。
⑩ 米国即《大唐西域记》卷一之弭秣贺国(Maymurgh),在中央亚细亚撒马尔罕之东。其人来往中原者,以米为姓,南宋郑名世《古今姓氏书辨正》卷二四:"西域米国胡人,入中国者,因以为姓。(略)有供奉歌者米嘉荣,其子和郎。"

供奉官。嘉荣之子米和,于懿宗时,亦以善琵琶闻名。太和初,教坊又有米禾稼、米万槌,并善弄《婆罗门舞》,《通考·乐考》归之于龟兹部,与曹婆罗门并称。(戊)石氏,盖来自石国。① 大中初,教坊有石宝山,善婆罗门;②懿宗、僖宗朝,教坊又有石野猪。③ (己)史氏,大中以来,汴州有史敬约,以善觱篥著名,盖出身史国。④ (庚)景龙中,中宗宴群臣于两仪殿,胡人襪子何懿唱合生,歌词浅秽。⑤ 何懿盖出身何国。鲁案:此外尚有玄宗时之奏箜篌名手李凭,⑥梨园弟子中之吹笛名手胡雏,⑦疑亦为西域人,惟今日尚不能详其出处。以上所举诸人,其声名皆卓著于当时,而其不知名者,尚不知凡几。⑧ 可见有唐一代之音乐界,以西域人为最露头角。而西域乐亦赖彼辈之推动而流传更为普遍。

西域音乐遍于各地,诸州郡及军营中亦皆有伎乐之设。而昭宗末年,京都著名倡伎又皆为有势力之藩镇所有。⑨ 故五代诸国各据一方,虽经五十年之纷乱,而其音乐犹能继承前朝之盛。惟当时教坊之情形,因限于文献,不能尽知其详也。案教坊不见《五代史·职官志》。然《五代会要》卷七杂录条有云:"后唐长兴三年(931)九月,宴于长春殿,教坊进新曲,赐名《长兴乐》。"⑩卷二四诸使杂录条又有"**教坊使**"。知《唐余录》所云:"后唐并用唐乐,无所变更"者,⑪必亦包括俗乐而言也。后晋

---

① 《新唐书·西域传》云:"石或曰柘支,曰柘枝,曰赭时。"即今中亚细亚之塔什干(Tashkent),在撒马尔罕之东北。
② 石宝山,见《乐府杂录》。
③ 朱揆《谐噱录》。
④ 史敬约,见《乐府杂录》。
⑤ 《唐书·武平一传》。
⑥ 李贺《李凭箜篌引》:"江娥啼竹素女怨,李凭中国弹箜篌。"李凭似为西域人。杨巨源《听李凭弹箜篌》:"花咽娇莺玉漱泉,名高半在御筵前。"
⑦ 李肇《国史补》。参看上页注④李白《上云乐》。
⑧ 如开元中吹笛名手李謩,其业师即龟兹人。见《逸史》。
⑨ 《北梦琐言》。
⑩ 亦见《续唐书·音乐志》。
⑪ 《全五代诗》引。

之世,仍有教坊。《五代会要》卷七雅乐条云:"晋天福四年(939)十二月,(中略)其月又奏宫悬,歌舞未全,请杂用九部雅乐,教坊法曲,从之。"所谓九部者,此时已认为雅乐。同卷载开运三年(946)八月,中书令陶毂奏议有:"臣前任太常少卿,伏见本寺见管教坊二舞"之语,则后晋教坊似又归隶于太常矣。然五代时期之音乐,尤以南唐及前后蜀为最盛。南唐据金陵,设立乐部以蓄倡优。马令《南唐书·王感化传》:"王感化善讴歌,声韵悠扬,清振林木,系乐部为歌板色。"又《申高渐传》:"昇元(前主李昇年号)初,案籍编括,高渐以善音律为部长。"所谓乐部者与教坊异名而同实也。中主李璟既擅文词;而后主李煜继之,兼精音律,尝自造《念家山》及《振金铃》曲破。其后昭惠工于琵琶,《霓裳羽衣》曲谱曾经其订易。时又有乐工曹者素亦善琵琶,向达教授疑其与上述之曹保系一家,而源出曹国者。前后蜀建国川中,因优良之地理环境,而乐人文士萃集于此。又加后主王衍之提倡音乐,故其时士大夫阶级之寄情歌舞,颇与开元天宝相似。《北梦琐言》尝记昭宗末年,有曾为相国令狐楚见赏之琵琶工石潨者,入蜀后,不隶乐籍,而游食诸大官家,皆以宾客待之。蜀中贵族社会之好尚,由此亦可窥见。此石潨疑与上述之石宝山同族,亦系源出石国者也。

宋教坊隶于宣徽院。陈旸《乐书》谓宋初循用唐制,分教坊为四部。然此四部之名称及内容,则未详;而征之唐代教坊,亦缺乏此种记载。今试细绎《宋史·乐志》,所谓四部者,大约即指坐部、法曲部、鼓笛部、①龟兹部而言也。至于教坊之乐工,太宗乾德元年(963),平荆南得三十二人;破蜀得一百三十人;开宝八年(975),平江南(南唐)得二十六人;太宗太平兴国四年(979),平太原(北汉)得十九人;余藩臣所贡者八十三人,又太宗藩邸有七十一人:由是四方之精工能手,大集于教坊矣。

教坊有小儿舞队及女弟子舞队,其名各十。小儿舞队凡七十二人:(1)柘枝队,(2)剑器队,(3)婆罗门队,(4)醉鬍腾队(案即醉胡腾队),(5)浑臣万岁乐队,(6)儿童感圣乐队,(7)玉兔浑脱队,(8)异域朝天队,(9)儿童解红队,(10)射雕回鹘队。女弟子队凡一百五十三人:(1)菩萨

---

① 鼓笛部疑即立部。前引白居易《立部伎诗》云:"堂下立部鼓笛鸣。"

蛮队,(2)感化乐队,(3)抛球乐队,(4)佳人剪牡丹队,(5)拂霓裳队,(6)采莲队,(7)凤迎乐队,(8)菩萨献香花队,(9)彩云仙队,(10)打球乐队。以上二十队,除儿童队之感圣乐与女弟子队之感化乐、剪牡丹、凤迎乐、献香花等,尚未探悉其来源外,余皆袭用唐五代之舞曲。其舞大概亦各以唐五代所流传者为基础,而予以变易。各队之装饰因队名而异。如玉兔浑脱队戴玉兔冠,献香花队执香花盘,皆与其命名之意义相符。而菩萨蛮队戴卷云冠,柘枝队戴胡帽,亦各有其来历焉。

崇宁四年(1105),大司乐刘昺造新乐,徽宗赐名大晟;于是专置大晟府以典之。大观二年,刘诜上徵声,诏令大晟府及教坊,依谱按习,乃增徵角二调。四年,刘昺编修乐书,以古律古器附会之。《宋志》云:"说者谓蔡京使昺为缘饰之,以布告天下。"实则仍承袭燕乐之旧也。政和三年(1113),大晟燕乐拨归教坊,所有肄习之人亦皆隶之。高宗偏安江南后,省教坊。绍兴十四年(1144),复置之。绍兴末年,复省。自孝宗隆兴二年以后,凡朝庭宴会,皆临时点集市人;迄宋之亡,未再设立。综观燕乐自传入以来,风靡于都城,浸沉于民间,自隋唐以迄南宋,各代迭有演变,而其发展,直至元明未尝中辍,泊乎有清末季,始逐渐衰歇焉。

二　大曲之渊源及其曲名

前述龟兹乐工苏祇婆既随突厥皇后入周,则以龟兹琵琶调为主之乐曲,必始于北周。至郑译阐论其乐律后,隋唐尤为盛行耳。杜氏《通典》云:"自周隋以来,管弦杂曲将数百曲,多用西凉乐;鼓舞曲多用龟兹乐。其曲度皆时俗所知也。"①案西凉乐本源于龟兹乐,则所谓管弦与鼓舞诸曲,固皆可谓为龟兹乐矣。兹言"自周隋以来",即谓自北周起,音乐始转入此新阶段。其转变之关键,即苏祇婆琵琶调之传入也。杜氏又言:"其曲度皆时俗所知",可见流行当时,已极普遍。如更以《隋志》"西凉龟兹杂伎等,其曲数既多,故得隶于众调,调各别曲"之语证

---

① 卷一四六。《新唐志》:"周隋管弦杂曲数百,皆西凉乐也;鼓舞曲皆龟兹乐也。"语气较《通典》尤为确凿。

之，则此种乐曲之音乐系统，且早已井然有条矣。今审其来源，有自西域传入者，有根据西域乐而自造者。然无论其传自西域抑或出于自造，开元以后即多被教坊及内庭所搜集。开元二年，宫内设内教坊，两京各设外教坊两所，将流行之俗乐举数而容纳之，故所有俗乐乐曲必亦皆择其尤者，囊括无遗也。乐曲既入于教坊，而又由此以播散于各地。其播散之广泛，盖由于下列诸事之影响。

（一）朝廷宴会，由教坊倡伎歌舞以助兴。

（二）府司及皇室贵族游宴集会，亦可招雇教坊倡伎，以歌舞助兴。

（1）《唐会要》三三："宝历二年九月，京兆府奏：伏以府司每年重阳、上巳两度宴游，及大臣出领藩镇，皆须求雇教坊音声，以申宴饯。"

（2）杜甫《江南逢李龟年》："岐王宅里寻常见，崔九堂前几度闻。正是江南好风月，落花时节又逢君。"案李龟年名籍梨园，而亦参与岐王崔九之堂会。

（三）人民团体之集会，亦可招致教坊伎乐。

（1）进士曲江宴集，例牒教坊派倡伎侑酒。
孙棨《北里志序》："京中饮妓，籍属教坊。朝士宴集，须假诸曹牒行，然后能致；惟新进士设宴，便可牒追。"

（2）孟郊《教坊歌儿》诗："十岁小小儿，能歌得朝天。六十孤老人，能诗独临川。去年西京寺，众伶集讲筵。能嘶《竹枝词》，供养绳床禅。"

（四）教坊乐伎可私自侍人。

（1）白居易《琵琶行》："十三学得琵琶成，名属教坊第一部。（中略）弟走从军阿姨死，暮去朝来颜色故。门前冷落鞍马稀，老大嫁作商人妇。"

（2）又《江南喜逢萧九徹因话长安旧游戏赠五十韵》："师子寻前曲，声儿出内坊。"案内坊原为内侍省六局之一，白氏盖泛指教坊或内廷而言。

（五）大臣出领藩镇，皆携教坊乐伎。

《唐会要》宝历二年九月京兆府奏议一则,见前。

(六)教坊音声人常借故至各官府售艺求乞。

(1)《唐会要》三四:"大中六年十二月,右巡使卢藩等奏,准四年八月宣约,教坊音声人,于新授观察使处求乞,自今以后,许司府州县捉获。"

(2)朱揆《谐噱录》"浣溪沙孔条":"唐宰相孔纬尝拜官,教坊伶人继至求利市。有石野猪独行先到。有所赐,乃谓曰:'宅中甚阙,不得厚致。若见诸野猪,慎勿言也。'"

(七)教坊倡伎于业余之暇或年老退休,则以传习歌舞为事。

(1)王建《温泉宫行》:"梨园弟子偷曲谱,头白人间传歌舞。"

(2)杨巨源《听李凭弹箜篌》:"汉王欲助人间乐,从遣新声降九天。"案汉王指玄宗言。

(3)刘禹锡《伤秦姝行序》:"河南房开士前为虞部郎中,为余曰:我得善筝人于长安怀远里。其后,开士为赤县牧容州,求'国工'而诲之。"案"国工"即教坊或其别教院之音声人,故诗中有云:"蜀弦铮拟指如玉,皇帝弟子韦家曲。"

(4)吴融《李周弹筝歌》:"年将六十艺转精,自写梨园新曲声。"(淮南韦太尉席上赠)

(八)安史之乱,两京沦陷,教坊倡伎多有流徙民间者。

(1)严维《相里宅听澄上人吹小管》:"秦僧吹竹闭秋城,早在梨园称主情。今日襄阳山太守,坐中流泪听商声。"

(2)戎昱八月十五日:"年少逢胡乱,时平似梦中。梨园几人在?应是涕无穷。"

(3)白居易梨园弟子:"白头垂泪话梨园,五十年前雨露恩。莫问华清今日事,满山红叶锁千门。"又《江南逢天宝乐叟》:"白头乐叟泣且言,禄山未乱入梨园。能弹琵琶奏法曲,多在华清随至尊。"

(4)温庭筠《弹筝人》:"天宝年中事玉皇,曾将新曲教宁王。"

(九)功臣勋将,朝庭赐乐伎。乐伎盖出自教坊或内宫。

(1)《旧唐书》德宗本纪:"兴元元年七月辛卯,御丹凤楼,大赦天下。赐李晟永兴里第女乐八人。甲戌,命宰臣诸将送晟入新赐第,教坊乐,京兆府供帐食馔,鼓吹导从,京城以为荣观。"

(2)《唐语林》卷六:"德宗复京师,赐勋臣宅第、妓乐,李全为首,浑侍中次之。"

除教坊及内宫外,权贵及各州郡皆有伎乐。

(一)诸王府及各藩邸皆有伎乐。

(二)士大夫之家皆有歌妓乐童。

(1)《唐会要》三四:"天宝十载九月二日敕:五品以上正员清官诸道节度使及太守等,并听家蓄丝竹,以展欢娱。行乐盛时,覃及中外。"

(2)又:"神龙二年九月敕:三品以上,听有女乐一部,五品以上,女乐不过三人,皆不得有钟磬乐师。"

(3)刘禹锡与《歌童田顺郎诗》:"天下能歌御史娘,花前月底奉君王;九重深处无人见,分付新声与顺郎。"

(三)各州郡皆有官伎以侑酒筵。

(1)《唐会要》三四:"宝历二年九月,京兆府奏:伏见诸道方镇下至州县军镇,皆置音声,以为欢娱。岂惟夸盛夷戎,实因接待宾旅。"

(四)军中有营籍妓。

《太平广记》卷二五二引《抒情录》:"唐尚书李曜罢歙州,与吴圆交代。有佐酒录事名媚心,聪明敏慧,李颇留意,而已纳营籍妓韶光,托于替人,令存恤之。"

此数种乐伎,虽不属于教坊,而所歌奏者则皆为教坊传出之乐曲。李白《春日陪杨江宁及诸官宴北湖感古作》:"新弦采梨园,古舞娇吴歈。"于鹄《赠碧玉》诗:"霓裳禁曲无人解,暗问梨园弟子家。"由此二诗,已可见当时教坊曲受人欢迎之情形。此外,尚有以歌舞为自由职业者,亦间接传布教坊曲。教坊曲经辗转传播,因大盛于时矣。

记载教坊之情形及乐曲者,当以崔令钦《教坊记》为最详。至令钦之年代,王静安氏根据《唐书·宰相世系表》,谓为玄宗时人。① 愚案刘长卿有《寄万州崔使君令钦》诗,又有《送崔使君赴寿州》诗。② 知两人同时,大概即玄肃间人,与王氏所推测者略同。但上举刘氏第二首诗有:"仲华遇主年尤少,公瑾论功位已酬"之语,其齿似较长卿为幼。《教坊记》之内容,大都以开天时之教坊为蓝本。而所著录之乐曲,即教坊所收自周隋以来流行乐曲之一部分。其总数仅得三百二十四曲,绝不能赅括教坊曲之全,实毫无疑问;且有若干曲名,似崔氏以后,他人代为釐订或增补者。③ 今考三百二十四曲中,注明为大曲者凡四十有六:

(1)踏金莲　　(2)绿腰　　　(3)凉州　　　(4)薄媚
(5)贺圣乐　　(6)伊州　　　(7)甘州　　　(8)泛龙舟
(9)采桑　　　(10)千秋乐　　(11)霓裳　　　(12)玉树后庭花
(13)伴侣　　　(14)雨霖铃　　(15)柘枝　　　(16)胡僧破
(17)平翻　　　(18)相驰逼　　(19)吕太后　　(20)突厥三台
(21)大宝　　　(22)一斗盐　　(23)羊头神　　(24)大姊
(25)舞大姊　　(26)急月记　　(27)断弓弦　　(28)碧宵吟
(29)穿心蛮　　(30)罗步底　　(31)回波乐　　(32)千春乐
(33)龟兹乐　　(34)醉浑脱　　(35)映山鸡　　(36)昊破
(37)四会子　　(38)安公子　　(39)舞春风　　(40)迎春风
(41)看江波　　(42)寒雁子　　(43)又中风　　(44)玩中秋
(45)迎仙客　　(46)同心结

除《教坊记》所著录者外,唐代大曲之可考者尚有十余曲:

(47)熙州　　　(48)石州　　　(49)渭州④　　(50)水调

---

① 崔令钦为隋恒农太守宣度之五世孙。
② 《送崔使君赴寿州诗》虽未注明名字,而同称崔使君,盖即送令钦之作也。
③ 所谓釐订者,即书中已著录之乐曲,其名称后有因故改易者,后人追改之。所谓增补者,即令钦以后,教坊所用之名曲,如大历中,洛阳盛行之《杨柳枝》(见《乐府杂录》),大中初,乐工所造之《菩萨蛮》(见《杜阳杂编》),《教坊记》中虽不及著录,而以其皆入于教坊,故后人追补之。
④ 宋洪迈《容斋随笔》一四:"今世所传大曲,皆出于唐,而以州名者五:伊、凉、熙、石、渭也。"

(51)大和　　(52)陆州　　(53)破阵乐　　(54)庆善乐
(55)上元舞　(56)继天诞圣乐①　(57)团乱旋　(58)春莺啭
(59)苏合香②　(60)南诏奉圣乐③

然据《唐六典注》卷十四"协律郎条"所载,十部伎中燕乐、西凉、龟兹、安国、疏勒、高昌诸部,各有大曲,惜曲名俱付缺如,是为憾耳。程大昌《演繁露》卷七云:"乐府所传大曲,惟《凉州》最先出。"《凉州》系开元六年,西凉都督郭知运所进,则大曲似即始于开元年间。至各曲之渊源如何,吾人将于他章中分别详论之。今如综言其概,则最初皆由西域传来,而继有仿造者也。其由西域传来者,尚可由曲名之地方色彩上见之。如"柘枝"来自石国,石国或曰柘支,曰柘折,曰赭时,即今中亚细亚之塔什干(Tashkent);④"龟兹乐"来自龟兹,龟兹即今新疆库车县,已见上文。此二例所示传入之痕迹,至为显明,姑无论矣。而《伊州》、《甘州》、《凉州》等曲,蔡宽夫《诗话》亦谓其皆自龟兹出。⑤ 盖当时西部诸州皆为中西交通之枢纽,而对西域音乐言,乃"近水楼台",得之较早,故出于各州或经由各州转献及传入之乐曲,多以州名名之。《唐志》所谓:"天宝乐曲皆以边地名,若《凉州》、《伊州》、《甘州》之类",其得名之由来,皆在于此。凉州即今甘肃武威县,甘州即今张掖县,伊州即今新疆哈密县;他如熙州即今甘肃狄道县(临洮),渭州即今陇西县,均为当时西部边地之名也。复次,"醉浑脱"当即《浑脱》舞之一种。《浑脱》即"泼寒胡戏"。此种泼寒胡戏,据向达教授之考证,谓其源出于伊兰,传至印度以及龟

---

① 王静安《唐宋大曲考》:"《旧唐书·音乐志》谓立部伎内《破阵乐》五十二遍,《庆善乐》七遍,《上元舞》二十九遍;又贞元中,昭义节度使王虔休献《继天诞圣乐》凡二十五遍(《唐会要》三三),以宋人之名名之,谓之非大曲不可也。又如《乐府诗集》所载《水调歌》五遍,入破六遍;《大和》五遍;《陆州歌》三遍,排遍四遍;其遍数之多与《伊州》、《梁州》无异,则亦唐之大曲也。"

② 源光圀《大日本史·礼乐志》谓所录诸曲多传自唐代,而标明大曲者有《破阵乐》、《团乱旋》、《春莺啭》、《苏合香》四曲。

③ 《新唐书·南蛮列传·骠国传》。

④ 向达先生"柘枝舞小考"。("唐代长安与西域文明"附录)

⑤ 王灼《碧鸡漫志》卷三。

兹,中原之泼寒胡戏,当又由龟兹传来也。① "霓裳"之前身即"婆罗门",乃开元中河西节度使杨敬述所献者。《通志·乐略》一谓此曲属于龟兹部。又"绿腰"亦名"六幺",姜白石《大乐议》亦谓为胡曲。② 是初期之大曲多半传自西域,可以决矣。白石又云:"凡有催衮者皆为胡曲",而由次节中,吾人论大曲组织之文以观之,大曲之所以为大曲者,即以其具备催衮等之音乐结构;然则大曲之皆为胡曲或属于胡曲性质,亦可以决矣。

宋代大曲,据《容斋随笔》所言,皆出于唐。然唐宋两代之大曲,尚有烟消尘灭而不能征考者,或其曲名尚可见于典籍,而亦无从确知其为大曲者,故洪氏之言,今日欲予以印证,颇为困难。案《宋史·乐志》,宋教坊所奏之十八调四十大曲中,③有出于唐之大曲者,亦有出于唐之杂曲者。其曲名,除见于上文者以及因隶属之宫调不同而重复者外,实得二十五曲:

(61) 瀛府　　(62) 齐天乐　　(63) 万年欢　　(64) 剑器
(65) 大圣乐　(66) 保金枝　　(67) 延寿乐　　(68) 中和乐
(69) 清平乐　(70) 大明乐　　(71) 降圣乐　　(72) 新水调
(73) 采莲　　(74) 胡渭州　　(75) 嘉庆乐　　(76) 君臣相遇乐
(77) 庆云乐　(78) 贺皇恩　　(79) 泛清波　　(80) 道人欢
(81) 罢金钲　(82) 彩云归　　(83) 千春乐　　(84) 长寿仙
(85) 满宫春

此外,宋大曲之可考者仍有二十七曲:

(86) 平戎破阵乐　　　　(87) 平晋普天乐
(88) 大宋朝欢乐　　　　(89) 宇宙荷皇恩
(90) 垂衣定八方　　　　(91) 甘露降龙庭
(92) 金枝玉叶春　　　　(93) 大惠帝恩宽

---

① 《唐代长安与西域文明》。
② 《宋史·乐志》。
③ 《宋史·乐志》一七原作"十八调四十六曲",今从王静安《唐宋大曲考》改作"四十大曲"。

(94)大定寰中乐　　　　　(95)惠化乐尧风
(96)万国朝天乐　　　　　(97)嘉禾生九穗
(98)文兴礼乐欢　　　　　(99)齐天长寿乐
(100)君臣宴会乐　　　　(101)一斛夜明珠
(102)降圣万年春　　　　(103)金觞祝寿春①
(104)普天献寿　　　　　(105)大定乐
(106)喜新春②　　　　　(107)太清舞
(108)花舞　　　　　　　(109)渔父舞③
(110)降黄龙④　　　　　(111)惜奴娇⑤
(112)清和乐⑥　　　　　(113)啄木儿⑦

据《宋史·乐志》一七所载,钧容直(军乐)凡奏十六调三十六大曲,曲名失载。然陈旸《乐书》卷一八八云"圣朝循用唐制,分教坊为四部,自合四部为一,故乐工不能遍习,第以大曲四十为限。"则其他大曲亦不为教坊所常用矣。

大曲之为梨园法部所演奏者,谓之"法曲"。如截去大曲之前段而专用其后段,此后段以"入破"为主体,谓之"曲破"。法曲、曲破二者,虽与大曲异名,而实即大曲也,故分别附论于此。

燕乐中之法曲,或有以其为古代之遗音者。白居易《法曲歌》云:

---

① 《宋史·乐志》,宋太宗所制十八大曲。
② 《宋史·乐志》云韶部奏大曲十三,其中十曲与教坊所奏者同,惟《普天献寿》、《大定乐》与《喜新春》为教坊所无。
③ 《疆村丛书》史浩《鄮峰真隐大曲》二卷(由《鄮峰真隐漫录》中辑出),内有《采莲舞》、《柘枝舞》、《太清舞》、《花舞》、《剑舞》、《渔父舞》诸曲。
④ 张炎《词源》云:"如《六幺》,如《降黄龙》皆大曲"。
⑤ 洪迈《夷坚志》乙志卷一二:"绍兴九年,张渊道侍郎家居无锡南禅寺。其女请大仙,忽书曰:九华天仙降。问为谁,曰世人所谓巫山神女者是也。赋《惜奴娇》大曲一篇,凡九曲。"请大仙事固荒诞不足信,然当时必有《惜奴娇》大曲。"
⑥ 《唐宋大曲考》引陈振孙《书录解题》卷二一及吴处厚《青箱杂记》卷一,以为《清和乐》遍数至多,亦大曲也。
⑦ 董解元《西厢》有黄钟商《间花啄木儿》八阕,似具大曲规模。

"乃知法曲本华风,苟能审音与政通。"自注:"法曲虽似失雅音,盖诸夏之声也,故历朝行焉。"然籀绎歌意,白氏盖以其声调清和,而兼欲借此有所讽刺,非果有史实之证据也。至清代凌廷堪氏乃指为出于清商三调。《燕乐考原》卷一:"天宝之法曲即清商南曲。"又卷三:"法曲部但有道调、小石两调,《梦溪笔谈》云:清调、平调、侧调,唯道调小石法曲用之,盖古清乐三调之遗也。"今综核其说,凡有不可通者五端焉。其一,唐代之十部伎中原有清商乐,如因清乐而承用之,何必改名法曲?其二,据《通典·乐典》及新旧《唐志》所载,清商乐曲至开元中即消亡殆尽,虽有流传于民间者,而亦不为朝廷郊庙所用,以向重古仪之朝廷郊庙且不用之,梨园中最称优秀而最趋时尚之法部,岂肯用之?其三,凌氏谓法曲但有道调小石二调,此说误解《梦溪笔谈》之记述,姑置勿论。顾既言有道调小石,而又谓其即为清商,亦有自相矛盾之弊。盖道调、小石,自是当时燕乐中之宫调名称,而与清商非同一系统也。其四,《笔谈》卷五:"古乐有三调声,谓清调、平调、侧调也。王建诗云:侧商调里唱《伊州》是也。今乐部中有三调乐品皆短小,其声噍杀,唯道调、小石法曲用之。虽谓之三调乐,皆不复辨清、平、侧声,但比他乐特为烦数耳。"案所谓"道调、小石法曲",盖指道调与小石调之法曲而言;而所谓"用之"者,疑即指"三调乐品"也。三调乐品"皆短小,其声噍杀",则必为乐器无疑。① 用此乐器,岂可遽断法曲即清商三调乎?且洪氏明言:"虽谓之三调乐,皆不复辨清、平、侧声",如果出于清商,不辨三调,尚可称为乐曲乎?其五,《旧唐志》云:"初隋有法曲,其音清而近雅。"案清商兴于西汉,如法曲即清商,岂得云:"初隋有法曲"乎?且所谓"近雅"者,言其与雅音相似,而亦非谓其即雅音也。由上列诸事观之,法曲之非清商,此问题可以定谳矣。

然则法曲之为物,究如何发生乎?曰:法曲之名不见于开元之前,张炎《词源》:"如《望瀛》,如《献仙音》乃法曲,其源自唐来。"郭茂倩《乐

---

① "今乐部中有三调乐品,皆短小",亦可读作"今乐部中有三调,乐品皆短小。"案三调乐品盖即隋何妥所制之"平清瑟"(瑟调即侧调)。《通考·乐考》一〇:"平清瑟,隋何妥好音律,留意管弦,文帝令定钟律,于是有平清瑟之调声。"

府诗集》卷九六:"法曲起于唐,谓之法部。"其说甚谛。愚意法部者盖承继初唐及其以前之法乐,而又增加若干种清商乐所用之乐器而成。此种法乐亦称清乐(非清商乐),①系西域僧人由天竺传入者。所用之乐曲即称为佛曲或清曲。其传入之情形,不可得而详考。惟《南齐书·竟陵王子良传》云:"建元五年,〔子良〕招致名僧,讲习佛法,造经呗新声,道俗之盛,江左未有也。"其所造之梵呗新声,是否配乐,文中未显明说及。《通典》卷一四一:"梁武帝既笃敬佛法,又制《善哉》、《大乐》、《大劝》、《天道》、《仙道》、《神王》、《龙王》、《灭过恶》、《除爱水》、《断苦轮》等十曲,名为正乐,皆述佛法。又有'法乐'童子,依歌梵呗,设无遮大会则为之。"法乐童子依歌梵呗,盖即依梵呗声调而歌武帝之曲也。然据向达教授之考证,武帝所作十曲属乐府中之鼓吹曲,与隋唐之佛曲不同。其所著《论唐代之佛曲》②一文曾云:"佛曲者,源出龟兹部,尤其是龟兹乐人苏祇婆所传来的琵琶七调为佛曲的近祖。而苏祇婆琵琶七调又为印度北宗音乐的支与流裔,所以佛曲的远祖实是印度北宗音乐。"此种佛曲即法乐中之乐曲,然并不限于作法事时始得演奏之。隋炀帝所定九部伎中之西凉乐有"于阗佛曲",③《唐会要》卷三三所载太乐署供奉曲中亦有沙陀调"龟兹佛曲"(天宝十三载改名《金华洞真》)。由此又可见佛曲虽渊源于天竺,而中原当亦有间接由西域各地传来者。向达教授于《唐代俗讲考》④中又云:

> 按南卓《羯鼓录》有诸佛曲调之名。陈旸《乐书》并特著佛曲一部,凡收娑陀调八曲,乞食调九曲,越调二曲,双调一曲,商调二曲,徵调一曲,羽调四曲,般涉调一曲,移风调一曲。陈氏所著录者与《羯鼓录》之诸佛曲调以及食曲名目多有同者,是所谓佛曲乃属燕乐系统之一种乐曲。

---

① 毛奇龄《西河诗话》:"佛曲,在隋唐有之,不始金元。(中略)今吴中佛寺,尤能作梵乐,每唱佛曲,以笙笛逐之,名曰清乐,即其遗意。"
② 文载《小说月报》二〇卷一〇号。
③ 于阗即今新疆于阗县。
④ 文载《北京大学国学季刊》六卷三期。

案《羯鼓录》与《乐书》中所著录之佛曲,当皆为最著名于时者,而两书中之乐曲未标明佛曲而实为佛曲者,为数仍多,俟日后另著专文详论之。又案《通考·乐考》一二:"唐贞元中,五印度种落有骠国,王子献乐凡十二曲,皆演释氏经呗,吹蠡击鼓,或歌且舞,缨络四垂,珠玑粲发,周流万变,烂然可观。"又段安节《乐府杂录》"文溆子"条云:"长庆中,俗讲僧文溆善吟经,其声宛畅,感动里人。乐工黄米饭依其念四声观世音菩萨,乃撰此曲。"①凡此类乐曲,统可称为佛曲也。

此种西域僧人传来之佛曲,其属于燕乐系统,《隋书·万宝常传》所记故事一则,亦可作为旁证。传云:

> 宝常奉昭,遂造诸乐器。其声率下郑译调二律。(中略)苏威因诘宝常所为,何所传受。有一沙门谓宝常曰:"上雅好符瑞,有言徵祥者,上皆悦之。先生当言就胡僧受学,云是佛家菩萨所传音律,则上必悦,先生所为可以行矣。"宝常然之,遂如其言以答威。威怒曰:"胡僧所传乃是四夷之乐,非中国所宜行也。"

所谓四夷乐者,吾人已于上文中言之,即以西域乐为主,亦即当时流行之燕乐也。至于开元中之梨园法部系承继法乐佛曲而设者,凡有三事可以证明焉。(一)法部之所以名法部者,必有其来历。推溯厥源,法部应解为采用法乐之部伎。而法乐则为僧尼诵经唱偈或做法事时所用乐舞之通称。(二)就法部演奏法曲时所用之乐器言之,《新唐志》所载者有铙、钹、钟、磬、幢箫、琵琶等。其中铙、钹两种俱为佛家法乐所用。《通考·乐考》七《胡部》:"铙,浮屠氏所用浮沤,器小而声清,世俗谓之铙。"又:"唐之燕乐法曲有铜钹相和之乐,今浮屠氏清曲用之,盖出于夷音也。"唐文宗时,冯定采开元旧乐,制《云韶法曲》。其器有玉磬、琴、瑟、筑、箫、篪、籥、跋膝、笙、竽等。宋教坊法曲部,乐用琵琶、箜篌、五弦、筝、笙、觱篥、方响、拍板等。今如以此与十部伎中之天竺伎比较,多钟、磬、笙、筑等旧乐器,而缺鼓类,故其音"清而近雅"也。(三)法曲中有最著名之舞曲曰"《霓裳羽衣》"。此曲之前身名《婆罗门》,而王建《霓

---

① 文溆亦作文序。又见《卢氏杂说》,但所记与杂录稍有分歧之处,详《唐代俗讲考》。

裳辞》又云："中管五弦初半曲,遥教合上隔帘听。一声声向天头落,效得仙人夜唱经。"足证其原为佛曲也。

顾或有谓法曲出于道曲者,征之史实,其说颇有不安。案《新唐志》云："高宗自以李氏老子之后也,于是命乐工制道调。"此道调应为道曲之滥觞。然在当时燕乐氛围笼罩下之音乐界,乐工所造之道调盖即采取法乐而成,而非另创乐律与乐器也。《新唐志》又云："帝(玄宗)方寖喜神仙之事,诏道士司马承桢制《玄真道曲》,茅山道士李会元制《大罗天曲》,工部侍郎贺知章制《紫清上圣道曲》。太清宫成,太常卿韦绦制《景云》、《九真》、《紫极》、《小长寿》、《承天》、《顺天乐》六曲。又制商调《君臣相遇乐》曲。"其中《景云》、《九真》、《承天》、《顺天》、《君臣相遇乐》等,《唐会要》三十三皆列之于沙陀调中。《会要》又云：

> 林钟宫,时号道调。道曲：《垂拱乐》、《万国欢》、《九仙》、《步虚》、《飞仙》、《景云》、《钦明引》、《玉京》、《宝轮光》、《曜日光》、《紫云腾》、《山刚》改为《神仙》、《急火凤》改为《舞鹤盐》。

其中《九仙》、《钦明引》(原名《舍佛儿》胡歌)、《曜日光》(原名《封禅》)、《紫云腾》(原名《色光俱腾》)并见于沙陀调中,可见凡此种道曲皆属于燕乐系统,且皆脱胎于法乐也。观夫《九仙》道曲,《羯鼓录》归之于诸佛舞曲中,而诸佛舞曲中又有御制之《三元道曲》,知吾人提出道曲出于法乐之说,自有其成立之理由。然则说者所以谓法曲源于道曲者,盖不知两者之关系也。又道调与法曲时常连用,如白居易《法曲歌》注云："天宝十三载,始诏诸道调法曲与胡部新声合作。"所谓道调法曲者即道曲与法曲,而说者往往读为"道调的法曲",遂以法曲出于道曲。综言之,谓法曲出于道曲,虽不得指为完全错误,究不如溯其源于法乐之为愈也。

惟上列之佛曲及出于法乐之道曲,均不得径谓之法曲。法曲实起于开元之法部。《新唐志》云："初隋有法曲",盖谓后日之法曲中有隋时之曲调,而此种曲调非在隋时即具备法曲之组织也。然法部所演奏之曲,亦非全可称为法曲。如《新唐志》云："帝幸骊山,杨贵妃生日,命小部张乐长生殿,奏新曲,未有名,会南方进荔枝,因名曰《荔枝香》。"此《荔枝香》虽为法部中之小部所演奏,而亦无称为法曲者。今案法曲者应专指法部所用之大曲而言。唐代之《霓裳羽衣》为大曲亦为法曲。白居易《霓裳羽衣歌》自注:"凡法曲之初,众乐不齐,惟金石丝竹以次发声。霓裳序初亦复如此。"《新唐志》亦谓法曲:"其声金石丝竹以次作。"任二北氏《南宋词之音谱拍眼考》云:"所谓金石丝竹以次作一层,法曲与大曲二者必然相同。"①宋张炎《词源》谓大曲之"片数与法曲相上下";又云:"法曲之拍与大曲相上下,每片不同。"因知法曲与大曲之组织大同而小异。至其异点,则在乐器稍有出入,而节奏微有不同。(甲)张炎《词源》云:"若曰法曲则以倍四头管品之,(原注:即笔篥也)其声清越;大曲则以倍六头管品之,其声流美,即歌者所谓曲破。"(乙)大曲有羯鼓襄鼓大鼓,而法曲无之。(故其声清越)(丙)《南唐书·周后传》,徐铉曰:"法曲终则缓",此亦为法曲之特征,而与普通大曲不同者也。

法曲声音清越,时人每误为雅乐。天宝十三载,诏法曲与胡部新声合作,守旧之辈,遂以此自相骇怪。② 文宗时,太常卿冯定采开元雅乐,制《云韶》《法曲》及《霓裳羽衣》舞曲。乐成,改法曲为仙韶曲。③ 愚意所谓开元雅乐者即开元之法曲,史家故作褒美之词,盖欲有所掩饰也。然仙韶曲一词似未能代替法曲而流行。五季之乱,唐法曲之轶亡者颇不少。宋教坊法曲部有《望瀛》《献仙音》两曲。惟当时民间传者仍多,且新法曲亦陆续出现,故直至金元尚可见法曲之踪迹。今将唐宋法曲之可考者,列其曲名如下:

(1)破阵乐　　　(2)赤白桃李花　(3)霓裳羽衣
(4)火凤　　　　(5)春莺啭④　　(6)一戎大定乐
(7)堂堂⑤　　　(8)王昭君　　　(9)思归乐
(10)倾杯乐　　 (11)圣明乐　　 (12)五更啭
(13)玉树后庭花 (14)泛龙舟　　 (15)万岁长生乐

---

① 文载《东方杂志》二四卷一二号。
② 白居易《法曲歌注》,新唐志及《南部新书》己部。
③ 《新唐志》。
④ 元稹《法曲歌》。
⑤ 白居易《法曲歌》。

(16)饮酒乐　　(17)斗百草　　(18)云韶乐①
(19)望瀛　　　(20)献仙音②　(21)献天花③
(22)万岁兴隆乐法曲。④

以上论法曲之来源,并著录其曲名。

关于大曲之结构,吾人将于次节中详细论述之。今案大曲之前部分声调舒缓,而后部分则较为急剧。此较为急剧之部分,乃全曲精华所在,而以"破"段为主体,故乐家称为"曲破",曲破原为截取大曲而成,但亦有专制者;虽为专制,究属大曲之后部分也。此种曲体在唐时,已为乐人所习用。如元稹《琵琶歌》:"骤弹曲破音繁并,百万金铃旋玉盘。"(案指《雨霖铃》大曲之曲破言)韩偓《横塘》:"风飘乱点更筹转,拍送繁弦曲破长。"至宋遂愈见普遍,而教坊及钧容直等且将大曲及曲破分言之矣。⑤

曲破曲名之可考者今胪列如后:

(1)念家山　　　(2)振金铃⑥　　(3)宴钧台
(4)七盘乐　　　(5)王母桃　　　(6)静三边
(7)采莲回　　　(8)杏园春　　　(9)献玉杯
(10)折枝花　　 (11)宴朝簪　　 (12)九穗禾
(13)转春莺　　 (14)舞霓裳　　 (15)九霞觞
(16)朝八蛮　　 (17)清夜游　　 (18)庆云见
(19)露如珠　　 (20)龙池柳　　 (21)阳台云
(22)金步摇　　 (23)念边功　　 (24)宴新春
(25)凤城春　　 (26)梦钧天　　 (27)采明珠
(28)万年枝　　 (29)贺回游鸾　 (30)郁金香

---

① 《唐会要》卷三三。
② 《宋史·乐志》一七。
③ 《乐府诗集》卷九六。
④ 《续通志·乐略》一,宋教坊排当九十六曲之一。
⑤ 《宋志》一七,钧容直条:"大曲曲破并急慢诸曲与教坊颇同。"以大曲与曲破分列。
⑥ 《五国故事》。

(31)会天仙①　　(32)庆成功　　　(33)凤来仪

(34)蕊宫春　　　(35)连理枝　　　(36)朝天乐

(37)奉宸欢　　　(38)贺昌时　　　(39)寰海清

(40)玉芙蓉　　　(41)泛仙槎　　　(42)帝台春

(43)宴蓬莱　　　(44)美时清　　　(45)寿星见②

(46)万寿无疆薄媚曲破　　(47)万岁梁州曲破

(48)齐天乐曲破　　　　　(49)老人星降黄龙曲破

(50)万花新曲破③　　　　(51)十色菊万花新曲破

(52)泛兰舟曲破④　　　　(53)剑器曲破⑤

(54)采莲曲破⑥　　　　　(55)菊花新曲破⑦

上列之《薄媚》曲破、《梁州》曲破等即《薄媚》大曲、《梁州》大曲之后部分。然则凡大曲皆可用作曲破矣。张氏《词源》云："大曲则以倍六头管品之,其声流美,即歌者所谓曲破。"此其所谓曲破亦非指全部大曲而言。或有以其为大曲之"唱名"者,非也。

三　大曲之结构

就大曲构成之方式言,可分为两类:(一)原系大曲者,如《凉州》《伊州》等。(二)原非大曲而以此曲为主,凑集若干小曲而成者,如《玉树后庭花》、《安公子》、《回波乐》、《胡渭州》等。关于唐代大曲之组织,其具体记之者颇少。然就唐人诗文中细予钩稽,尚不难知其涯略。且蔡宽夫《诗话》云："近世乐家多为新声,其音谱转移,类以新奇相胜,故古曲

---

① 《宋志》一七,太宗所制曲破。
② 《宋志》一七,太宗所制琵琶独弹曲破。此两种曲破疑皆非太宗一人所制。
③ 周密《武林旧事》卷一及续通志乐略一,天基圣节排当乐。
④ 《武林旧事》卷七。
⑤ 史浩《鄮峰真隐大曲》剑舞。
⑥ 《鄮峰真隐大曲》采莲舞。
⑦ 周密《齐东野语》卷一六。

多不存。顷见一教坊老工言,惟大曲不敢增损,往往犹是唐本,而弦索家守之尤严。"①则由宋大曲亦可推知唐大曲矣。考大曲之特征:(一)多遍,(二)具备序、破等之组织,(三)配舞。三者缺一不可。大曲中所谓"遍"者,虽皆为乐曲单位之名称,然所指范围则大小不同,综计凡有三类焉。(甲)大曲包括许多可以独立之小曲,如就大曲之全体言,谓之"大遍"。②(乙)而就其中之一节言,则各谓之"遍",如排遍、攧遍、衮遍等。此遍亦有称"叠"者,相当于西洋音乐中之"乐章"(movement)。《唐书·礼乐志》云:"大历元年,又有《广平太一乐》,《凉州》曲,本西凉所献也。其声本宫调,有大遍小遍。"所谓"小遍"者盖即指大曲中可以独立之乐章也。(丙)然每遍中所包括之小曲,亦有不止一曲者。此种小曲,或亦谓之"遍",③或谓之"叠",④或谓之"阕",⑤《大日本史·礼乐志》谓之"帖"。今图解如下:

$$
\text{大曲—大遍}\begin{cases}遍\begin{cases}遍\\遍\end{cases}\\遍(以下各遍皆同上)\\遍\\遍\\遍\\遍\\遍\\遍\\遍\\遍\end{cases}
$$

---

① 《苕溪渔隐丛话》前集卷一六引。
② 元稹《琵琶歌》"凉州大遍最嚎嘈",又《连昌宫词》:"逡巡大遍《凉州》彻。"
③ 白居易《霓裳歌》自注:"散序六遍。"
④ 《碧鸡漫志》卷三:"霓裳第一至第六叠无拍者,皆散序故也。"
⑤ 姜白石《霓裳中序第一序》云:"乐天诗云:散序六阕。"

遍亦作遍,亦作片,《词源》谓大曲之"片数与法曲相上下",又云:"法曲之拍与大曲相类,每片不同。"所谓片者皆指大曲中之遍言。大曲各遍之节拍既已彼此不同,则各遍之曲体必亦互异,故大曲之"遍"与其他短曲之"叠"实不宜混为一谈。短曲之"叠"即"重叠"之意,如今日西洋音乐中之"重复"(Bis)。重复时或亦有些许变易,然其骨干则相同也。今将唐宋大曲之组织系统,列表对照如下:

唐宋大曲结构系统表

徵引篇名	大曲											
	大遍											
郑嵎津阳门诗注	散序		腔									
白居易霓裳羽衣歌	散序	中序(拍序)	破									
大日本史礼乐志	序		破									急
乐府诗集唐水调歌		歌	入破									彻
	(1)	(2)	(3)	(4)	(5)	(6)	(7)	(8)	(9)	(10)	(11)	(12)
碧鸡漫志卷三凉州条	散序	靸	排遍	攧	正攧	入破	虚催		实催	衮遍	歇拍	杀衮
碧鸡漫志卷三王平霓裳条					正攧	入破	虚催	衮	实催	衮	歇拍	杀衮
董颖薄媚大曲			排遍	攧		入破	虚催	衮遍	催拍	衮遍	歇拍	煞衮
史浩采莲大曲				延遍	攧遍	入破		衮遍	实催	衮	歇拍	煞衮
曹勋应制法曲	散序		歌头		攧	入破						煞
乐学轨范唐乐曲破					攧遍	入破	虚催	衮	催拍	中衮	歇拍	煞衮
陈旸乐书卷一八五						入破			催拍		歇拍	
曾布水调歌头			排遍	攧								
草堂诗馀东坡水龙吟词注			排遍	延遍								
						曲				破		

表中所列举者,今分别论述之。

吾人于上文中,曾详言法曲即法部演奏之大曲,两者之组织相类。然则由《霓裳》法曲当可推考大曲之组织矣。郑嵎《津阳门诗注》谓叶法善引明皇入月宫,闻仙乐,及归且记其半,"遂于笛中写之。会西凉都督杨敬述进《婆罗门曲》,与其声调相符,遂以月中所闻为之'散序',用敬述所进曲为其'腔',而名《霓裳羽衣》法曲"。月宫事虽为神怪之谈,然由此可知如分大曲为两部分,即为'散序'与'腔'。散序无拍详见下文。所谓'腔'(或曲)①当即指大曲中此一部分有节拍之乐章而言。其所以称为腔者,盖以此一部分乐章有节拍,始可被之歌喉也。宋沈义父《乐府指迷》云:"腔律、岂必人人皆能按箫填谱。""前辈好词甚多,往往不协律腔"。"古曲谱多有异同,至一腔有两三字多少者"。又云:"词腔谓之均,均即韵也。"张炎《词源》上谓"仙吕宫""正平调"等"数宫调,腔韵相近"。此其"腔"当皆与郑嵎所言者同义。

白居易不惟酷好音乐,而且洞悉歌舞,在杭州为刺史时,尝亲教乐伎商玲珑、谢好好等演奏《霓裳羽衣曲》,故其《霓裳羽衣歌》中所描述者,必有史料价值。然所作非《霓裳羽衣》曲谱,亦不能责之详尽也。其所提出之曲遍有三部分:

  第一大段 排序 歌云:"散序六奏未动衣,阳台宿云慵不飞。"(自注:"散序六遍无拍,故不舞也。")

  第二大段 中序 歌云:"中序擘騞初入拍,秋竹竿裂春冰拆。(自注:中序始有拍,亦名拍序)飘然转旋回雪轻,嫣然纵送游龙惊。小垂手后柳无力,斜曳裾时云欲生。(自注:四句皆霓裳舞之初态)烟蛾敛略不胜态,风袖低昂如有情。上元点鬟招萼绿,王母挥袂别飞琼"。《梦溪笔谈》五:"至此始有拍而舞。"案中序相当于后日之排遍。然试绎诗意:此处所举之"中序"疑包括"排遍"至"正攧"之一大段而言,而非仅指排遍也。(排遍有时亦包括攧遍,王明清《玉照新志》卷二载曾布《水调歌头》有"排遍第七、攧、花十八。"此其证也)

---

① 《乐府诗集》卷五六引郑嵎《津阳门》诗注云:"以月中所闻为'散序',用敬述所进为'曲';而名《霓裳羽衣》。"

第三大段　破　　歌云:"繁音急节十二遍,跳珠撼玉何铿锵。(自注:《霓裳》破凡十二遍而终)翔鸾舞了却收翅,唳鹤曲终长引声。(自注:凡曲将毕,皆声拍促速,唯《霓裳》之末,长引一声也)案"入破"之名,乐天已知之。其《卧听法曲》诗有云:"朦胧闲梦初成后,宛转柔声入破时。"而《霓裳歌注》所谓"霓裳破"之"破",实泛指入破后之一大段也。张祜《王家琵琶》:"只愁拍尽《凉州》'破',画出风雷是拨声。"温庭筠《观舞妓》:"总袖时增怨,听'破'复含嚬。"当亦指入破以后之各遍。而《唐语林》卷五云:"天宝中,乐章皆以边地为名:若《凉州》《伊州》《甘州》之类是焉。其曲遍繁声为'破'。"①元稹《琵琶》:"语学胡儿撼玉玲,甘州破里最星星。"张端义《贵耳集》云:"天宝后,曲遍声繁,皆名'入破',破者破碎之义。"是自入破遍起,繁声加多,节拍逐渐加速,故谓之"星星",谓之"破碎"也。又陈旸《乐书》一八五云:"大曲前缓叠不舞,至入破则羯鼓、襄鼓、大鼓与丝竹合作,句拍益急。舞者入场,投节制容,故有催拍、歇拍;姿制俯仰,变态百出。"②牛殳《方响歌》:"忽然碎打入破声,石崇推倒珊瑚树。"亦皆称破段之声繁而句拍急碎。《词源》谓"其声流美,即歌者所谓'曲破'",正与上举诸家所描写者吻合无间。(曲破乃截取大曲法曲'攧遍'以下之各遍而成)考"破"字在音乐中用作动词或副词,亦皆有碎意。如王建《宫词》:"忽觉管

---

① 《唐书·五行志》所载与此条略同。
② 白居易谓至中序始舞,而陈旸《乐书》谓至入破而舞者入场。此或即唐宋大曲异点之一也。

弦偷破拍，急翻罗袖不教知。"羊士谔《夜听琵琶》："破拨声繁恨已长，低鬟敛黛更催藏。"刘禹锡《泰娘歌》："低鬟缓视抱明月，纤指破拨生胡风。"破拍、破拨之时，则乐曲之进行即入"破段"矣。乐曲之破段，句拍繁碎，而舞自亦随之繁碎，故就舞容言，此段即谓之"舞破"。元稹《筝》诗："急挥舞破催飞燕，慢逐歌词弄小娘。"急挥舞破即于筝中奏破段以伴舞。《续唐书·音乐志》谓南唐昭惠后周氏尝制"邀醉舞破"。如专就舞言，则此舞必繁碎；如兼就乐曲言，盖即曲破也。

王氏《大曲考》云："顾大曲虽多至数十遍，亦只分三段：散序为一段，排遍、攧、正攧为一段，入破以下至煞衮为一段。宋仁宗语张文定宋景文曰：自排遍以前，声音不相侵乱，乐之正也；自入破以后侵乱矣，至此郑卫也。（王巩《随手杂录》）此其证也。"今持此以与白氏歌相比，则排遍以前即相当于第一大段散序也，自排遍起至入破之前一遍即相当于第二大段中序也，入破以后即相当于第三大段破也。白氏歌乃就此三大段提纲挈领之形容。唐大曲之组织虽未必与宋大曲完全相同，然白氏所谓破十二遍中或即包括催拍等，亦未可知。

源光圀《大日本史·礼乐志》所著录之乐曲，率皆传自隋唐。而每曲之下，分别标注"大曲""准大曲""中曲""小曲"等字眼。其大曲计有《破阵乐》、《团乱旋》、《春莺啭》、《苏合香》四曲。《破阵乐》注云："凡乐以序、破、急为具。"今案此四大曲即皆具备序破急三段，而每段之帖数亦各不同。此当即承袭唐大曲之骨干而未变易者。（一）序，盖包括散序与中序两段。如《春莺啭》："序一帖，中序二帖，入破四帖。"《苏合香》："序五帖，破四帖，急五帖。"就前例言，序即散序，而就后例言，序与破紧连，故推定其系合散序与中序而综称之。（二）破即上列破段。（三）急在破之后，盖即曲尾之煞衮。白氏歌注云："凡曲将毕，皆声拍促速"，可知煞衮之声拍必然促速。张祜《悖拏儿舞》云："春风南内百花时，道调《凉州》急遍吹。"急遍即源光圀所谓"急"，亦即《漫志》之"煞衮"

也。今由南卓《羯鼓录》所记李琬之故事以证之。录云：

> 广德中，前双流县丞李琬者亦能之（能击羯鼓）。调集至长安，僦居务本里。尝夜闻羯鼓声，曲颇妙。于月下步寻，至一小宅，门极卑隘。叩门请谒，谓鼓工曰："君所击者，岂非《耶婆色鸡》乎？虽至精能而无尾何也。"工大异之，曰："（上略）今但旧谱数本寻之，竟无结尾声，故夜夜求之。"琬曰："夫曲有不尽者，须以他曲解之，方可尽其声也。夫《耶婆色鸡》当用《梎枝》'急遍'解之。"

乐工以《耶婆色鸡》曲声不尽，寻求结尾声，而李琬告以"当用《梎枝》急遍解之"，则所谓急遍必即《梎枝》大曲之末遍煞衮也。又王建《宫词》有云："内人好唱《龟兹急》，天子鞘回过玉楼。"《龟兹急》盖即大曲《龟兹乐》之急遍。写至此，忽忆及西洋音乐中，有所谓"套曲"（Suite）者，其结构之规模与大曲颇相类。套曲或译为连曲，普通包括四五个乐章：（一）前奏曲（Prelude or Introduction），（二）缓舞曲"萨拉班特"（Sarabande），（三）快舞曲"亚兰曼特"（Allemande），（四）四分之三拍慢曲"梅奴爱"（Minuet），（五）极快曲"鹄浪特"（Corrente）。先缓后急，各乐章皆可独立，其性质亦与大曲仿佛。此种套曲在西洋14世纪始有之，而唐大曲由印度传来则在第8世纪，故著者颇疑西洋音乐与印度音乐有关，姑附志于此。

《乐府诗集》卷七九载《水调歌》"第一"至"第五""入破第一"至"第六彻"共十一遍。郭茂倩云："按唐曲凡十一叠。前五叠为'歌'，后六叠为'入破'。"前五叠在入破之前而名之为"歌"，则"歌"必指大曲第二大段中之排遍而言。（散序无拍不能配词，所谓歌者必不包括散序。歌或包括撷遍，因撷遍有属于排遍者）然后知排遍之第一遍所以名为"歌头"者，实由于此故。后六叠为"入破"，入破最后之一遍为"彻"。案"彻"实即全曲最末之一遍"煞衮"。元稹《琵琶歌》："逡巡弹得《六幺》彻，霜刀破竹无残节。"又《华原磬》："《霓裳》才彻胡骑来，《云门》未得蒙亲定。"王建《霓裳辞》："一时跪拜《霓裳》彻，立地阶前赐紫衣。"《霓裳》才彻、《霓裳》彻者皆谓曲终也。苏轼《惜花》："腰鼓百面如春雷，打彻《凉州》花自开。"又《次韵代留别》："绛蜡烧残玉挈飞，离歌唱彻万行啼。"打彻唱彻亦皆"结束""收煞"之意。①

王灼《碧鸡漫志》卷三《凉州》条:"凡大曲有散序、靸、排遍、攧、正攧、入破、虚催、〔衮遍〕、实催、衮遍、歇拍、杀衮始成一曲,此谓大遍。"同卷《霓裳》条又云:

> 宣和初,普府守山东人王平,词学华赡,自言得夷则商《霓裳羽衣》谱。取陈鸿《白乐天长恨歌传》并乐天寄微之《霓裳羽衣歌》,又杂取唐人小诗长句及明皇太真事,终以微之《连昌宫词》,补缀成曲,刻板流传。曲十一段:起第四遍第五遍第六遍、正攧、入破、虚催、衮、实催、衮、歇拍、杀衮,音律节奏与白氏歌注大异。

两相比较,则知此十一段之前三段"第四遍"至"第六遍"必系排遍,而《凉州》条所记曲遍"虚催"下必漏一"衮遍"(即前衮)。此十二种曲遍乃大曲之正规组织。然宋人制曲填词者抑或酌减数遍。任氏《拍眼考》谓:"十种片名②,其实皆各由其拍法而定,即可作十种拍名观。"案其中亦有因舞法而定者,非全由于拍法也。今分别论述如后:

第一 散序 上文引白氏《霓裳羽衣歌》注,知散序无拍,故不舞。其《王子晋庙》诗云:"子晋庙前山月明,人间往往夜吹笙。鸾吟凤唱听无拍,多似《霓裳》散序声。"其声无拍,故以为似《霓裳》之散序。散序虽无拍,然特具一种悠扬宛转之情调。乐天最喜听之。其《重题别东楼》云:"宴宜云鬓新梳后,曲爱《霓裳》未拍时。"未拍时即指散序也。晚年居洛阳,尝作《池上篇》,序云:"酒酣琴罢,又命乐童登中岛亭,合奏《霓裳》散序。声随风飘,或凝或散,悠扬于竹烟波月之间者,久之。"可见其沉酣倾倒,反复赞叹之概。王建《宫词》:"巡吹漫遍不相和",漫遍或亦指散序而言。至宋张炎《词源》云:"法曲散序无拍,至歌头始拍。"此与唐代无异。任氏《拍眼考》云:"散序之散,谓无拍也。"斯语深中肯綮。

第二 靸 任氏《拍眼考》云:"仅有敲、捐而已,亦尚无拍之名

---

① 史浩《鄮峰真隐大曲》"剑舞"最后一段,乐部唱曲子,舞《剑器》曲破一段,自注云:"作龙蛇蜿蜒曼舞之势。两人唐装者起,二舞者一男一女对舞,结《剑器》曲破,彻。"

② 任氏所列举者,误漏正攧及前衮两遍。

义,因《讴曲要旨》①有'七敲八掯齩中清'也。"案薛能《舞者》诗有云:"绿毛钗动小相思,一唱南轩日午时。慢'靸'轻裾行欲近,待调诸曲起来迟。"则'靸'或系将舞时之预备动作。

第三　排遍　大曲中有拍子自此始。《乐府诗集》卷七九载唐《水调歌》有"排遍"两遍,《陆州歌》有"排遍"四遍。《梦溪笔谈》卷五谓:"《霓裳》十二叠,(鲁案此句有误)前六叠无拍,至第七叠方谓之'叠遍'。"是排遍亦可称为叠遍。考大曲各遍内所包含之小曲,率不止一遍,而排遍则尤多。王灼《漫志》卷三云:"《凉州》排遍,予尝见一本有二十四段。"又董颖《薄媚》大曲自"排遍第八""排遍第九"起,皆可证排遍所以谓之'排'谓之"叠"者,实由于所含小乐曲最多之故。而任氏《拍眼考》以为"排遍之排谓排匀也",遂推测此遍有二十拍或二十二拍。今节录其原文如次:

> 何以知排遍为十六拍或十八拍,而外加四艳拍乎?曰:前引《词源》论序子之拍,有曰:"与法曲散序中序不同,法曲之序一片正合均拍。"末二句中疑有讹字,疑应作"法曲中序,每片正合均拍。"所谓均拍者,前引《词源》又曾云:"如大曲《降黄龙》花十六,当用十六拍。"十六拍即八均拍一也。《漫志》卷三云:"欧阳永叔云:贪看《六幺花十八》,此曲内一叠名花十八,前后十八拍,又四花拍,共二十二拍。"十八拍即九均拍二也。因或为八均或为九均无定,故《词源》上文仅曰:"正合均拍",而不曰正合几均拍也。九均拍即能加四艳拍为二十二拍,则八均拍亦何尝不可加四艳拍而为二十拍与漫曲同乎?非排遍无以为中序,非中序无以合均拍,非均拍无以言前后十八拍或十六拍。因此可以定法曲大曲排遍拍眼之数,确为十六或十八,二十或二十二也。

案此种推测,恐失之穿凿。且"花十八",曾布《水调歌头》注之于撷遍下,如排遍不包括撷遍,更不得谓为十八拍也。

王氏《大曲考》云"唐以前,'中序'即'排遍',宋之'排遍'亦称'歌

---

① 张炎《词源》中之一节。

头'。"据乐天《霓裳歌》,唐之大曲于"中序"开始有拍,而张氏《词源》云:"法曲散序无拍,至'歌头'始拍",是唐大曲之中序与宋大曲之歌头,两者之地位固相当矣。然张氏于此处既已称为"歌头",而于同篇中又谓:"外有序子与法曲'散序''中序'不同。"则所谓"歌头"与"中序"者必有可以区别之处。王氏又云:"如《水调歌头》即《新水调》之排遍。宋之大曲恒不用散序与靸,故歌者自排遍起也。"然《明皇杂录》云:"明皇好《水调歌头》,王建《闲说》诗云:"歌头舞遍回回别,鬓样眉心日日新",知唐代已有歌头矣。《尊前集》载后唐庄宗词有"歌头"一阕,知五代亦有歌头矣。宋之大曲,虽歌者自排遍起,与歌头得名之由来,恐无甚关涉也。前引《乐府诗集》《水调歌》序曾云:"按唐曲凡十一叠,前五叠为歌,后六叠为入破。"此十一叠皆整齐之五七绝诗,应全称为歌,而独谓入破前之五叠为"歌"者,则"歌"即专指排遍而言(或亦包括攧遍)。排遍为"歌",则"歌头"必为排遍之第一遍也,明矣。且《草堂诗馀注》固早疑其如此矣。《注》云:"《水调》曲颇广,谓之歌头,岂非首章之一解乎?"①宋人大曲多缺散序与靸,则所谓首章即排遍,而所谓一解者即指其第一遍言也。今试由宋人作品中证明之。

（一）曹勋《松隐乐府》卷一有《应制法曲》十一段:（一）散序,（二）歌头,（三）遍第一,（四）遍第二,（五）遍第三,（六）第四攧,（七）入破第一,（八）入破第二,（九）入破第三,（十）入破第四,（十一）第五煞。案(二)歌头之后,不曰"歌头第二""歌头第三",而曰:"遍第一""遍第二"者,即排遍中除歌头外,而另立新次序之"排遍第一排遍第二"也。依大曲之原序·歌头为排遍第一,则歌头之后实自排遍第二始。

（二）王明清《玉照新志》卷二云:"《冯燕传》,见之《丽情集》,唐贾耽守太原时事也。元祐中,曾文肃(布)帅并门,感叹其义风,自制《水调歌头》以亚大曲。然世失其传。近阅故书,得其本,恐久而湮没,尽录于后。"其词繁多,今仅提举其节目如下:（一）排遍第一,（二）排遍第二,（三）排遍第三,（四）排遍第四,（五）排遍第五,（六）排遍第六,（七）排遍第七、攧、花十八。此七遍虽题名《水调歌头》,而《水调歌头》实即其第

---

① 卷下,苏轼《南柯子》词注。

一遍也。《水调歌头》,宋人作者有毛滂、周紫芝、苏轼、贺铸、王之道、张孝祥、刘因、傅公谋等。其词之字数句律,各微有出入,今取刘词与曾词排遍第一比较之:

刘因《水调歌头》九十六字

一诺与金重	一笑比河清	风花不遇真赏	终古未全平
前日青春归去	今日樽前笑语	春意满西城	花鸟喜相对
宾主俱眼明		平生事	千古意
两忘情	醉眠君且去我	扶我者有门生	窗下烟江白鸟
窗外浮云苍狗	未肯便寒盟	从此洛阳社	莫厌小车行

曾布《水调歌头》排遍第一,一百字

魏豪有冯燕	年少客幽并	击毬斗鸡为戏	游侠久知名
因避仇来东郡	元戎逼属中军	直气凌貔虎	须臾咤叱风云
凛凛坐中生		偶乘佳兴	轻裘锦带
东风跃马	来往寻访幽胜	游冶出东城	堤上莺花掩乱
香车宝马纵横	草软平沙稳	高楼两岸春风	笑语隔帘声

两相比较,知字数与韵脚位置虽稍有不同,而其骨干则并无二致。然任二北氏云:"今曾词有排遍七遍,可见歌头二字乃指排遍七遍之全体而言,非指排遍第一之一遍而言也。考之本调:起拍三句与曾词排遍第一首三句合,换头四句与曾词排遍第四首四句合,其余句法,则又散见于各遍中。是苏词此调乃就大曲排遍之七遍内取材,剪裁连缀而成,绝非某一整遍也"。①吾人将两词比较后,知《水调歌头》与曾词排遍第一之

---

① 《词学研究法》。

句法相同，而与其他六遍则相差甚远。任氏考之本调云云，立说盖不甚安。且曾词七遍亦包括撷遍，如以此一大段而名为歌头，亦与歌头之名义不合。至谓苏词乃就此七遍内取材，剪裁连缀而成，此说亦可考虑。盖此调，宋人填者多家，并非东坡所自度者也。

　　第四　撷　《漫志》所列大曲节目，排遍之后为'撷'，而撷之后为"正撷"。疑《漫志》之正撷应相当于其他大曲之撷，而撷则相当于其他大曲之延遍也。史浩《采莲》大曲起于延遍，延遍后即为撷遍。①《草堂诗馀》注云："如今之乐府诸大曲，凡数十解，于前则有排遍，于后则有延遍。"②亦谓延遍在排遍之后。而王氏《大曲考》引此注云："于撷前则有排遍，撷后则有延遍。"文中二撷字不知据何本而增，氏遂主张其次序无定。今考之《四印斋》本，知与史浩大曲内此两遍之次序固相符也。

　　第五　正撷、撷　《漫志》所列之"正撷"，应相当于其他大曲之"撷"。其所以冠以"正"字者即标明其位置之意也。董颖《薄媚》、史浩《采莲》、曹勋法曲、高丽成伣《乐学轨范》所载唐乐曲破，皆以撷遍紧邻于入破之前。王氏《大曲考》云："周密《癸辛杂识》后集载德寿宫舞谱，《五花儿舞》有踢、捺、刺、撷、击、搠、捽诸名，则以舞中之一节因以名其遍者。"案曾布《水调歌头》有"排遍第七、撷、花十八"，则此遍为"花十八"。所谓"花十八"者，《漫志》云："欧阳永叔云：贪看《六幺花十八》。此曲内一叠名花十八，前后十八拍，又四花拍，共二十二拍。乐家者流所谓花者，盖非其正也。"

　　前曾谓曲破乃截取大曲法曲之后段而成。任氏《拍眼考》云："愚意入破之片名虽居第五，而曲破之唱名应从第三排遍起，即包含在内。"案曲破实指撷遍以下之一大段而言。今举两事以证之：（一）《乐学轨范》著录唐乐之"曲破"，自撷遍起，此后各遍之次序与《漫志》等相同。（二）王建《宫词》云："两班齐贺玉关清，新奏《熙州》曲破成。画鼓连声催撷遍，内人多半未知名。"促内入舞《熙州》曲破而曰"催撷遍"，则曲破之开始乃为撷遍，甚明。

---

① 《鄮峰真隐大曲》卷一。
② 《四印斋本》，卷下，苏轼《水龙吟注》。

第六　入破　入破为第二大段'破'之第一段。其所以名入破者，谓破段由此始也，语详第三十四页。其见于记载者，尚有数事：岑参《田使君席上舞如莲花北铤歌》："此曲胡人传入汉，诸客见之惊且叹。（中略）翻衣入破如有神，前见后见回回新。"和凝《宫词》："几处按歌齐入破，双双雏燕出宫墙。"又李肇《国史补》载开元中吹笛名手李謩，尝月夜泛舟，有客呼舟请载；既至，请笛而吹，曲甚精妙。及入曲，"呼吸盘擗，应指粉碎"。《逸史》载独孤生吹笛，及入破"笛遂败裂，不复终曲"。笛碎裂事，夸诞不轻，难以凭信。然由此亦可见至入破，则节拍繁促矣。节拍繁促，则舞亦繁促而变化多端，故岑参云"前见后见回回新"也。

第七　虚催　史浩《彩莲》缺此节目。

第八　衮遍　《漫志》凉州条缺之，而王平《霓裳》条作"衮"，无遍字。董颖、史浩俱作"衮遍"。《轨范》作"催衮"。《词源》作"前衮"。刘克庄《后村别调集·贺新郎》词云："笑煞街坊拍衮"。王氏《大曲考》云："衮，当就拍言之。"

第九　实催　董颖《薄媚》、《轨范》、陈旸《乐书》俱作"催拍"。黄庚《夜宴诗》云："艳曲喜听催拍近，狂歌自觉入腔难。"是唐代已有此名。前引《乐书》云："舞者入场，投节制容，故有催拍、歇拍。"然则催拍、歇拍亦因舞而名其遍也。曹勋《松隐乐府补遗》有"长寿仙促拍"词，祝太母生辰。《长寿仙》为大曲，促拍即催拍。《乐府诗集》卷七九有《簇拍陆州》，簇拍即促拍，亦即摧拍也。

第十　衮遍　《漫志》凉州条与董颖《薄媚》皆作'衮遍'。而王平《霓裳》及史浩《采莲》则作"衮"。《轨范》、《词源》均作"中衮"。

第十一　歇拍　表中所列举之诸书无异称。至此则乐舞将歇也。

第十二　煞衮　与前衮、中衮合称三衮。《漫志》作："杀衮"。曹勋法曲作"煞"，无衮字。其余诸大曲俱作"煞衮"。① 唐人或称为"彻"，彻者亦曲之终也。

沈括《梦溪笔谈》卷五论及当时大曲之各遍，其名称多与上文所列举者不同。文曰："所谓大遍者有序、引、歌、㘑、哨、催、攧、衮、破、

---

① 《广韵》："煞，俗杀字。"

行、中腔、踏歌之类,凡数十解。每解有数叠者,裁截用之,则谓之摘遍。今之大曲皆是裁用,悉非大遍也。"考沈氏所举各目,惟㪇、①擿、催、衮、破等,见于大曲。"引"盖即"引子",宋大曲如《柘技舞》等,往往先奏引子,而后舞者入场。序、歌或亦各为大曲之一部分:序指散序中序,而歌指排遍,如吾人于三十五与三十六页中所言者。然其他诸目则非大曲所有。王氏《大曲考》云:"中腔、踏歌,《武林旧事》述圣节仪,第二盏赐御酒,歌板起中腔;第三盏,歌板唱踏歌。(卷一)《梦粱录》所载次序稍异:第一盏进御酒,歌板色一名唱中腔一遍,讫,至再坐第八盏,歌板色长唱踏歌。中间间以百戏杂剧大曲等。(卷三)愚意嗺、哨、中腔、踏歌未必为大曲之一遍,沈氏盖误以大宴时所奏各乐均为大曲耳。"今案王骥德《曲律》卷四转载《乐府浑成集》林钟商目中亦有哨声、中腔、踏歌、引、序、大曲、曲破等名目,大约皆为当时音乐中习用之名词,而沈氏取以与催衮等杂凑而成大曲,非真知大曲之内容也。

上文曾引《梦溪笔谈》云:"今之大曲皆是裁用,悉非大遍。"又《碧鸡漫志》卷三亦云:"世所行《伊州》《胡渭州》《六幺》皆非大遍全曲。"又:"后世就大曲制词者,类从简省,而管弦家又不肯从首至尾吹弹,甚者学不能尽。"可见大曲至于宋代,管弦家于普通演奏之时,已多有斟酌截用其一部分者。此截用之一部分,即谓之摘遍。自摘遍之法盛行,②其影响约有两端:(一)词家选择大曲之摘遍以开始填词。宋人虽有就大曲之全遍以填词者,究属少数。(二)就摘遍以衍制性质不同之独立乐曲。《漫志》卷三云:"凡大曲,就本宫调制引、序、近、慢、令,盖度曲者常态。"此即词调中引、序、近、慢、令来源之一种,而同时亦为大曲流变之一方面也。

(《国立北京大学五十周年纪念论文集》
文学院第十种,1938年12月)

---

① 王氏《大曲考》:"㪇与鞔同音。"
② 摘遍之法不始于宋,但至宋始盛行。

从敦煌壁画论唐代的音乐和舞蹈

伟大的祖国的历史永远鼓舞着我们兴奋而骄傲的心情。我们的祖先——中国过去的劳动人民,用体力和智慧换取来了辉煌无比的艺术贡献。敦煌文物是其中的一个角落。国立敦煌文物研究所常书鸿所长和许多工作同志,辛苦地描绘研究了八年,现在把那些珍贵文物介绍给我们。我怀着无限愉快,准备借壁画的帮助来简单地叙述一下唐代的音乐和舞蹈。

唐代的乐舞是中原的乐舞和西域乐舞相融会之后的综合性的集中表现,是有国际意义而同时又是中国新的民族形式的高度艺术创造。乐舞的成分从各地吸收了来,但经过酝酿而发扬光大的成就却超过了当时世界上任何地区。从中国荡漾到朝鲜和日本,日本到现在还保存着一部分"唐乐"。

为便于说明唐代乐舞的历史,我们先从中原的古乐舞讲起,次第及于西域乐舞的东传、唐代乐舞的盛行、壁画上见到的乐器以及舞蹈的服饰、姿态等问题。

一

在黄河流域这片富沃的原野上,中原的民族很早就定居下来。和其他各地的民族一样,由于劳动,他们逐渐地产生了各种艺术。在音乐方面,"三分损益法"的乐律学的发明,比奠定西洋乐理基础的希腊数学家毕达格拉斯(前582—507)的同样发明,至少要早几百年。《诗经》不单是古代人民文学创作的结集,而且也是古代人民音乐创作的标志。它描写着琴 的谐和、钟鼓的雄壮,还歌颂着魁梧的舞蹈家是如何地健美。孔子的时候(前551—479),一般知识分子把琴瑟作为随身不离的乐器。孔门弟子的主修课程中有一门是"乐"。教科书《乐经》虽然失传了，但我们可以知道，那时的音乐理论已经抽象到跟巩固封建秩序的政治哲学相结合，为统治阶级的教育观服务。活泼的民间音乐被统治阶级利用之后，必然趋向僵化；又经过战国时代战争的摧残，那些乐舞就渐渐地消失了。

　　到了汉代，因为经济与文化有了发展，朝廷又注意到音乐。民间是一切艺术的源泉。汉武帝从各地搜集音乐，设立了一个管理的机构叫"乐府"，因而这次搜集的音乐便称为"乐府"，也称为"清商乐"。清商乐盛行于两汉及曹魏。西晋末年，北中国大乱，晋元帝率领着皇室士族过江，在建业（南京）建立了东晋皇朝。中原文化迁移到江南。清商乐到了江南之后，一直传到南朝的宋、齐、梁、陈各代。北朝的拓跋魏本来和南朝文化缺少接触，它的音乐也没有承继乐府的。公元5世纪末，孝文帝、宣武帝先后进攻江南，才接收了一部分中原旧曲。隋统一北方后，于公元528年平陈，获得了南朝的旧乐，设立"清商署"，仍然使陈的太乐令蔡子元、于普明等来主持，所以七部伎和后来的九部伎中都有清商伎。唐代因袭隋制，所用九部伎和后来的十部伎中也都有清商伎。但清商乐因为本身的残缺贫困及西域乐的日渐盛行，这时不受社会重视了，需要接受新的成分来恢弘它的艺术生命。

　　中原的民族进入农业社会比较早，宁静的生活状态规定了他们的乐舞旋律，舒缓、悠闲，象征着浓厚的田园意味。有部分乐器体制太大，不便应用，或者发音过于沉闷。这些长期停滞的平淡的风格，都不能满足南北朝以来迅速发展的都市的要求了。由于交通的方便、民族的杂居、工商业的发达，都市里的人欢迎新鲜事物，西域音乐乃伴随着佛教在中原盛行起来。中原的音乐曾经拒绝西域音乐，但没有把它排斥出去。这个结果是不是说明中原的乐舞死亡了呢？不是的。相反，这说明中原音乐和西域音乐汇合之后，经由音乐家长期调整及广大人民长期地选择扬弃，在中国土地上出现了大家喜闻乐见的新艺术，这两种音乐都提高了一步。在那时，没有西域音乐的东传，中原音乐不能有这么大的发展；没有中原音乐的基础，西域音乐也不能成就这样完整的体系与庞大的规模。这伟大事业是在唐代完成的。"唐乐"在世界音乐史上应当有崇高的地位。

二

西域音乐的内容是什么?传入的经过如何?

西域,这个历史上的地理名词,没有固定的疆界,普通就是指我国新疆和中央亚细亚一带说的,有时也包括西亚和印度。所谓西域音乐,一部分是中国西部各兄弟民族的音乐,一部分是中亚和印度的音乐。假设推溯西域音乐传入的开端,还应当从纪元前2世纪张骞通西域得摩诃兜勒二曲算起[1]。那一次对中原音乐没有起什么大作用。南北朝时代,西域人陆续地迁到北魏的领域。他们带来了西域文化,带走了中原文化。两种文化的交流原是在不知不觉中慢慢地进行的,并不完全是由于几次事件的偶然刺激。但下列的几项史实是值得注意的:

(一)张重华占据凉州(甘肃武威)时(346—353),天竺(印度)乐传到那里[2]。

(二)吕光、沮渠蒙逊占据凉州时(386—432),改变龟兹(今新疆库车)乐,称为西凉乐[3]。

(三)公元435年,北魏太武帝派遣了20个人出使西域,带回来疏勒(新疆疏勒)和安国(中亚的布哈拉)的乐伎[4]。

(四)公元439年,太武帝攻下凉州,曾迁徙凉州居民于魏都平城(大同县东),从事建筑工作。大同云冈石窟还保留着他们的建筑雕刻艺术[5]。

(五)公元493年,孝文帝迁都洛阳,西域人仍然不断地奔涌到洛阳来,因喜欢中原风土而落户的有一万多家[6]。

这些动态无疑地促进了西域音乐向中原的散播。《通典·乐典》说,从宣武帝(499)以后才爱西域乐,龟兹琵琶、五弦、箜篌、胡鼓、铜钹、

---

[1] 崔豹《古今注》、《晋书·乐志》。
[2][3][4] 《隋书·音乐志》。
[5] 《南齐书·魏虏传》。
[6] 杨衒之《洛阳伽蓝记》卷三。

胡舞等,声音洪大,惊心震耳。文帝时(535—551),有中亚人曹婆罗门,祖孙三代传习龟兹琵琶,都是杰出的音乐家。北齐的时期,龟兹乐更盛了。《北史·恩倖传》说,龟兹杂伎封王开府的,人数极多。公元568年,北周武帝娶了一位皇后阿史那氏,从突厥来,西域各国如龟兹、疏勒、康国(中亚的撒马尔罕)等派人组织了一个音乐代表团跟随着到了长安①。龟兹人白智通领导着演奏了不少的西域乐曲。飘扬在长安城里的新声感动了一个中原音乐家郑译。他跟着乐团里的龟兹人苏祗婆学习琵琶,了解了西域乐的乐律。

公元582年,隋文帝准备整理乐舞,曾掀起音乐家激烈的辩论。郑译也参加了这个工作。在他有名的奏议里,他把苏祗婆七调和中原的七调作了比较研究,肯定了两者是相符的,西域乐律与中原乐律结合起来。他的关于乐律的总结战胜了守旧派,明确了唐乐乐调的组织形式。这种乐制,向达教授认为曾受印度的影响②,近年由于考古学上的发现而得到了证明。

隋代的龟兹乐分了三派:"西国龟兹"、"齐朝龟兹"和"土龟兹"。龟兹乐器成了很普遍的东西。曹妙达、王长通(北齐乐人)、李士衡、郭金乐、安进贵等一些管弦名手,凭着技巧,变为社会上被注意的人物,大家一致倾慕。文帝时设置七部伎:(1)国伎(西凉伎),(2)清商伎,(3)高丽伎,(4)天竺伎,(5)安国伎,(6)龟兹伎,(7)文康伎(礼毕)。后来炀帝又定了九部伎,增加康国伎和疏勒伎。

唐代从高祖到玄宗一百多年,国内统一,政治比较良好,对外侵略又不断胜利,社会经济一般向上发展,因而给音乐的发达制造了有利条件。唐初,不仅宴享沿袭隋制,用九部乐,即伶工舞伎很多是前代旧人。公元640年,九部伎中的"礼毕"被删,而增加"高昌伎"(新疆吐鲁番)及"燕乐伎"③,共为十部。

十部伎,朝廷举行宴会时,常归并于坐立两部中。所谓坐部者,即

---

① 《周书·武帝本纪》、《旧唐书·音乐志》。
② 向达:《龟兹苏祗婆琵琶七调考原》(《学衡》54期,1926年6月出版)。
③ 《旧唐书·音乐志》及《张文收传》。

在堂上坐着演奏，立部在堂下站着演奏。公元 714 年，设置教坊五所：内教坊在皇宫里；外教坊，西京两所，东京两所。皇宫里还有"梨园"和"宜春院"。这都是搜集民间音乐，并安置、训练各种伎乐的所在。各州郡及贵族豪门也都有伎乐。"声音人"的总数到达几万人①。在中国历史上，封建领主们在娱乐方面的穷奢极欲，唐玄宗恐怕是空前的了。他领头儿来玩，其余的自然会效法。教坊的乐伎都做些什么事情呢？（1）朝廷有集会，由他们表演歌舞；（2）使臣因公外出时，教坊乐伎伴随；（3）功臣勋将，朝廷送与伎乐，伎乐出于教坊；（4）教坊乐伎也可以自由卖艺；（5）他们在业余或年老退休时，则教人歌舞。教坊是为统治阶级而设的，但它对乐舞的推广也发挥了作用；提高乐舞艺术的自然归功于辛辛苦苦的乐工和舞工。安史之乱以后，教坊不如玄宗时昌盛了，宣宗时乐工仍有 6500 多人。整个的唐代，虽然中唐以后内部纷乱，大多数人民困苦不堪，而音乐的兴盛差不多持续了三百年。

　　北宋的社会经济情况不及唐代，教坊规模也不及唐代。宋教坊有小儿舞队及女弟子舞队。小儿舞队 72 人：（1）柘枝队，（2）剑器队，（3）婆罗门队，（4）醉胡腾队，（5）浑臣万岁乐队，（6）儿童感圣乐队，（7）玉兔浑脱队，（8）异域朝天队，（9）儿童解红队，（10）射雕回鹘队。女弟子队 153 人：（1）菩萨蛮队，（2）感化乐队，（3）抛球乐队，（4）佳人剪牡丹队，（5）拂霓裳队，（6）采莲队，（7）凤迎乐队，（8）菩萨献香花队，（9）彩云乐队，（10）打球乐队。这 20 队的舞曲和服饰都是沿用唐五代的。南宋高宗偏安江南之后，裁撤了教坊。公元 1144 年又设置教坊，不久又取消了②。朝廷宴会临时召集市上乐伎。一直到这时候，社会上还流行着唐代乐舞的余波。

三

　　西域乐器大半出于游牧民族，它的特点是轻便而发音响亮。那时

---

① 《旧唐书·音乐志》及《张文收传》。
② 《宋史·乐志》。

的音乐家就西域乐器及中原乐器中挑选了性能相当的一些,把它们配合起来。不知道经过多少次的审音实验,才组成了或大或小的管弦乐队,能以演奏复杂的曲调,表现深微的情感。和这相适应的,自然有复杂的乐曲及舞法。

北魏的音乐还没有分部;乐队的组织,史书上也没有记载。敦煌石窟的北魏壁画有伎乐图,我们选了几幅:

第一图　敦煌428窟

琵琶　　　箜篌　　　横笛　　　腰鼓

第二图　敦煌288窟

法螺　　　　　铜铙

第三图　敦煌288窟

箜篌　　　　　五弦

两个箜篌都是竖箜篌，形状稍有不同；弹法也不同：第一图用双手，第三图用左手。

第四图 敦煌288窟

秦汉琵琶（阮咸） 齐鼓

第五图 敦煌431窟

胡角

我们再看看北魏修的大同云冈石窟的壁画

第六图　云冈第十窟　入口上窗

腰鼓　　横笛　　法螺　　琵琶　　箫　　筚篥

第七图　云冈第十二窟　藻井

齐鼓（放大）　　　琵琶　　　筚篥　　　腰鼓

这些是5世纪末叶的作品。北魏修的洛阳龙门石窟，第三窟的藻井——6世纪初年的作品，也有伎乐图，能辨识出的乐器有笙、横笛、筝、箫（形状较窄）等①。

云冈和龙门的壁画里没有发现箜篌，也许这时候在这些地方还不流行。

唐代的乐队规模很大，用的乐器很多而且很复杂。现在把十部伎的乐器列表比较如下②：

---

① 关于云冈和龙门壁画时代的推断，详见阎文儒"龙门与云冈"（稿本）。
② 《旧唐书·音乐志》《新唐书·礼乐志》。康国部乐器中注星号者是根据《隋书·西域传》增补的。

十部伎所用乐器比较表

(一)燕乐	(二)清商	(三)西凉	(四)天竺	(五)高丽	(六)龟兹	(七)安国	(八)疏勒	(九)康国	(十)高昌
		编钟一		编钟一					
玉磬一		编磬一		编磬一					
		独弦琴一							
		击琴一							
		瑟一							
大小琵琶一	秦琵琶一	琵琶一	琵琶一	琵琶一	琵琶一	琵琶一	琵琶一	琵琶★	琵琶二
竖箜篌一	竖箜篌一	竖箜篌一		竖箜篌一					
			竖箜篌一		竖箜篌一	竖箜篌一	竖箜篌一	箜篌★	竖箜篌
大小箜篌一			凤首箜篌一						
筑一	筑一								
搊筝一	筝一	搊筝一		搊筝一					
		弹筝一		弹筝一	弹筝一				
毛员鼓二			毛员鼓一		毛员鼓一				
连鞞鼓二									
	节鼓一								
			羯鼓一				羯鼓一		羯鼓二
桴鼓二									
		腰鼓一	腰鼓一	腰鼓一	正鼓一	腰鼓一	正鼓一		腰鼓二
		齐鼓一		齐鼓一	骑鼓一	和鼓一		和鼓一	
		檐鼓一		檐鼓一	檐鼓一				
			都昙鼓一		都昙鼓一				
					答腊鼓一		答腊鼓一		答腊鼓二
					侯提鼓一		侯提鼓一		
					鸡娄鼓一		鸡娄鼓一		鸡娄鼓二
大小笙一	笙二	笙一		笙一	笙一				
长笛一	笛二	笛一		义觜笛				笛二	
短笛一		横笛一	横笛一		横笛一	横笛一	横笛一		横笛二
箫一	箫二	箫一	箫一	箫一	箫一	箫一	箫一		箫二
	篪二								
方响一	方响一								
铜钹一		铜钹二	铜钹二		铜钹二	铜钹一		铜钹二	
	跋膝二								

（续表）

吹叶一	叶 一								
大小五弦一		五弦一	五弦一	五弦一	五弦一	五弦一	五弦一	五弦★	五弦二
大小觱篥一		觱篥一	觱篥一	大觱一	觱篥一	觱篥一	觱篥一		觱篥二
		小觱篥一		小觱篥一					
				桃皮觱篥一					
贝 二		贝 一	贝 一	贝 一	贝 一				
									铜角一

这是朝廷里乐队组织的记录，一般的乐队未必都是这样完备。

壁画上的乐队，最少的两个人，最多的十八个人。下面，我们选择了几幅：

第八图 敦煌220窟

（初唐）

筝　　　　　箫　　　　　竖笛
方响　　　　笙箫
五弦
横笛　　　　横笛
都昙鼓　　　腰鼓　　　　拍板
　　　　　　腰鼓

第九图　敦煌220窟

（初唐）

拍板	竖笛	筚篥
铜钹	箜篌	笙
拍板	法螺	
	答腊鼓	
腰鼓	横笛	
羯鼓		

第十图　敦煌127窟

（盛唐）

箫	羯鼓			箜篌	笙
拍板	鸡娄鼓	舞（腰鼓）	舞（琵琶）	阮咸	筚篥
法螺	毛员鼓			琵琶	竖笛
横笛	答腊鼓			筝	拍板

第十一图　敦煌201窟

（中唐）

箜篌	拍板
箫	笙
筚篥	横笛
琵琶	羯鼓

第十二图　敦煌85窟

（晚唐）

箜篌	拍板	法螺
琵琶	横笛	铜钹
五弦	筚篥	腰鼓

第十三图　敦煌85窟

（晚唐）

竖笛	拍板	横笛
法螺	箫	笙
腰鼓	筚篥	琵琶

这两幅所画的是一个乐队而分列两旁。

人数较多的乐队都有鼓，鼓的位置常排列在前面。打羯鼓（或其他鼓）的人是乐队的指挥。唐玄宗说，羯鼓是八音的领袖，也许是指它的领导作用。现在京剧及各地方剧乐队的指挥就是打苏鼓（单皮）的。第八图打鼓者的左胳膊上，第九图打鼓者的帽子上都有与众不同的标记，第十图打羯鼓者的帽子特别高耸。这些都表示她们的特殊地位。

我们把壁画上见到的乐器，试探着加以说明：

第十四图　敦煌85窟

（晚唐）

| 腰鼓 | 答腊鼓 | 答腊鼓（？） |
| | 羯　鼓 | 鸡娄鼓 |

第十五图　腰鼓（杖鼓）

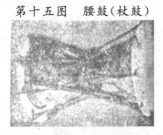

日本宫内省保存

（一）**腰鼓**　从西域传来的鼓，有几种的样式都是两头粗，中间细；鼓壁，大的用瓦，小的用木头。挂在腰里用手拍打的，叫做"腰鼓"或"带鼓"。唐代还有"正鼓""和鼓"的名目，其实都是腰鼓。正鼓为主，和鼓配合它发音。有时右手用杖敲，左手用手拍，就叫做"杖鼓"。阿拉伯现在还有用瓦作鼓壁的，在中国已经不见了。

（二）**都昙鼓**　《通典·乐典》说："似腰鼓而小，以小槌击之。"参看第八图。

（三）**毛员鼓**　《通典·乐典》说："似都昙鼓而稍大"，没说用槌敲，想必是用手拍了。都昙鼓和腰鼓的区别，最显著的就是一个用小槌敲，一个用手拍。而毛员鼓和腰鼓则不容易分辨，因为在画上看不出尺寸的大小。第十图毛员鼓和腰鼓在同一幅画面上，大小的比例较为显明，所以我们认为小的是毛员鼓。

（四）**羯鼓**　《通典·乐典》说："正如漆桶，两头俱击，以出羯中，故号羯鼓，亦谓之两杖鼓。"羯鼓下面垫着小床或木架，参看第十及十四图；或者放在地上，参见第九图。

通常用两根鼓杖（杖长、槌短）敲打，声音很高。唐代宋璟称赞唐玄宗打羯鼓的技术说："头如青山峰，手如白雨点。"打得紧，所以需要手的动作敏捷。有时只用一根鼓杖敲，另外一头用手拍，参看第九图。羯鼓的样子大概也并不是完全一致，第九图的就比较短。第十一图的鼓跟一般羯鼓的样子不同，但就它的位置和敲法而论，我们也暂时认为羯鼓。

第十六图　羯鼓

日本信西古乐图（唐舞绘）

(五) 鸡娄鼓　两头较小而中间较粗。演奏时常常配合着鼗鼓一起用，鸡娄鼓挂在臂腋底下或抱在胳膊里，一手拍鸡娄鼓，一手摇鼗，参看第十及十四图。鼗（鞉），用两个或三个小鼓重叠着，穿上一根长把，两边系小圆槌，摇起来，圆槌自打鼓面。现在北方流行的鼗鼓只有一个鼓，叫"货郎鼓"。农村中打凤阳花鼓用的鼓像以前的鸡娄鼓；形状比较细长的，现在叫"腰鼓"。

第十七图　羯鼓

日本宫内省保存

第十八图　鼗鼓

日本宫内省保存

（六）**答腊鼓**　如羯鼓而宽短，用手指弹敲，也称"揩鼓"或"指鼓"。通常是鼓面比较鼓壁宽，突出一周边缘，如第十四图后排中间的一个；有时鼓面和鼓壁取齐，如第九图。第二十图也是答腊鼓的样子，只是挂在腰里用小槌敲打。第十八后排右端第一人拿的鼓，宽而薄，用右手指弹奏，这也许是揩鼓的一种。新疆维吾尔族用的手鼓，称为"答普"，一面有皮，皮的里面画着花纹，鼓壁上镶着碎骨花，周围钉着许多小铜环，用手指弹敲鼓面，同时小铜环也发出声响。唐代张祜《周员外席上观柘枝》诗说："画鼓拖环锦臂攘"，可能是指的这种小鼓。类似乎这种样子的鼓，法文称"昙不腊"，英文称"昙波铃"（tambourine），阿拉伯人称"塔波儿"，都是源于同一语根。

第十九图　揩鼓

信西古乐图

第二十图　敦煌329窟

（初唐）

（七）**齐鼓**　陈旸《乐书》卷一二七说："状如漆桶，一头差大，设齐（脐）于鼓面，如麝脐然。"参看第四及第七图。龟兹部有"骑鼓"，不知是否即齐鼓。

（八）**琵琶（曲项琵琶）**　是从西亚经由中亚传来的乐器，唐代常称为龟兹琵琶，四弦，颈端弯曲。唐琵琶都有"捍拨"。捍拨是琵琶面上的一个区域，在弦下面，镶嵌或图绘各样花纹。多用木拨子弹，也有用手指弹的。

第二十一图　手鼓

新疆维吾尔族用

（九）**五弦**　也称五弦琵琶，是从西域传来的，比琵琶多一条弦，有捍拨。原用木拨子弹，后有用手弹的，所以也称为"搊琵琶"。

（一〇）**阮咸（直项琵琶）**　原称"秦汉琵琶"、"秦汉子"或"秦琵琶"，是从西域的"弦鼗（弦鼓）演变而成的。颈长而直，腹圆。参看第四及第十图。武则天时,蜀人蒯朗从古墓里得到了这种乐器,因为它和晋竹林七贤图阮咸所奏的琵琶相同,于是称为阮咸。

(一一)箜篌　壁画上出现的都是竖箜篌,也称擘箜篌,源于亚述、巴比伦、埃及、希腊各地的竖琴(哈铺"harp")。

(一二)筝　也称秦筝,是秦地的乐器,发音比琴瑟响亮。

(一三)箫　中原旧有乐器。古人所说的箫都是排箫,也叫"比竹"或"籁"。把一些长短不等的竹管依次排列在一起,夹在木框里。排列这些竹管的样式有许多种。有的是一头高,逐渐地低下来;有的是竹管的长短相等,排成矩形或扇形。竹管相等而发音所以有高低是因为竹管里灌腊有深浅的差别。北魏和隋代的箫大多数是短管占三分之二,长管占三分之一。这样式到唐代就很少了,唐代的多半是矩形。日本所传的古箫是把高低不等的竹管用绳子编起来的,如第二十二图,这恐怕是最原始的形式了。古人吹箫的方法大概像现在吹口琴。

第二十二图　古箫

日本所传

(一四)筚篥　或写作"觱篥",出于龟兹。竹管较粗而短,上口按芦簧,发音柔和。后来在下端加一喇叭,就是"唢呐",新疆和内地都很流行。

(一五)笛　管细而长,也称羌笛,是从西域传来的。古代音乐书上说笛常是指的竖笛(纵笛),说横笛则常标明"横"字。新疆维吾尔族把横笛和纵笛都称为"奈伊",阿拉伯人称纵笛为"奈伊"(nay)。傈僳族称横笛为"筚篥"。

（一六）笙　中原旧有乐器。大的叫竽，小的叫笙。北魏还不常用，到隋唐便成了主要乐器。

（一七）铜钹　出于西域。圆形铜片，在中间突起的地方贯穿上皮条，一只手拿着一面碰打。大钹直径一尺多，小的五、六寸。参看第九图及第二十图。现在北方称为"镲"，湖北称"坡"（钹音的转变），是人民常用的乐器。

（一八）铜铙　像小铜碗，下面有把，一只手拿着一个，上下或左右互相撞打。第二图的铜铙是上下打的。在佛教乐器中称为"浮瓯"。敦煌三〇二窟壁画中隋代乐伎一只手托一个，没有把。中原旧乐有"击瓯"。北京卖糖葫芦及汽水的，现在还有用一只手拿着两个小铜碗——一上一下，敲打出有节奏的声音。

（一九）方响　中原旧有乐器，源于铜磬。用发音不同的长方铁片十六枚，分两排悬在架上敲打，形状像编磬，日本称为方磬。参看第八图。

（二〇）拍板　把发音响亮的木片或铁片排在一起，一头用皮条穿连起来，两手拿着拍打，作为节奏。唐初的拍板比较小，后来渐渐地加大了，壁画上有些画得像手风琴。

第二十三图　亚述的铜铙

（二一）角　也称胡角。最初是沙漠地带游牧民族用的，用羊角或牛角制造，声音大而长，能通远方。铜制的叫铜角。唐代乐队里不常用，因为跟别的乐器不调和。山东中部的农村里称吹的羊角为"筸篥"。

(二二)法螺 也称"贝"、"梵贝"或"蠡",佛教称为法螺。源出于南方沿海一带的民族。有用玉仿制的,叫做"玉蠡"①。

第八及第九图有一种乐器,像铜盘子,不知道叫什么。佛教乐器中有"铜钵",可能跟这个东西有关系;也许是现在京剧乐队用的"镲子"的前身。

壁画上没有发现用弓子拉的乐器。

四

关于乐工和舞工的服饰,唐代的朝廷也有规定,现在列表如下②:

部伎	乐 工	舞 工
燕乐	工人绯绫袍,丝布裤。	舞二十人分为四部:(一)景云乐,舞八人,花锦袍,五色绫裤,云冠,乌皮靴。(二)庆善乐,舞四人,紫绫袍,大袖丝布裤,假髻。(三)破阵乐,舞四人,绯绫裤,锦衿襟,绯绫裤。(四)承天乐,舞四人,紫袍,进德冠并铜带。
清商	工人平巾帻,绯裤褶。	舞四人,碧轻纱衣裙襦,大袖,画云凤之状,漆鬟髻,饰以金铜杂花,状如雀钗,锦履。舞容闲婉,曲有姿态。
西凉	工人平巾帻,绯褶。	白舞一人,方舞四人。白舞今阙。方舞四人,假髻,玉支钗,紫丝布褶,白大口裤,五彩接袖,乌皮靴。
高丽	工人紫罗帽,饰以鸟羽,黄大袖,紫罗带,大口裤,赤皮靴,五色绦绳。	舞者四人,椎髻于后,以绛抹额,饰以金铛,二人黄裙襦,赤黄裤,极长其袖,乌皮靴,双双并立而舞。
天竺	工人皂丝布头巾,白练襦,紫绫裤,绯帔袈裟。	舞二人,辫发,朝露袈裟,引缠,碧麻鞋。
龟兹	工人皂丝布头巾,绯丝布裤。	舞四人,红抹额,绯袄,白裤帑,乌皮靴。
安国	工人皂丝布头巾,锦襟领,紫袖裤。	舞二人,紫袄,白裤帑,赤皮靴。

---

① 第三节参考书《通典》卷一四四。《旧唐书·音乐志》。《新唐书·礼乐志》。南卓《羯鼓录》。段安节《乐府杂录》。陈旸《乐书》卷一二五——三四。《文献通考》卷一三四——三九。

② 根据《旧唐书·音乐志》,参酌《新唐书·礼乐志》。

(续表)

部伎	乐　　　工	舞　　　工
疏勒	工人皂丝布头巾,白丝布裤,锦襟褾。	舞二人,白袄锦袖,赤皮鞋,赤皮带。
康国	工人皂丝布头巾,绯丝布袍,锦领。	舞二人,绯袄,锦领袖,绿绫裆裤,赤皮靴,白裤帑。舞急转如风,俗谓之胡旋。
高昌	布巾,袷袍,锦襟,金铜带,画裤。	舞二人,白袄锦袖,赤皮靴,赤皮带,红抹额。

这是朝廷有集会时乐工舞工的服饰,一般表演未必都是这样。壁画里大部分是供奉神的乐舞,宗教意味比较浓厚,跟社会上普通乐队的服饰可能有些差别。

有些规模特别宏大的舞蹈,如"霓裳羽衣"舞者可以多到三百人,这也只有朝廷可以举办;普通的舞蹈就是一个人或两个人。

唐代的舞蹈有"健舞""软舞"的区别:姿势雄健的叫健舞,姿势柔软的叫软舞。壁画里出现的都是舞的一个"镜头",而没有连续的动作,所以不容易分辨出是哪一个舞来。

在街道上的乐舞,我们可以看"河西节度使检校张议潮出行图",仪仗很盛。乐工衣服的颜色不一律,舞工的也不一律。袖筒长大,袖口斜裁。裤子都是白的,都穿着靴子。这一部乐是西凉伎。西凉部舞工用的所谓"假髻",就男性舞工说,也许是指的头上缠的锦带。

唐岑参《田使君美人舞如莲花北铤歌》说:"高堂满地红氍毹,试舞一曲天下无。"李端《胡腾儿诗》说:"扬眉动目踏花毡,红汗交流珠帽偏。"人在地毡上跳舞,这和壁画上相同。

在房子里跳舞的女舞者,上身裸露着一部分,有的把锦带斜披在肩上,有的穿着宽领舞衫。唐代诗文中所说的"酥胸"、"雪胸",都是描写舞者引人注目的胸部。薛能《柘枝词》形容舞到最紧张时,"罗袖半脱肩",这说明领口必然很大。袖筒有的很长大,袖口斜裁;有的很窄。帽子上缀满了珠翠,有的还钉上铃铛。手腕上都带着镯子。有的人每只手带两个镯子,参看第十图,舞起来自然会发出声响,清脆而有节奏。壁画里许多舞者手腕上似乎带着铃铛,参看第二十五图。张祜《观杭州柘枝诗》说:"旁收拍拍金铃摆,却踏声声锦袎摧。"也许是说的手腕上的铃铛。新疆维吾尔族跳舞现在还有带铃铛的,参看第二十四图。壁画上跳舞者多拿着锦带或其他乐器。舞锦带(彩绸)现在仍然是中国戏剧中的精彩节目。

第二十四图　敦煌196窟

　　　　张议潮出行图　　　　　（晚唐）
　　　　　　　　　大鼓
箜篌　　　　拍板　　　　　　舞舞舞舞
笙　　　　　横笛
鸡娄鼓　　　竖笛
腰鼓　　　　琵琶　　　　　　舞舞舞舞
　　　　　　大鼓

　　唐代舞蹈以腰部以上为重心,两双胳膊动得花样较多,腿部的活动比较少。唐白居易《霓裳羽衣歌》说:"风袖低昂如有情"、"翔鸾舞了却收翅",张祜《舞诗》说:"裊裊腰疑折,褰褰袖欲飞。"都着重上部的描写。新疆维族的舞蹈有这些象征。《通典·乐典》"拍板"条的注文说:"龟兹伎人弹指为歌舞之节,亦抃之意也。"参看第二十五图。新疆维吾尔族的跳舞者自己常常用大拇指和中指食指打着清脆的拍子。

第二十五图　跳舞者

现代新疆维吾尔族

五

  在敦煌石窟里保藏的许多有价值的写本,都被帝国主义派来"探险"的"学者"们抢走了。其中有舞谱和曲谱。唐代的乐曲,我们在上面说过,是西域情调和中原情调融会统一的声音。长的叫"大曲",短的叫"杂曲子"。最初因为没有适当的歌词,乐人就选择五言或七言诗配在乐曲里唱;诗人为乐曲而作的歌词自然也都是五七言诗。后来逐渐地发现了拿整齐的诗配合结构参差的乐曲,毕竟难免扞格,才试验着依照乐曲的节拍而填制长短句的曲词,这就是唐宋词的开端。大曲蜕变为南宋及金元的杂剧,杂剧又导引了后来中国戏剧的产生。

第二十六图　敦煌217窟

(盛唐)

唐宋大曲，每曲普通分为十二段（遍——乐章）：(1)散序、(2)靸、(3)排遍、(4)攧(5)正攧、(6)入破、(7)虚催、(8)衮遍、(9)实催、(10)衮遍、(11)歇拍、(12)杀衮。大曲都是舞曲，这些名目跟舞法是分不开的。欧洲在14世纪时出现了一种"连曲"，也称"套曲"（suite），包含(1)前奏曲、(2)缓舞曲"萨拉班特"、(3)快舞曲"亚兰曼特"、(4)四分之三拍慢曲"梅奴爱"、(5)极快曲"鸪浪特"五部分，先慢后急，各部分也可以独立。其性质跟唐宋大曲相类似，与大曲必有渊源关系。

唐代的文化为什么能放出这样的异彩？就产生文化的时代背景说，社会有长期的安定，经济情况比较良好；而疆域扩大，国内外贸易发达，交通频繁，又刺激了科学和艺术的发展。它批判地接受了南朝及北朝的文化遗产；并且不歧视其他民族，不断地吸收中国境内少数民族及国外各民族的文化。眼光投射得远，容量表现得大。唐代的中国人民以世界规模丰富了自己的社会内容。在当时人民生活中，新的音乐和舞蹈曾鼓动了无限的喜悦。关于乐舞的发展，坐享其成的统治阶级曾经起过一些组织作用，但成功则完全由于广大的——职业的和非职业的乐人及舞蹈者的努力。

灿烂的祖国的文明，是中国人民在那样艰苦的历史条件下创造的。我们要保卫祖国文明，发扬祖国文明，在毛主席旗帜下面，我们选择历史遗产中的适用部分，创造新中国的无产阶级艺术，在今天幸福的人民生活中再增加更多的喜悦。

最后，我要在这里谢谢向达教授、常书鸿所长和阎文儒先生，他们提示我许多宝贵意见，供给我许多宝贵资料。还要谢谢为本文摄影绘图的佟志树先生和赵思训先生。

（1951年4月2日于北京大学）
（《阴法鲁学术论文集》中华书局2008年版）

从音乐和戏曲史上看中国和日本的文化交流

中国人民和日本人民的传统友谊，从两国的文献中和各方面的表现上，可以看到充分的证明和生动的标志。中国古代的劳动人民和日本的劳动人民，都以体力和智慧创造了自己的灿烂的文化；而同时又都虚心地彼此互相学习，并吸取其他民族的文化，逐渐地使它与本国的固有文化相融合，以充实各自的精神和物质生活。历史上两国间文化交流的范围很广，现在我只叙述一些关于乐舞和戏曲方面的情况。

在上古时代，中国人民就在音乐方面做出了很大的贡献。当第 4 世纪到第 6 世纪（南北朝）中国音乐酝酿巨大变化的时代，不但国内各地区的民间音乐又有了被发掘整理的机会，而且各邻邦——特别是中亚各国和印度的音乐也逐渐大量地传入中国。第 6 世纪末隋朝统一，隋文帝曾经组织音乐家讨论音乐问题，整理乐舞，当时定了"七部伎"：(1)国伎（即西凉伎），(2)清商伎，(3)高丽伎，(4)天竺伎，(5)安国伎，(6)龟兹伎，(7)文康伎（即礼毕）。此外还有疏勒、扶南（柬埔寨）、康国、百济（在朝鲜南部）、突厥、新罗（在朝鲜南部）、倭国[①]（日本）的乐舞。到隋炀帝时把七部伎扩充为九部伎：(1)清乐——即清商伎，是西汉以来中国传统乐舞的一种；(2)西凉乐——甘肃武威一带的乐舞；(3)龟兹乐——新疆库车一带的乐舞；(4)天竺伎——印度的乐舞；(5)康国伎——苏联乌兹别克共和国撒马尔罕一带的乐舞；(6)安国伎——苏联乌兹别克共和国布哈拉一带的乐舞；(7)疏勒伎——新疆疏勒一带的乐舞；(8)高丽伎——朝鲜的乐舞；(9)礼毕[②]。

第 7 世纪初年，唐朝代替了隋朝。唐高宗把九部伎又扩充为十部

[①] 在中国古代史籍中，唐代初年以前所说的倭国，或专指北九州，或泛指日本。唐高宗咸亨九年（670），日本派使臣来，声明改称今国名。

[②] 《隋书·音乐志》。

伎,即取消礼毕而增加高昌伎(新疆吐鲁番一带的乐舞)和燕乐伎。到第8世纪初叶,唐玄宗设置"教坊"、"内教坊"、"梨园"等,专门培养乐伎——乐舞表演者。中原音乐和外来音乐长期地接触汇合,在肥沃的中原文化园地里,新艺术的花朵终于蓬蓬勃勃地开放了,这就是著名的"唐乐"。唐乐以中原音乐为根本,但吸取了各地区优秀的新鲜的音乐成分,有国际意义的内容而又是中国新的民族形式的高度艺术创造。

日本人民在很早的时候就创造了自己的音乐艺术。隋文帝开皇二十年(600),日本派来的使臣谈日本的礼俗,"其王朝会,必陈设仪仗,奏其国乐。"①隋炀帝大业四年(608),派裴世清随日本使者小野妹子报聘到日本,日本推古天皇令内官"阿辈台从数百人,设仪仗,鸣鼓角来迎。"②可见那时日本的音乐已有一定的规模,而且隋文帝时日本音乐已经传入中国,列为隋朝宫廷音乐的一种。到了唐代,代宗大历十二年(777),渤海国的使臣送日本舞女十一人到长安。③ 日本音乐对唐乐也是有影响的。

日本人民吸取其他国家的文化——特别是中国的文化,不遗余力,因此使日本的文化更加丰富多彩。日本山阴、北陆等地发现的铜铎,日本考古学家认为是模仿中国的古钟而制造的。④ 日本的古铜铎和中国古代的"编钟"极相似,铎身的图案花纹则具有日本的民族风格。

日本钦明天皇二十三年(562,中国南北朝陈文帝天嘉三年),日本的大将军大伴侠手彦到高丽国作战,回去的时候,"吴人智聪赍儒释方书、《明堂图》百六十卷、佛像、乐器,相随俱来。"⑤所谓"吴人"就是中国人。⑥ 智聪带去的还有"伎乐面"。伎乐面即假面,唐代称为"代面"或"大面",很早就用作舞蹈家的面具。表演"伎乐"的舞蹈,在推古天皇二

---

① ② 《隋书·倭国传》。
③ 《旧唐书·代宗本纪》。按:当时的渤海国在今松花江流域。
④ 〔日〕滨田耕作:《东亚考古学研究》,《铜铎考》。
⑤ 《大日本史·推古天皇本纪》引《姓氏录》。
⑥ 日本古代史籍中称中国为"秦人"、"汉人"、"吴人"。中国的三国时代,日本和孙吴已有来往,因此沿称中国南北朝时代的南朝为吴,也有时泛称中国为吴。到了隋、唐时代就称中国为隋、唐,此后一直到清代常常以中国的朝代称呼中国。

十年(612),由朝鲜人味摩之传入日本。《日本书纪》卷二二记载:"百济人味摩之归化曰,学于吴(中国),得伎乐舞。则另置樱井,而集少年,令习伎乐舞。"在日本,"伎乐"就是"吴之乐舞"的意思。当时圣德太子(即厩户皇子)摄政,他把这种舞蹈定为佛教祭仪,以后就逐渐盛行起来。推古天皇二十年相当于隋炀帝大业八年。味摩之传去的乃是隋朝的舞蹈。他带去的伎乐面现在还保存在东京国立博物馆里。隋朝的乐舞中已经吸收了西域音乐的成分,所以日本保存的伎乐面多半像西方人(中亚)的面型。

在唐代,日本不断地派"遣唐使"、"学问僧"和留学生到中国来,还有商人等经常漂海往来。中国人到日本去的也很多,中、日两国间的文化交流更为频繁。中国音乐大量地传入日本。《大日本史·礼乐志》说:"推古朝(593—628),皇太子厩户最好而讲之,于是韩、吴诸乐始行于世。""时方通西土(指中国),故伶官又传隋唐之乐。"所谓韩乐即朝鲜音乐,传入日本较早,但已受中国音乐的深刻影响。日本文武天皇天宝二年(702),设立"雅乐寮",有唐、高丽、新罗及伎乐等乐师。当时传去的隋唐乐曲有一百五十多个。在乐制方面,《大日本史·礼乐志》说:"本朝所传乐制,五声六律轻重之法,不可得而详也。盖其始受之于隋唐。"日本接受隋唐乐制后,其中有些名称曾加以改动。日本圣武天皇天平七年(735),在中国留学十几年的吉备真备归国,他带回去的许多文物书籍中有铜律管、方响、《乐书要录》十卷。①《乐书要录》相传为武则天所撰,在中国到宋代就失传了,日本保存的现在也只剩了三卷,有论乐律问题的重要材料。律管有用竹制的,有用玉制的,也有用铜制的,是定乐律的标准仪器。这些器物和书籍对发展日本音乐是起了作用的。

日本圣武天皇设置"内教坊",令女伎专门学习唐乐及踏歌。踏歌也是从中国传去的。称德天皇神护景云二年(768),法华寺举行"舍利会",在日本做官的中国人袁晋卿奏唐乐,"因进其位"。到9世纪初年,"遣唐判官"菅原清公归国,更促进了日本学习中国的运动。嵯峨天皇

---

① 《续日本记》卷一二。

于弘仁九年（817）下诏："天下仪式，男女衣服，皆依唐制；五位以上位记，改从汉样；诸宫殿院堂门阁，皆著新榜；又肄百官乐舞。"①日本音乐家藤原贞敏曾任"遣唐使准判官"。他在中国时跟着刘二郎学琵琶，"未几，殆尽其妙。二郎重授谱数十卷，以女妻之，女亦善琴筝。""二郎赠以紫檀、紫藤琵琶各一张。贞敏持归，终为朝廷重器。"②仁明天皇承和六年（839），藤原贞敏归国，先后任"雅乐助"、"雅乐头"等职。这些人对传播唐乐起了很大的作用。

日本著名的古物陈列馆——奈良市正仓院保存了许多古代的乐器和舞蹈用的服装器具，其中一部分是圣武天皇天平胜宝四年（752）东大寺举行大佛开眼会时所用的。服装器具中有"唐古乐破阵乐袄子"、"破阵乐大刀"、"唐古乐罗陵王接腰"、"唐中乐三台袄子"、"唐散乐浑脱半臂"等。《破阵乐》、《罗陵王》（兰陵王）、《三台》、《浑脱》都是唐代著名的大曲——规模很大的舞曲。此外，还有一些"伎乐面"和古乐器，如五弦、阮咸、尺八、篳篥、唐琵琶、排箫等。唐琵琶，曲项，四弦四柱，多用拨子弹奏。中国古代的"箫"是"排箫"，也称"比竹"，也称"籁"。上述各种器物，在中国，大部分已经看不到或不流传了，但日本还保存着。这都是音乐史上的珍贵材料。

日本音乐史家田边尚雄说："从中国传入的隋唐音乐，多少按日本风格改变了形式，缩小了规模，称为雅乐，以后世世代代在宫廷中相传至今。"③现在日本宫廷中每逢大典仍奏唐乐《万岁乐》和《太平乐》。④流传的年代久了，自然免不了变更。

日本近卫公邸有世传的古抄本《五弦谱》一卷。正仓院也保存了《天平瑟琶谱》一页，是天平十九年抄的。日本圣武天皇天平十九年相当于中国唐玄宗天宝六载（747）。这两种乐谱所用的符号及记谱方法

---

① 《大日本史·菅原清公传》。
② 《大日本史·藤原贞敏传》。又见黄遵宪《日本杂事》卷一四。
③ 田边尚雄：《中国音乐在日本》，1956年10月12日北京《光明日报》。
④ 田边尚雄：《中国音乐史》第三章。从中国或经由中国传入日本的著名乐曲和舞蹈，常任侠曾著文介绍，见《唐代传入日本的音乐与舞蹈》，《说文月刊》第四卷合订本。

和敦煌发现的唐乐谱极相似。北京图书馆保存的日本《左舞谱》,[①]记录的都是从中国或经由中国传去的舞曲,所记谱字及记谱方法和敦煌发现的唐舞谱不同,而描述也比唐舞谱详细得多。《左舞谱》大概是比较晚出的一种舞谱。

唐代和宋代的大曲都是舞曲,每曲分为十二段,结构很复杂。用大曲演唱故事,这样就逐渐地产生了"杂剧"。北宋已经出现了"杂剧",到南宋盛行起来。今天还保存了"南宋官本杂剧段数"280本的名目,其中有一百多本采用了唐宋流行的大曲。一个大曲包括许多小曲,如大曲属于某宫调(调子),它所包含的小曲也都属于某宫调。大曲的结构比较固定,演唱故事就不免受到限制。在北宋另有一种比较灵活的演唱故事的办法,就是选择宫调不同的若干组乐曲(每一组的乐曲同属一宫调)来叙述一个故事。这种形式叫"诸宫调"。诸宫调盛行于南宋以至金、元,但当时的作品传下来的却很少,首尾完整的只有董解元《西厢》一种。像《董西厢》这一类的作品,演唱时用琵琶或三弦伴奏,就叫做"挡弹词"或"弹词"。

杂剧的形式和诸宫调的形式相结合,就逐渐形成了结构日趋完整的戏剧。杂剧吸取了温州一带流行的乐曲,因此,产生了"南戏",也称"戏文"。杂剧吸取北方流行的乐曲,因此产生了"北剧",即"元杂剧"。杂剧中的角色有"末泥"(生)、"引戏"、"副净"、"副末"、"装孤"等名称。

明代许多地方戏都发展起来。明世宗嘉靖(16世纪中叶)以后,中国封建社会内孕育着的资本主义萌芽状态,更推动了戏剧的发展。不但剧种多,而且戏剧——特别是南戏的规模达到了完整的阶段。戏剧的内容也反映了反抗传统的封建意识而追求个性解放的理想。如徐渭的《女状元》赞美妇女的才能,认为妇女也能做状元。陈六龙的《雷峰塔》(白蛇传)歌颂真挚的爱情,对于在封建制度折磨之下而进行斗争的少女,寄予无限同情。和明末清初的小说有一脉相通的主题思想。

16、17世纪(明嘉靖时期——清康熙时期),最流行的戏剧有"弋阳腔"、"昆山腔"(昆曲)等,昆山腔可以说集南戏之大成。18世纪中叶,

---

① 《大日本史·礼乐志》:"左为唐乐,曰本歌,曰左舞;右为高丽乐,曰末歌,曰右舞。"

昆山腔渐衰,而"皮黄戏"("西皮"、"二黄")代之而兴,这就是"京剧"的前身。京剧虽然直接由"皮黄戏"发展而成,但它继承了中国积年累代的乐舞戏剧方面的遗产,而且也吸收了其他地方戏的精华。

日本的音乐戏剧在发展过程中,仍然不断地吸收中国音乐戏剧的成分和形式。如"琵琶物语"就受了中国弹词的影响。① 14 世纪末,滑稽歌舞剧"能乐"有了很大的改进,它的戏剧形式是受了元杂剧的暗示而形成的。② 17 世纪初年出现的综合古典乐舞和民间乐舞而形成的"歌舞伎",又吸收了"能乐"的一些形式,因而可以说歌舞伎曾吸收过中国古典戏剧中的一些形式。

日本戏剧家中村翫右卫门说,17 世纪的"元禄时代",日本新兴的市民阶级逐渐成长起来,因此产生了"市民文化"。那时歌舞伎的舞台上开始出现了反映当时社会生活的戏剧,提出了"解放个性"的要求。③ 这情形也和中国明代后期相仿。歌舞伎著名的传统剧目中有一出《双蝶道成寺》,描写少女清姬为追求爱情,变成一条蛇,不顾生死,向阻挠她的力量作斗争,最后还是被罩在一口大钟下面,而失望忿恨成了她斗争的结果。这个故事类似中国的《白蛇传》。清姬被罩在大钟下面,白蛇被压在雷峰塔下面,大钟和雷锋塔都是残酷的封建制度的象征。④ 她们都有这样不幸的遭遇,但她们的行为却永远博得了人们的精神支持。

日本著名的歌舞伎演员市川猿之助说:"京剧和歌舞伎从古以来就有很深的姻缘。"是的,我们看过歌舞伎演出的人,都会觉得很亲切,没有一点隔膜之感。

歌舞伎用的乐器,有许多是从中国传去的。京剧中的角色有"生"、"旦"、"丑"、"净"(花脸)、"副"、"末"等。和这些角色相当的歌舞伎有

---

① 田边尚雄:《中国音乐在日本》,1956 年 10 月 12 日《光明日报》。
② 田边尚雄:《日本音乐史》第一章。
③ 中村翫右卫门:《介绍日本歌舞伎》,1956 年 10 月 1 日天津《大公报》。
④ 相传杭州西湖边上的雷峰塔是为镇压白蛇而修建的。雷峰塔倒塌后,鲁迅曾著文表示欢喜,因为它象征的是封建堡垒的力量。

"立役"、"女形"、"敌意"、"荒事"、"二枚目"、"三枚目"等，其性质都和京剧的角色相同。京剧受了傀儡戏的一些影响，歌舞伎也吸收了傀儡戏的一些形式。

歌舞伎演出时，演员主要地从事表演，歌唱由另外的人担任，或一人独唱，或众人齐唱。中国古代的"弋阳腔"，"一人启口，众人接唱"，现在的地方戏还有"一唱众和"的帮腔的方式。歌舞伎演唱时，有些腔调很像昆曲。

歌舞伎演出时，音乐伴奏人员也出场，横列一排，坐在前台的后部上下场门之间。刘念兹根据山西洪洞县广胜寺的元代戏曲壁画，认为"过去的中国戏曲舞台上的音乐人员的位置都是在台之后部"。他又说："黄芝冈先生尚能回忆40年前湖南湘剧演出的情形，就是乐器置于正面守归前，鼓置于上下场前。其他乐器概置于上下场门之间的舞台上，不是置于台侧的。黄先生说，几十年前的许多地方戏演出的情形大都如此。"[①]就伴奏人员的位置说，歌舞伎和中国戏剧也有相似的地方。

歌舞伎的舞台保持着一个特点，即舞台与观众席间有"花道"的设备，演员们由花道上下场，可以缩短演员与观众的距离。中国的地方戏中也偶尔有类似的情况。据说河北省盐山县的地方戏叫"哈哈腔"，有一出戏演父亲为女儿申冤告状，骑着驴从观众中经过木板搭的斜桥，直接登台。但这种情况是不常见的。

除了戏剧和戏曲音乐以外，从宋元以后，中国音乐仍然有单独传入日本的。例如田边尚雄所说的："从大约13世纪起，一直流行到现代的普化宗的尺八，是禅僧法灯国师从宋的张参所学的尺八曲《虚空铃慕》兴起的。""明朝灭亡，亡命日本的心越禅师（本名蒋兴畴，号东皋）传下来的琴曲，以后在日本儒学者之间就有了琴曲的传统"。"19世纪初，经长崎输入了清乐，称为'明清乐'，在日本全国大为流行；好像近来西洋音乐广泛普及的情形一样，当时日本全国盛行清乐的合奏。"这里所说的"清乐"是泛指当时中国流行的音乐而言。

19世纪末叶，由于社会经济的发展和外力的刺激，日本发生了学

---

① 刘念兹：《元杂剧演出形式的几点初步看法》，《戏曲研究》1957年第2期。

习欧洲的运动——"明治维新运动"。在明治维新以前，日本经由中国转译了一些欧洲书籍，到明治年间，他们直接大量地吸收西方的自然科学和社会科学，实行改革，日本很快地变成工业国家。清代末年，中国的先进人物为了改革社会，曾竭力提倡欧洲的"新学"，这种"新学"大部分是以日本的桥梁而传播进来的。此后中国的青年大批地到日本留学，日本学者也到中国来讲学。清光绪二十四年(1898)京师大学堂(北京大学前身)成立后，曾先后聘请日本学者多人担任教席。欧洲音乐也是经由日本大规模地传进中国来的。音乐术语如旋律、和声、音阶、音程、音符、对位法、交响乐等都是日本学者所译，而现在通行于中国的。欧洲的五线谱虽然在清代初年就传入中国，但现在一般通用的都是简谱，简谱是经由日本传进来的。中国设立新式学校的初期，许多学校的音乐教员都是从日本回来的留学生，他们介绍了不少的日本歌曲。如清代末年从日本留学归国的音乐教育家李叔同，采用日本乐曲，填写中国歌词，他编的教本曾风行一时。北京大学于1922年设置音乐传习所——国家办的最早的音乐教育机构，以萧友梅为主任。萧友梅是日本东京帝国大学毕业生，在东京时曾兼习音乐。其他如曾游学日本的著名教育家丰子恺，也写过许多有关音乐教育的书籍，在我国音乐界也是有贡献的。

除了各地的学校传播日本歌曲外，在北洋政府时代，有些军队也用日本军歌的曲调唱军歌。

1919年和1924年，梅兰芳曾两次去日本旅行演出，因此日本戏剧界就增加了许多以中国故事作题材的剧目。1924年，日本著名演员守田勘弥来北京表演，中国人民第一次欣赏了日本戏剧。[①] 1928年韩世昌东渡日本，演唱昆曲。两国戏剧界常常保持接触。

我们杰出的青年作曲家、国歌的作曲人聂耳，于1935年到日本从事作曲和研究日本音乐的工作，并协助日本新协剧团旅行公演，不幸在藤泽市鹄沼海滨溺死。日本人民在那里建立了纪念碑，以表示对这位卓越的音乐家的哀悼和敬仰。

---

① 梅兰芳：《赴日访问》，1956年5月17日《人民日报》。

在过去长远的岁月里,中日两国的文化关系极为密切。今后两国的文化交流将日益频繁,这无疑会产生较之以前任何时期都更加深刻的影响。

(《民族音乐研究论文集》第三集 1958.3)

利玛窦与欧洲教会音乐的东传

　　唐代传入中国的宗教中有一种景教。经学者考证,景教是欧洲基督教的一派,即聂思脱里派(Nestorian)。公元5世纪前期,此派在欧洲被指为异端,不为罗马派所容,于是转而传播于波斯及中亚一带。唐太宗贞观九年(635),大秦(罗马)僧阿罗本把景教传入中国,先在长安立寺,称为波斯寺;后又陆续在洛阳、灵武、五郡(在今陕西周至县)等地立寺。唐玄宗天宝四年(745),改波斯寺为大秦寺,因此,景教也称大秦教。至唐武宗会昌五年(845)禁止佛教,其他外来宗教也都一度被禁,而景教即从此在中原地区销声匿迹①。

　　景教传入时,景教歌曲也随之传入。清代光绪十五年(1889),甘肃敦煌县莫高窟发现的古文书中有《景教三威蒙度赞》(以下简称《景教赞》)及《尊经》两篇。《景教赞》是景教的赞歌。"威蒙度"为叙利亚语Emad的音译,是"施洗礼"的意思②。《尊经》是对该教"圣徒"及著经人的祈祷文。《景教赞》就是当时传入中国的基督教的一部分"赞美诗"。既称"三威蒙度",当是三首或三章。今按歌词的韵脚,分为六节,抄录如下③:

　　　　(一)元上诸天深敬叹,大地重念普安和。人元真性蒙依止,

---

① 陈垣:《基督教入华史略》,见《陈垣学术论文集》第一集;向达:《唐代长安与西域文明》第七节,见《唐代长安与西域文明》论文集。
② 张星烺:《中西交通史料汇编》(以下简称《汇编》)第一编第三章。基督教徒入教时要举行"洗礼",由主礼人向入教者的头上或额上注水。
③ 歌词转引自《汇编》。原不分段。

三才慈父阿罗诃①。一切善众至诚礼,一切慧性称赞歌。一切含真尽归仰,蒙圣慈光救离魔。

(二)难寻无及正真常,慈父明子净风王。于诸帝中为师帝,于诸世尊为法皇。常居妙明无畔界,光威尽察有界疆。自始无人尝得见,复以色见不可相。

(三)唯独绝凝清净德,唯独神威无等力。唯独不转俨然存。众善根本复无极。我今一切念慈恩,叹彼妙乐照此国。弥施诃普尊大圣子②,广度苦界救无亿。

(四)心论常活命王慈喜羔③,大普耽苦不辞劳。愿舍群生积重罪,善护真性得无繇。圣子端任父右座,其座复超无鬝高。大师愿彼乞众请,降檖使免火江漂。

(五)大师是我等慈父,大师是我等圣主。大师是我等法王,大师能为普救度。

(六)大师慧力助诸骒④,诸目瞻仰不蹔移。复与枯燋降甘露,所有蒙润善根滋。大圣普尊弥施诃,我叹慈父海藏慈。大圣谦及净风性,请凝法耳不思议。

前三节似乎主要赞扬上帝,后三节赞扬耶稣。汉译歌词的风格显然受了佛经的影响,采用了一些佛教语言。歌词中有些特殊词汇,有些语句的含义模糊,也可能有错别字,因此,不容易完全理解。但整个诗歌的内容还是清楚的,即极力宣扬上帝"造化万物"的"仁慈"和其子耶稣"舍己救人"的"功德",是传教的口气。景教传入中国后,在中原地区延续

---

① 阿罗诃:叙利亚语 Alaha 的音译,即上帝(见《汇编》)。按:"三才"原指"天、地、人"而言。这里是指基督教"三位一体"的教义。它认为上帝(或称天主)只有一个,但包含"圣父、圣子、圣灵"三位。圣父即上帝,圣子即耶稣,圣灵也称圣神,由圣父、圣子差遣,进入人心,感动人的心灵。"三才慈父"即后来所说的"三一大上帝"。

② 弥施诃:叙利亚语 Messiah 的音译,指耶稣基督(见《汇编》)。

③ 基督教神话相传,上帝派其子耶稣来到人世,诞生于一牧民家。后来,耶稣被钉在十字架上而死,教徒认为他是替世人负罪而被杀献祭的羔羊,即"赞歌"中所说的"祭献之羔羊",也称"圣羔"。

④ 这一句大概是指耶稣派遣门徒借来驴子,他骑着去耶路撒冷的故事。

了二百多年,但对当时的文化没有产生什么影响。

元代传入中国的基督教,称为也里可温教。13世纪中期,由于蒙古军队多次西征,蒙族在西方建立了汗国,中西交通频繁,因此,大批的基督教徒随着西方人的东来,而散居中国各地。蒙语称他们为"也里可温",是"有福缘的人"的意思。这时传入的基督教有聂思脱里派,也有罗马派,教徒与儒者、和尚、道士等同受种种优待。元世祖至元二十九年(1292),罗马教廷派遣的意大利教士约翰·孟德高维诺到达北京,任首任天主教总主教,在北京建立教堂,传教三十多年,罗马派盛行一时。元代也里可温的活动也没有取得什么进展,至元代末年即渐趋消沉。① 当时的教会也会有唱"赞歌"的活动,但对中国音乐也没有什么影响。

16世纪时,欧洲有些国家已经进入资本主义原始积累时期,对内剥削劳动人民,对外进行殖民掠夺。殖民主义者也利用宗教作为对外侵略的工具。早期的天主教教士就是在这种形势的引导和推动之下来到中国的。明世宗嘉靖三十二年(1553),葡萄牙殖民主义者强占我澳门。明穆宗隆庆二年(1568),罗马教廷派驻华总主教驻在澳门,专管中国和日本的教徒以及在中国和日本的西方教徒。

明神宗万历十年(1582),天主教教士、意大利人利玛窦到澳门,随后就在广东、江西、江苏各地传教。他擅长天文、数学、历法、地理等学术,并通晓汉语文,把西方的学术介绍进来,受到士大夫的赞赏。万历二十八年(1601),利玛窦到北京见万历皇帝,呈献圣母像、自鸣钟及铁弦琴等。铁弦琴又称雅琴、西琴、七十二弦琴。据记载:"其琴,纵三尺,横五尺,藏椟(木柜)中,弦七十二,以金银或炼铁为之。弦各有柱,端通乎外,鼓(按击)其端而自应。"②这是欧洲的古钢琴(Clavichord)。这里所说的"柱"即指钢琴上的键盘。按一柱,即发一音。

万历帝命内臣学习西琴。据利玛窦记载:西方乐器雅琴和中国琴的形状不同,"抚之有异音。皇上奇之,因乐师问曰:其奏必有本国之曲,愿闻之"。利玛窦回答说:"夫他曲,旅人(指他本人)罔(不)知。唯

---

① 参看陈垣:《也里可温考》、《基督教入华史》,见《陈垣学术论文集》第一集。
② 《续文献通考》卷110。

习道(指基督教)语数曲。"遂译出《西琴曲意》(以下简称《曲意》)八章①。

现在把《曲意》和《景教赞》以及近代教堂中传唱的赞歌作一比较,看看它们之间的关系。《曲意》和《景教赞》的乐谱都没有传下来。赞歌大都有乐谱,曲调都比较短。唱歌词时,常常用短曲调重复,形成多节歌;或采用副歌形式。根据这种唱法,可以想象《曲意》及《景教赞》的唱法。

《景教赞》是从叙利亚文译出的,汉译时又受了佛经的影响。又《曲意》译为汉语时,受了中国传统习俗的影响,而且"第译其意,而不能随其本韵"。这两者和它们的原诗都不免有出入。如果把《景教赞》、《曲意》同近代赞歌相比较,赞歌的曲调章节比起《曲意》来,自然已有变化,更不用说《景教赞》了。因此,这三者只能就它们所由产生的主题思想作比较,而不是说它们之间相应的篇章出于同一乐曲。但教堂音乐有保守的特点,近代赞歌中必然保存着一些西方传统的音乐旋律和曲调,因此,从赞歌却可以想象《曲意》的情调;至于《景教赞》,因时代相距久远,就难以想象了。

《曲意》第一章《吾愿在上》。大意说:

"君子之知,知上帝者,君之学,学上帝者,因以择诲下众也。"
"上帝之心,惟多怜恤苍生,少许霹雳伤人。常使日月照,而照无私兮;常使雨雪降,而降无私田兮。"

这是赞扬上帝的乐歌。基督教义认为,人类的善德是由上帝赋予的,只有祈祷上帝,自己的心中才能得到上帝差遣的圣灵,从而得到善德。上帝怜恤人民,才使日月普照,雨雪时降。这类歌词是典型的唯心主义说教。《景教赞》中也有类似的语言。它说:"人元真性蒙依止,三才慈父阿罗诃。一切善众至诚礼,一切慧性称赞歌。一切含真尽归仰,蒙圣慈光救离魔。"这是基督教的基本教义之一,认为人们的真实性情都寄托在"三位一体"的上帝身上,要归依敬仰上帝,蒙受恩光,才能得救而离

---

① 《西琴曲意》,见《畸人十篇》附录(收入《天学初函丛书》)

开魔鬼。

《曲意》这类歌曲中的旋律节奏,和近代赞歌中的相应乐曲有相似之处。今抄录赞歌中《圣哉》一首如下:

歌词选用了美好的词语,来赞扬这个心中的上帝。其他赞歌中也有类似的语言。例如:"主手创造穹苍,悬空日月群星。使之昼夜发光,年月时节分清。""主怜下土众民,尽作撒旦(魔鬼)奴仆。遣他爱子降临,舍身将我救赎。""天主为万善根,既多福气又多情。"等等。

《曲意》第二章《牧童游山》。大意说:

"忧乐由心生,不要这山望着那山高"。"心平随处乐,心幻随处忧"。"游外无益,居内有利"。

宣扬反动阶级对人们所要求的"乐天知命"的思想。这种思想常常表现在赞歌中。例如:"使我生时,问心无愧,或床或墓,皆能入睡。""莫生幻想,莫存俗虑,黑暗恶神,莫使我遇。""多作静修工夫,常与主相亲。"等等。

《曲意》第三章《善计寿修》。大意说:

"唯以德行之积盛,量己之长。""上帝加我一日,以我改前日之非,而进于德域一步。"

教徒认为自己是有罪的,要时时求上帝和耶稣保佑。如赞歌中所唱的:"主赐良时,现今便是,地狱可免,天堂可至。""所以凡我所图所作,必要尽力,不可懒惰。""成圣须用工夫,常与主交谈。"等等。

《曲意》第四章《德之勇巧》。大意说:

"勇哉,大德之成,能攻苍天之金刚石城,而息至威之怒矣;巧哉,德之大成,有闻于天,能感无形之神明矣。"

基督教神话相传,上帝所居的天堂是用宝石修建的。教徒事奉上帝及耶稣,修身学道,即可感动神明,被引上天堂。这种思想在赞歌中多有表现。例如:"唯主才能赎我罪怨","唯主才能领我升天"。等等。

《曲意》第五章《悔老无德》。大意说:

"吾不怪年之急飞,而唯悔吾之懈进。""老将至,而德未成",

在赞歌中,这类语句也很多。例如:"生命今犹未终,有时悔改。""善用此日,福禄无穷。"等等。

《曲意》第六章《胸中庸平》。大意说:

人要"安心受命",不随波逐流。"吾赤身且来,赤身且去,唯德殉我身之后也,他物谁可久共欤?"

这里所说的德即指从上帝和耶稣那里得到的圣灵。近代赞歌说:"我当尽心遵主命令,因其至圣至公至真。""所余光阴,我当爱惜,趁施恩时尚未过去。已入坟墓,追悔莫及,赦罪恩旨,死不能遇。"等等。

《曲意》第七章《肩负双囊》。大意说:

以胸囊,囊人非;以背囊,囊己愿兮。觇他短,乃龙睛;视己失,即瞽目兮。汝望人恕汝大痈,而可不恕彼小疵乎?

在赞歌中还没有和这首歌相当的语句,只有"常爱人,不专爱己","涤除尘俗恶性,清洁与主如一"等等抽象的说教。

《曲意》第八章《定命四达》。大意说:

"世之茫茫,流年速逝,逼生人也。""贫富之人,概驰幽道,土中之坎三尺候我,与王子同场兮。何用劳劳而避夏猛炎,奚用勤勤而防秋风不祥乎?"

这首歌的内容和中国古代的道家思想有相似之处,在近代赞歌中,这种语句也不少,例如:"岁月如流,不能暂住,转眼已失所有。无论何时,行在何处,总向死路奔走。""浮生若梦,在世光阴似箭。世福易消,世荣不久即变。""富贵功名能几时?不当过分费心思。倘若失掉天堂福,请看此人痴不痴?"等等。宣扬逃避现实的消极思想,这正是反动统治阶级压制人民革命的一种手段。

利玛窦翻译《曲意》，是为了提供给明朝皇帝和士大夫看的，所以在译成汉语时可能有意地冲淡了一些基督教色彩，点缀一点儒家和道家的色彩，措词比较含蓄，不是开口上帝，闭口耶稣，但实质仍然是积极宣扬基督教义。这是他采取的传教策略的一种表现，目的在诱致士大夫阶层接受基督教。万历三十八年(1610)，利玛窦病故，葬于北京阜城门外。

从此，由利玛窦等人传来的欧洲教会音乐就在中国的基督教堂中流传下来，当然，它本身也在不断地发展着，在发展过程中也会吸收一些中国音乐的因素。清康熙五十二年(1713)，康熙帝命魏廷壁等编纂《律吕正义》，书中曾采用葡萄牙教士徐日升和意大利教士德里格所介绍的西洋乐律学。但当时的欧洲音乐在中国的影响仍然不大。清嘉庆年间(19世纪初)，欧洲基督教的新派——耶稣教传入中国，直至半封建半殖民地时期，它作为西方殖民主义、帝国主义的侵略工具，更普遍地在中国各地设立教堂，利用音乐传教。耶稣教的音乐本来和天主教的音乐同出一源，而在中国的耶稣教堂和天主教堂所用的乐歌，也会有互相影响之处。在历史上，中国的教会乐歌曾起过束缚人们的思想和麻痹人们的斗争意志的作用，但教堂和教会学校在传播西洋音乐知识方面也起了一定的作用。

(《阴法鲁学术论文集》中华书局2008年版)

中国古代音乐史料杂记三则

中国古代的音乐史料大致分为三类：一类为文献记载，一类为考古资料，一类为社会调查资料。后两类比较可靠。但我们研究音乐史，总不能离开文献记载，它主要保存在古书里。古书中存在不少问题。有些古书出于后人的伪造，如《周礼》不能反映西周音乐发展的状况，《穆天子传》不能反映周穆王的音乐活动。有些古书已残缺不全，曾经后人增补。有些古书对事实记载有错误和混乱的情况。有些古书因长期流传，文字有讹误、脱漏、颠倒或增衍的情况。历代文学作品中多有描写音乐之处，由于作家根据本人耳闻目睹的实况，资料具有生动的形象化的特点，是比较可靠的；但文学语言可能有艺术夸张、感情色彩较浓或用典而非完全如实描写的情况等等。因此，我们在使用时必须加以考察评估。今举三例，讨论如下：

一 《摩诃兜勒》曲非张骞所传

张骞于汉武帝建元二年（公元前139）和元狩四年（前119），两次出使西域。他派往安息（即波斯，今伊朗）的副使返国时，安息"发使随汉使来观汉广大，以大鸟卵及黎轩善眩人献于汉"。[①] 大鸟指驼鸟。黎轩，一般认为是指欧洲的罗马帝国而言。当时的罗马帝国已经占领了东方的大片土地，所谓"黎轩善眩人"未必是欧洲人，或许是"条支"（今叙利亚）一带的人。[②] 眩人或写作"幻人"，即杂技魔术艺人。史书没有记载眩人来时是否有随行的伴奏乐人。

古代相传，张骞曾从西域带回《摩诃兜勒》乐曲。此说最早见于晋

---

① 司马迁：《史记·大宛传》。
② 《史记·大宛传》：条支，"国善眩"。至今叙利亚有一个民族世传杂技魔术。

崔豹《古今注·音乐篇》。书中记载：

> 横吹，胡乐也。博望侯张骞入西域，传其法于西京（长安），唯得《摩诃兜勒》一曲。李延年因胡曲更造新声二十八解，乘舆以为武乐，后汉以给边将军。和帝时，万人将军得用之。魏晋以来，二十八解不复具存，现世用者《黄鹄》、《陇头》、《出关》、《入关》、《出塞》、《入塞》、《折杨柳》、《黄覃子》、《赤之杨》、《望行人》十曲。

这段记载在古代音乐史上引起了很大的混乱。1934年仲铎著《张骞得胡曲李延年造新声辨伪》一文指出，唐李贤《后汉书·班超传注》引用了这段话（文字稍有出入），但说明出处是《古今乐录》而不是《古今注》。仲铎认为这段话本是《古今乐录》作者、南朝的陈朝僧人智匠的妄说，到李贤以后才有人把它移入《古今注·音乐篇》的末尾。其理由如下：（1）自汉至南朝的宋朝，有鼓吹、骑吹，而无横吹乐。（2）"二十八解"本为胡笳曲，非李延年所造。（3）文中自称"魏晋以来"，崔豹是晋惠帝时人，如何能预知晋以后事？①

今按仲铎的论断基本上是正确的。《古今注》内容杂乱，学者多怀疑今本是后人根据残本缀辑有关资料而成的，并非原著。张骞出使事，当时的史学家司马迁在《史记》中记述甚详，连安息使臣献大鸟卵及幻人事都没有遗漏，如果张骞带回《摩诃兜勒》乐曲，而且引起这么大的影响，作为现任史臣的司马迁不会不知道，也不会不记录下来。此事既不见于《史记》，生于四百年以后的崔豹如何知道，更不用说比崔豹还晚二百年的智匠了。但智匠的妄说有广泛的影响，唐代初年成书的《晋书·乐志》、杜佑《通典·乐典》、宋郭茂倩《乐府诗集》等，都采用了这个说法。李贤注引用此文时说明出于《古今乐录》。《乐府诗集》卷二十一《汉横吹曲》小序引用此文，未说明出处；同卷中《出塞》小序再次引用，则说明出于《乐府解题》，引文较简略："《乐府解题》曰：'汉横吹曲，二十八解，李延年造。魏晋以来，唯传十曲。'"十曲曲名同上。《乐府解题》一书，旧题唐刘悚或吴兢撰，现存辑本中无此条。南朝的梁朝沈约撰

---

① 刊载于上海《学艺杂志》一五卷五号。《古今乐录》，已佚，清人有辑本。

《宋书·乐志》，没有提到张骞传乐曲事，可能是由于智匠的妄说还没有出现。唐代初年成书的《隋书·乐志》，取材比较谨严，也没有采取这个说法。

作为音乐术语的"解"字大概出现在魏晋时期。《宋书·乐志》著录的相和大曲歌词中，有一部分开始注明"解"数，如"一解"、"二解"等，相当于章数。所以"李延年造新声二十八解"之说也是有漏洞的。《晋书·乐志》中列出《鼓角横吹曲》项目，但缺少具体资料。《宋书·乐志》列出《汉鼓吹铙歌》、《魏鼓吹曲》等，没有横吹乐种。至于所谓所存十曲，当各有来历。如《黄鹄》当是清商曲中的《黄鹄曲》。《宋书·五行志》说：晋武帝"太康末，京、洛始为《折杨柳》之歌"。还提到民歌《黄昙子》。按《黄昙子》当即《黄覃子》或写作《黄淡恩》。① 梁朝"乐府胡吹归曲"有《折杨柳》、《陇头》等曲。② 这些乐曲都是当时流行的民间歌曲。《乐府诗集》卷二十一引曹嘉之《晋书》说，有人援箎吹《出塞》、《入塞》之声。同卷又指出："按《西京杂记》曰：'戚夫人善歌《出塞》、《入塞》、《望归》之曲。'则高帝时已有之，疑不起于延年也。"《望归》当即《望行人》曲。《西京杂记》未必完全可信，但郭茂倩表示了对李延年造新声的怀疑倾向。

如果仲铎的说法可以成立，不仅张骞传《摩诃兜勒》曲、李延年据以造新声的问题可以澄清，而且他提出的鼓吹曲和横吹曲何时分离的问题，也是值得注意的。《摩诃兜勒》大概是南北朝时期传入中原的一个乐曲。

二 《阳关曲》非《伊州》大曲的第三遍

唐末诗人陈陶有《西川座上听金五云唱歌》一诗。金五云原是宫廷的女歌者，年老漂泊蜀中。陈陶在一次宴会上听到这位歌唱家的歌声，

---

① 见《乐府诗集》卷二五引《古今乐录》所载《梁鼓角横吹曲》。《古今乐录》已提出两曲是否为一曲的问题。
② 见上引《古今乐录》。

引起了不少感触,因此写出这首诗。诗中有这样的几句:

> 今朝得侍王侯宴,不觉途中妾身贱。愿持卮酒更唱歌,歌是《伊州》第三遍。唱著右丞征戍词,更闻闰月添相思。如今声韵尚如在,何况宫中年少时。

《伊州》是唐代著名大曲之一,源出于伊州地区,即今新疆哈密一带。大曲是套曲,每一曲包括若干"遍",遍就是段的意思。《伊州》曲具有西北边疆特色。金五云依照它的第三段的腔调,歌唱了右丞作的"征戍词"。"右丞"应当是指唐代的大诗人王维,因曾任"尚书右丞",所以文学史上称他为王右丞。征戍词是指的哪一首诗呢? 最初,我接触到这首诗时,没有仔细揣摩诗意,便认定征戍词即王维《送元二使安西》诗:

> 渭城朝雨浥清尘,客舍青青柳色新。劝君更尽一杯酒,西出阳关无故人。

而且我错误地认为《伊州》第三遍由于配合王维此诗,从而成为摘遍,发展成独立的《阳关曲》,或称《渭城曲》。

但陈陶诗"更闻闰月添相思"一句在王维此诗中没有着落。《乐府诗集》卷七《近代曲辞》中有《伊州歌》,包括"歌第一"至"第五"五遍,"入破第一"至"第五"五遍,共十遍。每遍配七绝或五绝诗一首。今抄录两遍所配的诗歌如下:

伊州歌第一

> 秋风明月独离居,荡子从戎十载余。征人去日殷勤嘱,归雁来时数寄书。

第　三

> 闻道黄花戍,频年不解兵。可怜闺里月,偏照汉家营。

第一遍是王维《伊州歌》,首句原作"秋风明月共相思",末句原作"归雁来时数附书";但这不是金五云所唱的,因为它是第一遍,而且没有"闰月"字眼。金五云唱的征戍词,就是上引《伊州歌》第三。遍数和陈陶所记的相符。歌中有"可怜闺里月"句,所以陈陶诗有"更闻闺月添相思"句,前后照应。第三遍乃截取沈佺期《杂诗》第三首的前四句而成,原诗是五律:

> 闻道黄龙戍,频年不解兵。可怜闺里月,长在汉家营。少妇今春意,良人昨夜情。谁能将旗鼓,一为取龙城。

沈佺期此诗配入乐曲后,文字也有改动。他没有做过右丞,陈陶把他的诗误记为王维的诗了。

由此可见,《乐府诗集》著录的这一部分资料还是相当可靠的。《近代曲辞》序说:

> 凡燕乐(隋唐兴起的新音乐)诸曲,始于武德、贞观,盛于开元、天宝。其著录者十四调二百二十二曲,又有梨园别教院法歌乐十一曲,云韶乐二十曲。肃(宗)、代(宗)以降,亦有因造,僖(宗)、昭(宗)之乱,典章亡缺。其所存者,概可见矣。

郭茂倩根据唐初以来流传的音乐文献编成《近代曲辞》四卷,其中保存了不少唐代宫廷和教坊所用的诗歌。但燕乐诸曲出现较早,并非始于武德、贞观时。

1964年我为了修正自己的错误,曾写一短文《唐人误记唐诗》,发表在《中华文史论丛》第五辑上。现在略加补充,发表在这里,供研究音乐史的同志参考。

三 有些音乐史料必须加以校勘

关于校勘方法,陈垣先生曾提出"校法四例",今节录如下:一为对校法。即以同书之祖本或别本对读,发现其中不同之处。二为本校法。以本书前后互证,而抉摘其异同。三为他校法。以他书校本书。四为理校法。遇无古本可据,或数本互异,而无所适从之时,则须用此法。[①]

---

① 陈垣:《校勘学释例》第六章。

这四种方法同样适用于古代音乐史料的校勘工作。如《隋书·音乐志》在记述《龟兹伎》时,称乐正白明达(龟兹人)造新声,创《斗百草》、《还旧宫》、《长乐花》、《十二时》等。又说"其歌曲有《善善摩尼》,解曲有《婆伽儿》,舞曲有《小天》,又有《疏勒盐》"。一般都是这样标点的。日本学者岸边成雄认为《善善摩尼》是一个乐曲名,"善善"是地名,即今新疆鄯善,"摩尼"可能和摩尼教有关。① 如果这样理解,这个乐曲就可能是鄯善地方的摩尼教乐曲。但《通志·乐略一》所列龟兹乐舞曲名及顺序与《隋书》稍有不同:"(略)《斗百草》、《善善》、《还旧宫》、《长乐花》、《十二时》、《摩尼》(略)。"《善善》和《摩尼》不相连,这就成了两个乐曲。"善善"如果认为本是地名,同时作为乐曲名,这是常有的现象;而《善善摩尼》的名称和《于阗佛曲》相似,也可能出现过。这种情况关系到如何理解和标点史料的问题,需要进一步探索。

(《音乐研究》1998 年 1 期)

---

① 《唐代音乐史研究》第五章。

西藏音乐资料见闻札记

在西藏参观访问，随时随地都会深切地体会到，长期以来藏族人民和祖国各族人民——主要是汉族人民，在各方面都有亲密的关系，在音乐方面也有很多彼此学习、互相影响的地方。我们的伟大的音乐传统是祖国各族人民共同创造的，其中也包括了藏族人民的重要贡献。

我们在拉萨访问了著名的大昭寺，这座寺是唐代文成公主修建的。藏族人民世代相传，大昭寺里保存着很多有关文成公主的纪念物品。喇嘛们热情地引导我们参观了乐器库房，并且指出其中的几种古老乐器是唐太宗贞观十五年（641）文成公主从长安带去的：(1) 有一种鼓，两头粗，中间细，古代称为"腰鼓"，现在不常用了。(2) 还有一种鼓，两头微细，中间微粗，现在称为腰鼓。(3)"拘荞"（藏语），可能是一个"筑"，已经没有弦了，但两头有张铜弦的痕迹。(4)"阿里札布札"（藏语），即新疆一带流行的"喀尔奈"，它所以称为"阿里札布札"，就是表示经由邻近新疆的阿里地区传来的。木制共鸣箱上有用铜弦的痕迹，双弦十七道，单弦一道。这些乐器由文成公主带入西藏，虽然是一种传说，但象征着藏族人民对文成公主的深厚感情，每年春间举行"亮宝会"时都抬出来，供人民参观致敬。

唐代的金城公主也是藏族人民纪念的人物。历史记载，唐中宗景龙四年（710）金城公主入藏，带去了"杂伎诸工"，还有一部"龟兹乐"。当时所谓"杂伎"即指乐舞方面的专门人才。"龟兹"即今新疆库车一带，那里传来的乐舞称为"龟兹乐"。龟兹乐是唐代宫廷"十部乐"中的一种。

除了拉萨之外，我们还在日喀则、萨迦、江孜、亚东以及山南等地区，参观了很多大寺庙和名胜古迹。山南的琼结，背山面水，是一座美丽的古城，在唐代称为北川。唐穆宗长庆元年（821），派遣刘元鼎赴西藏会盟，历史记载，在北川举行会盟典礼时，"乐奏《凉州》、《胡渭》、《录要》、杂曲","百伎"都是内地人。可见在唐代,内地和新疆的乐舞已经大量地传到了西藏。

西藏寺庙里到处都是壁画,除了佛教故事之外,也描绘了一些当时的现实生活情况和乐舞活动。这些壁画使人联想到甘肃敦煌千佛洞的唐代壁画。唐德宗建中二年(781)以后,有些藏民陆续地迁到敦煌一带,他们带来了藏族的歌舞。唐宣宗大中二年(848),唐归义军节度使张议潮管理这个地区,敦煌千佛洞第一五六窟的壁画上描绘了张议潮和他的夫人(宋国夫人)出行的盛大场面,有仪仗车骑,百戏伎乐。伎乐中的两个舞队,姿态有藏族舞蹈的特征。特别是《宋国夫人出行图》上的女伎舞蹈更为显明(如图:该画照片部分勾勒),这一组有舞队四人,乐队六人——用笙、横笛、琵琶、筚篥、拍板、腰鼓等六种乐器。这幅画是具有历史价值的杰作。

萨迦在一个幽美的山谷里,是喇嘛教萨迦派(花教)的发源地,是元朝"帝师"八思巴的故乡。萨迦寺里也保存着一些古老乐器。

元世祖中统元年(1260)任命八思巴为帝师。元朝中央政府设置"宣政院",管理全国佛教事务及西藏地方政务,由帝师主持。西藏喇嘛教逐渐传布华北一带。至元七年(1270)元世祖依照八思巴的建议,在大明殿皇帝宝座上置白伞盖一顶。从此每年二月十五日都启建白伞盖佛事,由僧侣及教坊乐工组成庞大行列,周游皇城内外。其中"鼓钹僧"(即寺庙乐队)演奏的一定有不少西藏佛教乐曲。元朝宫廷乐舞中的"说法队"也采用了一些西藏的乐舞,如其中第七队有乐工十六人,用

"龙笛六、笙箫六、杖鼓四,与前大乐合奏《金字西番经》之曲。"《金字西番经》一定是西藏的一个佛曲。元曲中有曲牌《金字经》可能就是这个乐曲。

在西藏寺庙壁画里常常看到"占年"(六弦琴),这是比较古老的一种地方乐器,至今仍为人民大众所热爱。共鸣箱像从中间笔直切开的葫芦状,两弦定同度音高,六根弦实际上有三个音,用拨子弹奏。西藏的寺门或寺内殿门两旁多塑造或绘画四大天王像,其中南方天王有的手抱占年,有的手抱琵琶。手抱琵琶的塑像和画像显然是受了内地艺术的影响。元代流行的一种蒙族乐器"火不思",也称"浑不似"、"虎拨思","状如琵琶,直颈无品,有小槽,圆腹,如半瓶榼",可能是占年的变形。

西藏寺庙里都有大铜角(大号筒),大的有一丈多长,分为上下两截,上细下粗,纳上截于下截中,吹时伸直,一人扛着,另一人吹。藏语称为"铜洞"(tongdong)。这种乐器原来是蒙族用的,藏语"铜洞"的"铜"可能即借用汉语"铜"字。

许多寺庙里都供奉着藏戏创始人汤东杰波的像。汤东杰波原来是明代初年(十四五世纪之际)的一位造桥工程家,他为了修桥在琼结县本对村组织起一个戏班子来,到处演戏筹款,从此藏戏就发展起来。《文成公主》是藏戏传统的优秀剧目之一,它深刻地生动地歌颂了汉藏人民的亲密关系,为藏族人民所喜闻乐见。汤东杰波的故乡——曲水,在拉萨以南雅鲁藏布江的边上,江心石山上有他的庙;这里还有一段铁索桥,相传也是他修建的。

我们访问日喀则西南的拉当寺时,看到一对古老的铜钹,上面刻着"大明正德五年内合金银造"字款。在乃东县的昌珠寺也看到一对刻着"大明宣德年施"字款的铜钹。这两对铜钹都发音响亮悦耳。

清朝宫廷乐舞中也有西藏的地方乐舞。在清代从内地传入西藏的乐器也更多了。西藏至今盛行的古典歌舞《囊玛》,其中包含了不少的内地音乐因素。清康熙十八年至四十三年(1679—1704)间,清政府任命桑结甲错为西藏地方摄政。藏族人民相传,桑结甲错在从事政治之暇,喜欢骑射和歌舞娱乐,在他组织之下人民创造了《囊玛》这种歌舞形式。乾隆五十七年(1792),西藏地方政府的一个噶伦(官名)登哲班觉来内地,周游各处,曾接触了当时流行的各种戏剧和歌舞,回去之后就在《囊玛》的原有基础上加以充实发展,并采用了一些从内地带去的乐器——扬琴、二胡、京胡和笛子等,使由占年等少数乐器组成的伴奏乐队扩充为音色丰富、音量饱满的乐队。

西藏有些乐器,它们的藏语名称和汉语名称有些关系,如:

(1)"钹起"(baqi)——藏戏伴奏和寺庙里用的大铜钹,藏语称为"钹起"。钹起可能是借用汉语的"钹",也可能是和汉语的"钹"同出于一个来源。在南北朝时代(3—6世纪),钹从西域传到中原地区,钹字也许是西域语的音译,钹是入声字,有尾音,在古代读为 bak。

(2)"尺林"——藏语称横笛为"尺林",竖笛为"雄林"。汉武帝时(前2世纪),笛子从西域传入中原地区,当时称为"横吹"。这种笛子和中原固有的乐器"篪"(chi)相仿。藏语"尺林"的"尺"音不知是否和"篪"字有关。

(3)"加林"——藏语称一般的唢呐为"唢呐",大唢呐为"加林"。唢呐原为维吾尔语,各地都沿用这个名称。藏语"加林"的"加"音不知是否和汉语的"笳"字有关。"笳"原来流行于新疆一带,这个名称大概出于这一带的古代语言。据记载,"似筚篥而无孔"(后来的笳都有孔),形状和筚篥相仿。筚篥在汉语中也称"筚管",就是后来的"管子",是唢呐的前身。

(4)"达布龙"——西藏寺庙里用的一种小手鼓称为"达布龙"。唐代有一种鼓称"答腊鼓",维吾尔语称手鼓为"达普"。达不龙、答腊、达普等名称都是出于同一语根。

(5)"太琴"——藏语称二胡为"太琴"。这个"琴"音就是借用的汉语胡琴的琴字。传入西藏比较晚,不见于早期壁画。江孜白居寺壁画上有拉二胡的。现在已经成了很流行的一种乐器了。

(6)"扬琴"——即内地流行的扬琴,也写作洋琴。清康熙时期(十七八世纪之际),从欧洲传入内地,称为洋琴。由内地传入西藏后,在藏语中即沿用这一名称。

西藏过去用的乐谱有两种:寺庙里唱诵用的是一种表示抑扬缓急

的曲线乐谱,这大概就是古代的所谓"声曲折";记载比较复杂的乐曲,则用"工尺谱"。但乐曲大部分靠记忆,口耳相传,记录下来的很少。

离开拉萨之前,正是秋高气爽的时候,我们访问了著名的琴师多吉先生。我们走进一个幽静清洁的小庭院里,就听到楼上飘扬出来的琴声。多吉先生双目失明,听到我们来了,非常高兴。他正在教学生打扬琴。扬琴的每根弦下面都贴着一个小纸条,用藏文拼写着"合四一上尺工凡"等音阶谱字。他说从十五岁就学琴,会演奏《囊玛》二十多曲,《堆谢》(踢踏舞)一百多曲,全用工尺谱记诵。他还会演奏国内其他地区的一些乐曲。老琴师由于今天能够把自己的技艺贡献给广大的劳动人民,并且能传授给下一代接班人而感到无比的愉快。

藏族同胞有丰富的音乐遗产。西藏解放以后,特别是1959年平息了大农奴主的武装叛乱以后,阳光普照西藏高原,百万农奴摆脱了封建农奴制的枷锁,欢欣鼓舞地建设自己的社会主义的家乡,歌舞更成了他们生活中不可缺少的一部分。每逢节日,音乐舞蹈活动特别多。艺术创作具备了前所未有的优越条件。不但传统的和民间现在流行的乐舞得到发掘整理,而且又有很多机会和汉族及其他兄弟民族在乐舞方面互相观摩学习。在党的百花齐放的文艺政策领导之下,藏族人民的艺术智慧已经放出了光芒,今后还会放出更大的光芒。

(《人民音乐》1962 年 1 期)

《诗经》中的舞蹈形象

《诗经》是我国最早的一部诗歌总集。它保存下来的作品有305篇,分为《风》、《雅》、《颂》三大类。《风》是各地区具有地方特点的乐歌,多半是民间歌谣。《雅》又分为《大雅》和《小雅》。《大雅》是贵族的作品;《小雅》中有贵族作品,也有民间歌谣。《颂》是宗庙里贵族祭神祭祖的乐歌,又分为《周颂》、《鲁颂》和《商颂》三类。就作品的时代说,大约上起西周初年(前11世纪)下至春秋中期(前6世纪),前后经历约五百年。

《诗经》中保存了很多舞蹈史料,许多同志已经做过研究,取得了可喜的成果。现在我准备再提出《诗经》中描写的三个大型舞蹈——战车舞、《大武》舞和《大濩》(huò)舞的形象问题[①],加以讨论,请读者指正。

一 战车舞

《邶风·简兮》篇说:

〔1〕简兮简兮,方将万舞。日之方中,在前上处。硕人俣俣,公庭万舞。

〔2〕有力如虎,执辔如组。左手执籥(乐器),右手秉翟(雉尾)。赫如渥赭,公言锡(赐)爵。

〔尾声〕山有榛,隰有苓。云谁之思?西方美人。彼美人兮,西方之人兮。

[①] 以前,我写了两篇文章《〈诗经〉乐章中的乱》(《北京大学学报》1964年3期)和《我国古代第一部诗歌总集——〈诗经〉》(《词刊》1981年3期),讨论过这三个舞蹈的问题,但语焉不详,也有错误,需要补充订正。战车舞的名称是我加的。

诗三章,最后一章也许是全诗的"乱"段①。现在把这一章定为"尾声"。《诗经》中有些尾声或引子可能是选择另一个小曲或其他乐曲的一段而移植过来的,有时连歌词也带了来,所以有些尾声或引子的歌词在内容上就未必能和主歌配合一致。《简兮》也是这样。

"简兮简兮",形容鼓声②。健美的舞师在国君的朝庭里正准备表演万舞。关于万舞的解释,有的认为是"干(盾牌)舞",即武舞;有的认为也包括羽舞,即文舞。至今还难以做出结论。但万舞大概是指大型舞蹈而言。从这篇诗看,万舞包括武舞和文舞两部分。舞师像老虎一样地有力气,那驾驭马的缰绳在他们手里却像丝带一样的柔软。这是表演的武舞战车舞③。武舞之后,又有文舞,舞师左手拿着排箫,右手拿着山鸡翎。舞师的人数大概不少。当时的国君可以用文舞"六佾"④,即三十六人。舞蹈结束后,舞师累得满脸通红,国君赐给他们酒喝。这时,伴奏者演唱了尾声——一首情歌。这首情歌大概不是当时在场的人真正对舞师表示爱情的歌谣,因为这个表演的场合是国君的公庭,是不允许自由恋爱的。

二 《大武》舞

《大武》是歌颂周武王灭殷建立封建大国周王朝的乐舞。《周礼·春官·大司乐》记载⑤:以乐舞教国子(贵族子弟),舞……《大磬(韶)》、《大夏》、《大濩》、《大武》。东汉郑玄注:"《大濩》,汤乐也。汤以宽治民

---

① 乱,较长乐曲中的最后一段,是乐曲的高潮部分,往往使用多种乐器合奏。
② 《诗经·鲁颂·有駜》"鼓咽咽,醉言归"。《陈风·宛丘》:"坎其击鼓,宛丘之下。""咽""坎"和"简"都是形容鼓声。
③ 当时在中原地区,人们还不常骑马,所以我们推断硕人表演的是战车舞。
④ 《左传》隐公五年"考(祭)仲子之宫(庙),将万(表演万舞)焉。公问羽数于众仲。对曰:'天子用八,诸侯用六,大夫四,士二。'"按"八"即"八佾(yi)"六十四人;"六"即"六佾",三十六人;余类推。
⑤ 《周礼》是记述周代官制的书。据学者考证,此书成于战国时代。但书中保存了一些较早的资料。

而除其邪,言其德能使天下得其所也。《大武》,武王乐也。武王伐纣,以除其害,言其德能成武功。"古代的奴隶主阶级和封建阶级,利用艺术来宣扬他们的所谓威德,目的在巩固他们的政权。

商代末年,即公元前 11 世纪中期,当时并立的以商纣为首的商政权和以周文王为首的周政权的矛盾日益尖锐化。周文王死后,周政权的主要执政人物为周武王(姬发)、姜太公(姜尚)、周公(姬旦)、召(sháo)公(姬奭)。周公和召公是周武王之弟[①]。

大约公元前 1066 年,周武王率领战车三百乘,由周原(今陕西岐山)出发,联合一些诸侯小国,进攻商纣,大战于牧野(今河南汲县)。商军倒戈,商朝灭亡。周武王封纣子武庚在原地统治殷(商)民,同时派管叔、蔡叔等就近监视。周武王班师南归,迁都镐京(今西安)。次年,武王病死,子成王嗣位,由周公、召公管理政事。武庚乘机联合管叔、蔡叔以及原商朝的许多属国和与国,共同反叛。周公旦于是二次东征,历时三年,才平定了这场大乱。改封商纣的庶兄微子启于宋(都城在今河南商丘),治理部分殷民。这时周朝的势力到达长江以南地区。周公、召公在周朝总揽大权;并"分陕而治",以陕(今河南陕县)之西归召公管辖,陕之东归周公管辖。

《大武》的主题就是反映这一段历史故事的。公元前 544 年,吴国的季札在鲁国观赏周乐,看到表演《大武》舞时,他说:"好啊!当年周朝的盛况,大概就像这个样子吧?"《乐记》一书曾记载孔子和宾牟贾二人关于《大武》的题材和结构问题的谈话[②]:

〔孔〕子曰:居(坐下),吾语汝(宾牟贾)。夫乐者,象成者也。总干而山立,武王之事也。发扬蹈厉,太公之志也;《武》"乱"皆坐,周、召之治也。

孔子认为,乐舞的创作是为了表现伟大事业的成功的。《大武》的

[①] 《左传》襄公二十九年。《左传》成书于战国时代,但保存了春秋时代的一些史料。书中记载了一些重大事件,但对细节的描写未必完全可信。

[②] 《乐记》成书于西汉,但其中保存了一些较早的音乐资料。

舞蹈包含三个重点：第一个重点，舞队手执盾牌，像山一样地巍然而立，这是表示武王的成功；第二个重点，舞队奋勇冲杀，这是表示姜太公的志气；第三个重点，到舞蹈结束时，大家都坐下，这是表示周公、召公的文治。

孔子还继续论述《大武》各段的内容：

> 且夫《武》，始而北出；再成而灭商；三成而南；四成而南国是疆；五成而分，周公左，召公右；六成复缀，以崇天子。

乐舞一成，即一个段落。缀，指舞者所在的位置。《大武》是由六段组成的：第一段，周武王出周原，北向纣都朝歌（今河南淇县）进军。第二段攻入朝歌，灭商。第三段，班师，南归周原。第四段，南国列入周朝疆土。第五段，周公、召公分职而治，为左右二伯；分陕而治，周公治东部，召公治西部。第六段，舞队回复原位，表示天下安宁，尊崇天子。

还有些舞蹈动作，孔子也作了解释：

> 夹振之而驷（四）伐，盛威于中国也。分夹而进，事早济也。久立于缀，以待诸侯之至也。

"夹振之"大概是指两行舞队挥动干戚（板斧）等道具而言。一伐，即一刺一击的动作。舞队分为两行，挥动干戚，向四方刺击，这表示威震中国。舞队分头行进，这表示大功已迅速告成。舞队站在固定的位置上，很久不移动，这表示等待诸侯的到来。《乐记》采用了孔子和宾牟贾对话的形式，当然是出于假托，但记载的内容必有所依据，可以从这里约略想象《大武》舞的梗概。

古代所谓乐是指乐曲、舞蹈和歌词三者统一的整体而言。《大武》既有舞蹈，必然也有歌词。关于它的歌词，《左传》一书中提供了部分线索①：

> 武王克商，作颂曰……
> 又作《武》，其卒章曰："耆定尔功。"其三曰："铺时绎思，我徂维

---

① 见《左传》宣公十二年（前597）。

求定。"其六曰:"绥万邦,屡丰年。"(解释见下文)

这里提到的歌词三章,都见于《诗经·周颂》。《武》不知属于哪一成,在《周颂》中即名《武》篇。第三,成的歌词,名《赉》篇。第六成的歌词,名《桓》篇。

这三段的歌词可以定下来了,其他三段的歌词是哪几篇?它们的先后次序如何?这需要根据当时的历史事实,《乐记》中的描写以及歌词的内容,加以比较,才能定下来。许多学者对这个问题已经作过研究。现在参考孙作云以及其他各家研究的成果①,把《大武》各段的歌词排列并译注如下:

大武舞

第一段

〔历史背景〕周武王率师出周原,向北直趋朝歌至孟津,与诸侯会盟。

〔舞蹈形象〕"始而北出"。"总干而山立,武王之事也。""久立于缀,以待诸侯之至也"。

〔歌诗〕於铄王师②,遵养时晦③;时纯熙矣④,是用大介⑤。我龙受之⑥。蹻蹻王之造⑦,载用有嗣⑧,实维尔公允师⑨

——《周颂·酌》

---

① 孙作云:《周初大武乐章考实》,见《诗经与周代社会研究》,中华书局。本文采用旧说以及现代名家的见解,不一一注明出处。
② 於(wū),叹词。铄(shuò),通'烁',光辉,盛大。王师,归武王率领的文王之师。
③ 遵,指遵照文王遗命。养晦,韬光养晦。处于隐晦状态,不露锋芒。时,是,此。
④ 纯,大。熙,光明。
⑤ 介,甲。这里用作动词,即被甲而战的意思。
⑥ 我,武王自称。龙,通"龚",古"恭"字。受,继承。
⑦ 蹻蹻(qiāo),英勇的样子。王,文王。造,曹、众,这里指将士。
⑧ 载,乃。有嗣,后继者。指武王。
⑨ 尔,你。指文王。公,通"功",事业。允,诚然。师,效法。

〔大意〕啊！强大的王师，本来遵照文王的遗命，处于隐晦状态；现在时代已大放光明，于是被甲执戈而战。我恭敬地继承了这一功业。英勇的文王的将士们，于是又都效力于后继人，唯有你的功业确实足以取法。

第 二 段

〔历史背景〕周军至牧野，与商军交战。周军以姜太公为前锋，冲入商军阵地。商军倒戈起义，商纣在朝歌自焚而死。商朝灭亡。

〔舞蹈形象〕"再成而灭商"。"发扬蹈厉，太公之志也"。

〔歌诗〕于皇武王，无竞维烈①。允文文王，克开厥后。嗣武受之，胜殷遏刘②，耆著定尔功③。

——《周颂·武》

〔大意〕啊！伟大的武王，他的功勋无与伦比。文德卓著的文王，为后代开创了业绩。后继者武王继承了这一业绩，战胜了殷商，结束了战祸，完成了你的大业。

第 三 段

〔历史背景〕武王灭商之后，封纣子武庚统治殷民，武王班师南归镐京。分封大小诸侯国。

〔舞蹈形象〕"三成而南"。

〔歌诗〕文王既勤止④，我应受之⑤，敷时绎思⑥。我徂维求定⑦。时周之

---

① 烈，功业。
② 殷，商朝后期也称为殷。遏，制止。刘，杀戮。
③ 耆，致，做到。尔，指文王。
④ 止，之。
⑤ 我，武王自称。应，通"膺"，承受。
⑥ 敷，布，推行。《左传》作"铺"。绎，延续。思，语助词。
⑦ 徂，往。

命,于绎思①。

—— 《周颂·赉》

〔大意〕文王经营过这一功业,我继承下来,发扬光大,使它延续无穷。我去讨伐殷商,只是为了求得安定。这个周国所受的天命,延续无穷。

第四段

〔历史背景〕武王病死,成王嗣位。武庚乘机联合管叔、蔡叔反叛。周公二次东征,平定了这场大乱。周朝的疆域往南扩大到江、汉地区。

〔舞蹈形象〕"四成而南国是疆"。

〔歌诗〕於皇时周②。陟其高山,嶞山乔岳③,允犹翕河④。敷天之下⑤,裒时之对⑥,时周之命。

—— 《周颂·般》

〔大意〕啊!伟大的周国。登上高山四望,大山小山罗列,从山间流出的溪川都汇合到大河。普天之下,万邦来朝,报答颂祝周国所受的天命。

第五段

〔历史背景〕周朝统一。执政大臣周公、召公"分陕而治"。

〔舞蹈形象〕"五成而分,周公左,召公右"。"分夹而进,事早济也"。"夹振之而驷伐,盛威于中国也。"

〔歌诗〕(缺)

---

① 时,是,此。
② 於(wū),叹词。
③ 嶞(duó)山,狭长的小山。乔岳,高大的山。
④ 犹,通"由"。翕(xì),汇合。河,指黄河。
⑤ 敷(pǔ),通"普"。
⑥ 裒(póu),聚集。时,此。之,以。对,对扬,报答祝颂。

第 六 段

〔历史背景〕周朝建成封建大国,周王是最高的统治者。

〔舞蹈形象〕"六成复缀,以崇天子"。"《武》'乱'皆坐,周、召之治也"。

〔歌诗〕绥万邦[①],娄(屡)丰年,天命匪(非)解(懈)。桓桓武王,保有厥士,于以四方,克定厥家。於昭於天[②],皇以间之[③]。

——《周颂·桓》

〔大意〕绥靖万邦,屡次得到丰年,上天对于周国,永远不会厌弃。英勇的武王统率着将士,征服了四方,安定了国家。啊!他的威德也照耀到上天,伟大的周国代表上天主宰人间。

《大武》六成,应有歌诗六篇,但今本《诗经》中只保存下来五篇。有的学者认为有一篇失传,这种看法比较妥当,不必勉强选诗凑数。这六成的舞蹈形象不同,现存的五篇歌诗的格式不同,可见这六成的乐曲的结构旋律不同。这五篇诗,除《赉》以外,都不押韵。无韵诗也可以唱,也可能是朗诵的祝词。文字艰涩难懂,这里提供的解释,只供读者参考。

从诗的文字推断,《大武》舞的产生是很早的,大概是在周初。至春秋后期,仍然流传,经历五百年,自然有发展变化。最后一段即"乱"段,表示大功告成,已经到了偃武修文的时候了。周公、召公辅佐成王,施行文治,所以说"《武》,'乱'皆坐,周、召之治也"。到了这一段,舞者有坐的动作。古人坐时,两膝着地,身子坐在脚跟上。"六成复缀,以崇天子",这是结束的一个场面,突出地体现了《大武》的主题思想——尊崇天子。它有鲜明的倾向性,即威慑镇压被统治者以及其他反抗者。

孔子评论过《大武》,他把《武》和《韶》作了比较。他说:"《韶》尽美矣,又尽善也";"《武》尽美矣,未尽善也"。这里所说的"美"属有艺术标

---

① 绥,安定。
② 於(wū),叹词。昭,明。
③ 皇,大。间,代。

准(形式),"善"属于政治标准(内容)①。相传《韶》是歌颂虞舜的乐舞,想必能引导观众进入一个平静的境界;而《武》是歌颂周武王的乐舞,"言其能成武功",想必充满了刀光剑影。孔子本着王道思想,认为《武》的内容是有缺陷的。

既然《大武》到春秋后期仍然流传,成书于春秋中期的《诗经》就应当全部著录它的歌词,况且孔子了解这个舞蹈,又整理过《诗经》,满以为《雅》、《颂》各得其所";那么,今本《诗经》为什么对《大武》各成的唱词记载不全,而且散见两处,先后次序也陷于混乱呢?根据上引记载,可以推测,《武》诗本来包含六章,后来在《诗经》流传过程中,一章失传,五章分离而成为五篇,又另加篇名。其中《武》、《桓》用诗中字名篇;《酌》、《赉》、《般》都不是诗中字,因此,朱熹怀疑这些篇名是"取乐节之名"②,也就是一段舞蹈之名。此说可供参考。《赉》、《般》篇名的来历不详。

三 《大濩》舞

《大濩》是祭祀商王朝的创建者商汤时所用的乐舞,来历不详,大概是商民族在祭祖典礼上用的。公元前544年,吴季札在鲁国观赏周乐,看到表演《大濩》时,他说:"表现了圣人宽宏大量的品德,却好像还有于心有愧的情绪。圣人处世也是很不容易的"③。这段评论很抽象,大概是针对商汤灭夏的事迹而言,表现了维护君臣从属关系的思想。

自西周以来,宋国是商民族比较集中的地区。《诗经·商颂》就是宋国公室祭祀祖先的乐歌。《商颂·那》篇说:

---

① 《论语·八佾篇》。
② 朱熹《诗集传》(《周颂·酌》)。
③ 《左传》襄公二十九年。

〔唱〕〔1〕猗与那与①,置我鞉鼓②。奏鼓简简③,衎我烈祖④。(鼓、祖,虞韵)

〔2〕汤孙奏假⑤,绥我思成⑥。鞉鼓渊渊,嘒嘒管声⑦。(成、声,庚韵)

〔3〕既和且平,依我磬声。於赫汤孙⑧,穆穆厥声⑨。

〔4〕庸鼓有斁⑩,万舞有奕⑪。我有嘉客,亦不夷怿⑫。(斁、奕、客、怿,陌韵)

〔5〕自古在昔,先民有作⑬。温恭朝夕,执事有恪⑭。(作、恪,药韵)

〔和〕顾予烝尝⑮,汤孙之将⑯。(尝、将,陌韵)

有的学者指出这篇诗就是《大濩》的歌词,这个论断是有道理的。按《国语·鲁语》记载:

昔正考父校商之名颂十二篇于周太师,以《那》为首。其辑之'乱'曰:"自古在昔,先民有作。温恭朝夕,执事有恪。"

---

① 猗那,婀娜,摇晃的样子。与,通"欤",语助词。
② 置,设置。鞉(táo)鼓,手摇鼓。
③ 简简,与上文"咽咽"、下文"渊渊"都是形容鼓声。
④ 衎(kàn),娱乐。烈祖,有功勋的祖先。指商汤。
⑤ 汤孙,商汤的后代子孙。奏,进,祈祷。假,格,来临。
⑥ 绥,读为"遗"(wèi),赐予。思,语助词。成,成就。
⑦ 管,古代的一种管乐器。据记载,其形状如竖笛而小。嘒嘒,形容管声。
⑧ 於(wū),叹词。赫,显赫。
⑨ 穆穆,深厚柔和。声,指乐声。
⑩ 庸,通"镛",大钟。斁(yì),声音宏大。
⑪ 奕,次序井然。
⑫ 夷怿(yì),喜悦。
⑬ 作,作为。
⑭ 恪(kè),恭敬。
⑮ 顾,顾念,光顾。丞、尝,都是祭名。这里指祀典。
⑯ 将,奉献。

正考父的卒年在春秋末期,而《诗经》成书则在春秋中期,因此,可以推断《商颂》的产生当在春秋中期以前。"自古在昔"四句是《那》篇的"乱"段。《那》过去不分章,现在分为整齐的五章,最后剩余两句:"顾予烝尝,汤孙之将。"前五章为唱词,属于"唱"的部分;最后两句是"和"的部分,可能是巫祝朗诵的祝词。

现在再分析一下《商颂·烈祖》篇的结构。这一篇原来也不分章,实际上可以分为整齐的五章,外加两句祝词:

〔唱〕〔1〕嗟嗟烈祖①,有秩斯祜②。申锡无疆③,及尔斯所④。(祖、祜,虞韵,所,语韵)

〔2〕既载清酤⑤,赉我思成⑥。亦有和羹⑦,既戒既平⑧。(成、平,庚韵)

〔3〕奏假无言⑨,时靡有争⑩。绥我眉寿⑪,黄耇无疆⑫。(争,庚韵,疆,阳韵)

---

① 嗟,赞叹词。
② 秩,大。祜(hù),福。
③ 申锡,厚赐福禄。
④ 尔,指主祭者。斯所,此处。
⑤ 载,陈列。酤,酒。
⑥ 赉(lài),赐予。
⑦ 和羹,调好的羹汤。
⑧ 戒,严肃。平,平静。
⑨ 奏假,祈祷祖先来临。
⑩ 靡,无。争,通"铮",乐声。(见高亨《诗经今注》)。
⑪ 绥,赐。眉寿,长寿。
⑫ 黄耇(gǒu),长寿。

〔4〕约軝错衡①，八鸾鸧鸧②。以假以享③，我受命溥将④。（鸧、享、将，阳韵）

〔5〕自天降康⑤，丰年穰穰⑥。来假来飨⑦，降福无疆。（康、穰、飨、疆，阳韵）

〔和〕顾予烝尝，汤孙之将。

章句结构和《那》完全相同，内容也是歌颂商汤的，那么，这一篇也可能是《大濩》的歌词。

《那》、《烈祖》两篇和《大武》有不同之处。这两篇不是表演故事情节，而是描写举行祭祀和表演乐舞的情况，赞美祖先的功绩，表达祈祷祝福并自勉的意愿等。就音乐说，用的乐器有鼓、管、磬、大钟等。这里所说的钟磬大概是指编钟、编磬而言。演奏时有时以钟鼓为主，"鞉鼓渊渊，嘒嘒管声"，"庸鼓有斁"，声音宏大，有时以磬为主，"穆穆厥声"，声音深厚柔和。就舞蹈形象说，"猗与那与"，舞者可能拿着鞉鼓，手臂摇晃，姿态优美，而且"万舞有奕"，动作熟练，舞队配合协调，有条不紊。从这两篇诗可以想象当时祭祀和表演歌舞的场面和气氛。它的规模当然是不能和《大武》相比的。

《那》篇的第五章是"乱"，那么，《烈祖》的第五章也可能是"乱"。下余的最后两句是祝词。

《诗经》中这几个例子，反映了西周和春秋时代舞蹈艺术的成就。"乱"都出现在比较长的乐舞曲中，是音乐或舞蹈的高潮所在。把"乱"安排在乐舞曲的末尾，一方面企图使人们当时得到艺术欣赏的最大满

---

① 约，缠裹。軝(qí)，车轴两端露出毂外的部分。古代贵族的车，用革裹軝。错，雕绘花纹。衡，辕端横木，用以驾马。
② 鸾，通"銮"，衡上的铃铛。鸧鸧(qiāng)，同"锵锵"，铃声。这两句描写宋君前来致祭的情况。
③ 假，来临，这里是祈祷降临的意思。享，享用祭品。
④ 溥(pǔ)，广。将，大。
⑤ 康，安乐。
⑥ 穰穰(rǎng)，丰盛。
⑦ 飨，享用，吃。

足;一方面企图给人们留下一个深刻的鲜明的最后印象,长期缭绕在记忆里,影响他们的思想感情。《硕人》的最后一段如果是"乱"的话,它加强了热烈激动的艺术效果。"《武》'乱'皆坐",加强了宣扬封建统治人物的艺术效果。《那》和《烈祖》篇的"乱"段,加强了当时统治阶级推行道德教育和祭祖祈福的艺术效果。古代的艺术家在长期实践过程中探索到一些创作规律。

(《舞蹈论丛》1982 年 4 期)

《诗经》乐章中的"乱"

"乱"是古代的一个音乐名词,指较长乐曲中最后的、也往往是使用多种乐器合奏的一个段落。

《诗经》里的乐歌具备"乱"段的一定很多,其中有几篇还可以从古文献里找到线索。

一 《关雎》的"乱"

《论语·泰伯》篇记载孔子的话说:"师挚之始,《关雎》之'乱',洋洋乎盈耳哉!"师挚是鲁国的太师(乐官),《关雎》是《诗经》第一篇的篇名。对于孔子这句话,有种种不同的解释,除了望文生训的一些说法之外,大致可以分为三种:(甲)朱熹说:"乱,乐之卒章也。《史记》曰:'《关雎》之乱,以为风始,'洋洋,美盛意。孔子自卫返鲁〔正乐〕,适师挚在官之初,故乐之美盛如此。"①(乙)刘台拱说:始者,乐之始;乱者,乐之终。始于升歌,终于合乐,是故升歌谓之始,合乐谓之乱。升歌由太师担任。挚为太师,是以云师挚之始也。合乐包括《关雎》、《鹊巢》等六篇(大意)。②(丙)也有人主张:《关雎》在它的乐曲本身之外另有"乱","乱"没有保存在歌词里。

关于"师挚之始",刘台拱的解释是合理的。关于"《关雎》之乱",上述三种解释恐怕都不妥当。从下面所探讨的乐歌的结构推论,"《关雎》之乱"不是以《关雎》作为"乱"的意思,而是指《关雎》乐曲中的最后一部分,它的歌词即现存《关雎》诗的第三章:

  参差荇菜,左右流之。窈窕淑女,琴瑟友之。参差荇菜,左右

---

① 《论语集注》卷四。
② 《刘氏遗书》卷一《论语骈枝》。

芼之。窈窕淑女,钟鼓乐之。

这个乐章洋溢着欢乐热烈的情绪。乐曲的旋律节奏,当然比歌词还要复杂得多。"琴瑟友之","钟鼓乐之",这样的歌词也要求有洋洋盈耳的器乐伴奏。

《史记·孔子世家》叙述了孔子整理《诗》的情况以后说:"故曰《关雎》之乱以为风始,《鹿鸣》为小雅始,《文王》为大雅始,《清庙》为颂始。"司马迁引用了孔子所说的"《关雎》之乱",作为《关雎》一诗的代称,他对于"乱"的意义似乎已不甚了然。

二 《大武》的"乱"

《大武》是歌颂周武王灭殷建立封建大国的乐舞,西周的统治阶级利用艺术来宣扬他们的所谓威德。《礼记·乐记》曾记载孔子和宾牟贾讨论《大武》的题材和结构问题:

〔孔〕子曰:居,吾语汝〔宾牟贾〕。夫乐者,象成者也。总干而山立,武王之事也。发扬蹈厉、太公之志也。《武》"乱"皆坐,周、召之治也。

这几句话指出了:乐舞的创作是为了反映伟大事业的成功的。《大武》的舞蹈包含三个重点:第一个重点在表现周武王的武功,第二个重点在表现姜太公(吕尚)的英勇,第三个重点在表现周公旦和召公奭的文治。他们都是灭商统一战争中的杰出人物。孔子继续说:

且夫《武》,始而北出;再成而灭商;三成而南;四成而南国是疆;五成而分,周公左,召公右;六成复缀,以崇天子。

乐舞一成,即一个段落。缀,指舞者所在的位置。孔子已经讲过《大武》所包含的三个重点了,现在再进一步加以分析,它是由六段组成的:第一段,周武王出镐京,北向纣都朝歌进军。第二段,攻入朝歌,灭商。第三段,得胜南归。第四段,南国列入疆土。第五段,周公、召公分职而治,为左右二伯。第六段,舞者回复原位,表示天下安宁,尊崇天子。这

六段中还有些舞蹈动作,孔子也作了解释:

> 夹振之而驷〔四〕伐,盛威于中国也。分夹而进,事蚤〔早〕济也。久立于缀,以待诸侯之至也。

"振之",郑玄注"振铎以为节",恐怕不对,应当是指舞者挥动干(盾牌)戚(板斧)等道具而言。一伐,即一刺一击的动作。舞队分为两行,挥动干戚,向四方刺击,这表示威震中国。舞队分头行进,这表示大功已迅速告成。舞队站在固定的位置上,很久不移动,这表示等待诸侯的到来。《乐记》采用了孔子和宾牟贾对话的形式,大概是出于假托,但记载的内容应当有所依据,可以从这里约略想象《大武》舞的梗概。

《大武》六段的歌词六章,都保存在《诗经·周颂》里。《武》篇已标明为《大武》歌词的一章。《左传》宣公十二年记载,《大武》中除《武》外,其三是《赉》,其六是《桓》。经学家们考证,《酌》和《般》也是其中的两个乐章。则六章中已有五章。《礼记·祭统》:"舞,莫重于《武·宿夜》。"《宿夜》也是《大武》的一章。王国维以为《宿夜》是《昊天有成命》,冯沅君、高亨等认为是《我将》。从内容看,《我将》是符合《大武》的主题思想和历史事实的。至于六章的次序,魏源认为应是《武》一、《酌》二、《赉》三、《般》四、《桓》六,"独其五成于颂无之";王国维认为应是《昊天有成命》、《武》、《酌》、《桓》、《赉》、《般》;而高亨则认为应是《我将》、《武》、《赉》、《般》、《酌》、《桓》。① 最后一种说法较为合理。今将《周颂》中的六篇与《乐记》的有关记载比较如下:

(1) 我将

> 《大武》一成。"始而北出"。"总干而山立,武王之事也"。"久立于缀,以待诸侯之至也"。

---

① 魏源:《诗古微》卷上《诗乐篇三》。
　王国维:《观堂集林》卷二《周大武乐章考》。
　陆侃如、冯沅君:《中国诗史》卷一。
　高亨:《周代大武乐的考释》(《山东大学学报》二卷二期,1955年)。

我将我享,维羊维牛,维天其右之!仪式刑文王之典,日靖四方。伊嘏文王,既右飨之。我其夙夜,畏天之威,于时保之。

(2) 武

《大武》二成。"再成而灭商"。"发扬蹈厉,太公之志也"。

于皇武王,无竞维烈。允文文王,克昌厥后。嗣武受之,胜殷遏刘,耆定尔功。

(3) 赉

《大武》三成。"三成而南"。"夹振之而驷伐,盛威于中国也"。

文王既勤止,我应〔膺〕受之,敷时绎思。我徂维求定,时周之命,于绎思!

(4) 般

《大武》四成。"四成而南国是疆"。

于皇时周,陟其高山,嶞山乔岳,允犹翕河。敷〔溥〕天之下,裒时之对,时周之命。

(5) 酌

《大武》五成。"五成而分,周公左,召公右"。"分夹而进,事蚤济也"。

于铄王师,遵养时晦,时纯熙矣,是用大介。我龙〔宠〕受之。蹻蹻王之造,载用有嗣,实维尔公允师。

(6) 桓

《大武》六成。"六成复缀,以崇天子"。"《武》'乱'皆坐,周、召之治也"。

绥万邦,娄〔屡〕丰年,天命匪〔非〕解。桓桓武王,保有厥土,于以四方,克定厥家。于昭于天,皇以间之。

《诗经》在流传过程中,有些诗发生了错乱的现象,《大武》就是一个例子。六章诗应当同属于一篇,合起来,篇幅也不算长;但在今本《诗经》中却分散为六篇,而且先后次序错乱。把这六章重新联系起来,各章的内容还是和《乐记》相符的。

第六章《桓》当即《大武》的"乱"段,歌词的大意说:

> 绥靖万邦,屡庆丰年,上天顾念的心意永远不会厌倦。英勇的武王,统率着他的军士,征服四方,安定了他的国家。啊!他的威德也照耀到上天,因此受命为君王,代替上天主宰人世。①

天下安宁,已经到了偃武修文的时候了。周公、召公辅佐武王施行文治,所以说:"《武》'乱'皆坐,周、召之治也。"舞到这一段,舞者有坐的一个动作。古人坐时,两膝着地,身子坐在脚跟上。这正是"载戢干戈,载櫜弓矢"②的象征。"六成复缀,以崇天子",这两句描写的大概是第六段,也是《大武》全部舞蹈的结束的一个场面,像画龙点睛一样,突出地体现了《大武》的主题思想——尊崇天子。它有鲜明的倾向性,即威慑镇压被统治者以及其他反抗者。

孔子评论过《大武》,他把《武》和《韶》作了比较。《论语·八佾》篇:"子谓《韶》尽美矣,又尽善也;谓《武》尽美矣,未尽善也。"这里所说的"美"属于艺术标准(形式),"善"属于政治标准(内容)。相传《韶》是歌颂虞舜的乐舞,想必能引导观众进入一个儒家所向往的境界;而《武》是歌颂周武王的乐舞,"言其能成武功",想必是充满了征战威慑的气氛。孔子站在封建统治阶级主张王道的立场,认为《武》的内容是有缺陷的。

---

① 毛传:"间,代也。"郑玄笺:"纣为天下之君,但由为恶,天以武王代之。"分析诗意,似乎不是以武王伐纣,而是以武王代天执行天命。朱朝瑛《读诗略记》卷六:"皇以间之,言君天下以代天理民也。"

② 《左传》宣公十二年:"武王克商,作颂曰:载戢干戈,载櫜弓矢。(略)"颂词见《周颂·时迈篇》。未必即武王所作。毛传:"戢,聚。櫜,韬(弓衣)。"郑玄笺:"载之言则也。王巡守而天下咸服,兵不复用,此又著震(动)叠(惧)之效也。"

三 《那》和《烈祖》的"乱"

《国语·鲁语》记载闵马父的话说：

> 昔正考父校商之名颂十二篇于周太师，以《那》为首。其辑之"乱"曰："自古在昔，先民有作，温恭朝夕，执事有恪。"先圣王之传恭，犹不敢专，称曰自古，古曰在昔。

这四句乱词见于《商颂·那》篇。《诗经》中保存的商颂只有五篇，都是殷商后裔宋国公室祭祀祖先的乐歌。我怀疑《那》诗中可能有"唱"和"和"两部分，今分别抄录于下：

〔唱〕猗与那与，置我鞉鼓，奏鼓简简，衎我烈祖。（鼓、祖，虞韵）

〔和〕汤孙奏假，绥我思成。

〔唱〕鞉鼓渊渊，嘒嘒管声，既和且平，依我磬声。（声、平，庚韵）

〔和〕于赫汤孙，穆穆厥声。

〔唱〕庸〔镛〕鼓有斁，万舞有奕，我有嘉客，亦不夷怿！（斁、奕、客、怿，陌韵）

自古在昔，先民有作，温恭朝夕，执事有恪。（作、恪，药韵）

〔和〕顾予烝尝，汤孙之将。（尝、将，阳韵）

"和"的部分可能是朗诵的祝词。"庸鼓有斁"四句下也许缺了两句"和"的祝词。这样把唱和部分分开，就不会感觉语句有不衔接的地方了。"自古在昔"四句是配"乱"段的歌词。

根据对《那》的结构的分析，再探索《商颂·烈祖》篇的"乱"。《烈祖篇》的结构比较整齐，可以分为四章，外加两句祝词，今抄录如下：

嗟嗟烈祖，有秩斯祜，申锡无疆，及尔斯所。（祖、祜，虞韵，所，语韵）

既载清酤，赉我思成，亦有和羹，既戒既平。酸〔《中庸》引作

"奏"〕假无言,时靡有争。(成、奠、平、争,庚韵)

绥我眉寿,黄耇无疆。约𫐨错衡,八鸾鸧鸧。以假以享,我受命溥将。(疆、鸧、将,阳韵)

自天降康,丰年穰穰。来假来飨,降福无疆。(康、穰、疆,阳韵)

〔和〕顾予烝尝,汤孙之将。

"顾予烝尝"二句,这里也有,可能是在这种祭歌唱完之后都照例说的两句话。这两句之前,"自天降康"四句应当是《烈祖》篇的"乱"。

《诗经》中这几个例子,反映了西周和春秋时代音乐舞蹈创作上的艺术成就。"乱"都出现在比较长的乐曲中。从文字上看,是歌词的主题所在,那么,和它相应的音乐舞蹈部分也应当是音乐和舞蹈的高潮所在。在演奏方面,表现这个高潮,往往采用合奏的方法。把"乱"安排在作品的末尾,一方面企图使人们当时得到艺术欣赏的最大满足;一方面企图给人们留下一个深刻的鲜明的最后印象,长期缭绕在记忆里,影响他们的思想感情。"《关雎》之乱",加强了欢乐的艺术效果;"《武》'乱'皆坐",加强了崇拜封建统治人物的艺术效果。这是古代艺术家在实践中取得的一种创作规律。

春秋时期以后,历代的艺术家继承并发展了这种艺术形式。《楚辞》和乐府中有些作品有"乱",在乐府中或称为"趋"。唐宋大曲的结尾乐段称"煞衮";宋金"诸宫调"每一组乐曲中大都有"尾";元散曲"套数"中有"尾",或称"尾声"、"收尾"、"煞尾",等等,这都是和"乱"相当的部分。

(《北京大学学报》1964年3期)

《商颂》的《那》篇和《烈祖》篇初探

《周礼·春官·大司乐》一节记载,大司乐"以乐舞教国子(贵族子弟),舞《云门大卷》、《大咸》、《大磬(韶)》、《大夏》、《大濩》、《大武》。"这六个舞蹈,历史上称为"六代大舞",分别歌颂六个传说和历史人物:黄帝、唐尧、虞舜、夏禹、商汤、周武王。

春秋时代,吴国的公子季札于鲁襄公二十九年(前544)访问鲁国时,曾观看鲁国保存的周乐,当看到《韶濩》(即《大濩》)舞表演时,他说:"圣人之弘(宽宏大量)也,犹有惭德,圣人之难也!"后世解经者认为,这里所说的"惭德"是指汤放桀的事件而言。季札看到《大武》舞表演时说:"美哉,周之盛也,其若此乎!"比季札稍晚的孔子评论《大武》舞时说:"尽美矣,未尽善也。"大概他认为《大武》的艺术形式是美的,但内容却有武王伐纣的情节,宣扬武功,因而不能算是完善的。

《大武》舞包括"六成",一成即指乐舞的一段。经学者考证,配合这六段乐舞的六篇诗歌都分散在《周颂》中,目前能确定下来的有《酌》、《武》、《般》、《赉》和《桓》五篇;对另一篇,学者的意见仍有分歧。

季札观乐事,见于《左传》一书,细节未必完全可信,但可以反映在战国前期成书的《左传》中,已保存着对于《大濩》舞的这种看法。配合《大濩》乐舞的诗歌,是不是也可以在《商颂》中探索出一些踪迹呢?清代学者孙诒让说:

> 万舞为大舞,文武兼备,即太师乐《云门大卷》以下六代舞之通名。《夏小正》(《大戴礼记》篇名)之"万用入学",谓《大夏》也;《商颂·那》之"万舞有奕",谓《大濩》也。①

---

① 孙诒让:《周礼正义》卷三二。按《夏小正》:"万也者,干戚舞也。入学也者,大(太)学也。"这只是古代的传说。

孙诒让认为,《那》诗中所说的万舞是指《大濩》而言。方玉润也认为,《那》诗所描写的音乐"即《大濩》之声"(《诗经原始》卷十八)。这些见解都是合理的推论。但万舞不一定以六代大舞为限,或者是规模较大的舞蹈的通称。

"濩"字见于商代的甲骨文,和祭祀商汤的活动有关。《大濩》作为商民族歌颂商汤的乐舞专名,不知始于何时,想必有悠久的流传历史。它的音乐、舞蹈和歌词,在流传过程中也必然不断地发生变化。《那》诗是春秋时代商民族后裔宋国公室祭祀商汤时所用的乐歌,它很可能就是当时配合《大濩》舞的歌词:

猗与,那与!置我鞉鼓。奏鼓简简,衎我烈祖。(虞韵)
汤孙奏假,绥我思成。鞉鼓渊渊,嘒嘒管声。(庚韵)
既和且平,依我磬声。于赫汤孙,穆穆厥声。(庚韵)
庸鼓有斁,万舞有奕。我有嘉客,亦不夷怿!(陌韵)
自古在昔,先民有作。温恭朝夕,执事有恪。(药韵)
顾予烝尝,汤孙之将。(阳韵)

旧本都把这篇诗定为一章,现在我把它分为五章,每章四句,分别押韵(四、五两章韵同),最后剩两句,大概属于和声,即歌咏结束或告一段落时增加的朗诵的祝词。第一章说,多么美好啊!鞉鼓(即摇鼓)都已陈列出来。敲鼓的声音非常宏大,来娱乐先祖之灵。第二章说,商汤的子孙祷告祈福。鼓声而外,又有管乐的声音。第三章说,玉磬也发出清柔的音响。汤孙的事业显赫,祭祀的音乐和美。第四章说,钟声和鼓声互相配合,节奏明朗和谐。万舞的规模是何等盛大!贵宾看了没有不兴高采烈的。第五章是"乱"。① "乱"是乐曲的高潮部分,往往安排在较长乐曲的末尾,并由多种乐器联合演奏。从全诗对音乐的描写看,这一章正是处在这样的位置。它可能是商民族的传统格言,一方面颂扬先祖,一方面用以自勉。它在内容上,是诗歌的一个重点;在音乐上,"洋

---

① 《国语·鲁语》:"昔正考父校商之名颂十二篇于周太师,以《那》为首。其辑之'乱'曰:'自古在昔,先民有作。温恭朝夕,执事有恪。'"

洋盈耳",具有强烈的艺术效果。这种乐曲形式可以给人们留下一个深刻的印象。最后两句祝词的大意是,祈求先祖降临,享用供品,这是商汤的子孙奉献的。祝词可以加强祭祀的神秘气氛和宗教效果。

《烈祖》也是祭祀商汤的乐歌。旧本都把它定为一章,现在也可以分为五章,最后剩余两句:

烈 祖

嗟嗟烈祖,有秩斯祜。(虞韵)申锡无疆,及尔斯所。(所,语韵)
既载清酤,赉我思成。亦有和羹,既戒既平。(庚韵)
奏假无言,时靡有争。(争,庚韵)绥我眉寿,黄耇无疆。(疆,阳韵)
约軧错衡,八鸾鸧鸧。以假以享,我受命溥将。(阳韵)
自天降康,丰年穰穰。来假来飨,降福无疆。(阳韵)
顾予烝尝,汤孙之将。(阳韵)

章句结构和《那》相同,只有第四章末句多一字。诗的最后两句和《那》的最后两句文字也相同。第一章颂扬先祖赐给大福的恩德,并且祈求永远赐福。第二章说,献上清酒,祷告祈福。献上的和羹,具备五味,调和适口。第三章说,默默地祷告,肃穆无声,祈求赐给长寿的福气。第四章说,助祭人都乘坐华丽的马车,在阵阵铃声中到达。我于是迎神祭奠,我承受的天命既重大而又长久。第五章说,上天使人们安康,年年丰收。先祖降临,享用供品,赐给我无限福祉。按照《那》诗的结构,它的第五章是"乱",那么,《烈祖》的这一章也应当是"乱"。全诗分为五章,另加祝词,各章的大意相当清楚。诗中的"我"字,当指主祭人,即宋国国君,汤孙的代表人。

这两篇诗,如果认为都是配合《大濩》的歌词,它们和《大武》各章表达的方式不同。《大武》各章反映出周武王及其辅臣的一些具体活动,而《那》和《烈祖》只是概括地称道商汤对他的后世子孙的恩德,没有涉及他的事迹,特别是关于汤放桀的重大事件没有一点迹象,因而不曾显示出季札所说的惭德。这也许是歌词有意地回避,也许是《左传》所记的季札评论有失实之处。《那》着力描写的是奏乐舞蹈的情景,《烈祖》着力描写的是举行典礼的情况,而两诗的主旨则在祈福一事,所以多次表示这种愿望。作品可能出于巫祝等人之手,文风质朴,使用了不少祭祀场合的习惯用语,具有一定的文学价值。通过这两篇诗,我们大致可以了解或想象当时祭祀商汤的场面,以及在乐舞艺术方面所取得的成就。典礼上所采用的仪式和乐舞中,或许还保存着商民族世代相传的《大濩》舞的影子。

(《阴法鲁学术论文集》中华书局2008年版)

中国古代诗歌中的唱和形式

音乐和诗歌中的唱和形式,即领起部分与应和部分互相结合的形式。采用这种形式,或抒情,或叙事,都能造成活泼热烈或深刻厚重的气氛,可以充分表达人们的思想感情,有强烈的表现力,因而也有强烈的艺术感染力。现在研究这个问题,一方面试图从唱和形式的角度分析一些古代作品,或许能加深理解;另一方面试图探索古人从事艺术创作的技巧,提供一些古为今用的参考资料。但古代诗歌中明确标出唱和形式来的不多,而有声无词的应和部分记载下来的更少;现存的一些不完备的有关文献资料,也有讹误和脱漏的情况,需要进一步加以考订。本文所能提出的只是些初步的意见和推测,供大家参考。文中所引选例,都根据资料或对作品的理解,分别在章句或段落之前,加注"唱"或"和"字,作为标志。

一 唱和形式是中国古代民歌的一种基本形式

中国古代诗歌发展的过程,很清楚地说明了一个事实,即诗歌的起源是和音乐分不开的,它的发展也往往是和音乐分不开的。它们都起源于劳动或其他社会文化活动,其艺术原料都出自人民生活,而又都随着社会的发展而发展,两者是经常结合在一起的。音乐和诗歌都有节奏和旋律,都有唱和形式。《吕氏春秋·淫辞篇》说:"今举大木者,前呼'舆谔',后亦应之。此其于举大木者,善矣。岂无郑卫之音哉?然不若此其宜也。"它认为虽然已经有了复杂的乐歌,但就抬大木材的劳动者说,歌唱"舆谔",前后呼应,却是最适宜的歌唱形式。正是这种集体劳动的基本节奏,产生了音乐和诗歌中的唱和形式。这种形式后来得到广泛运用,对音乐和诗歌形式的发展产生了重要影响。

我国最早的一部诗歌总集《诗经》中,就有关于唱和的记述。《诗经》保存下来的三百五篇诗歌,上起西周初年,下至春秋中期,一部分出于贵族阶级,大部分是民歌。《郑风·萚兮》篇记载:"萚兮萚兮!风其吹女(汝)。伯兮叔兮!倡(唱),予(余)和女(汝)。"风吹着落叶在飞舞,一个姑娘对她的情人说:"哥哥呀,先唱起来,我来应和你。"《诗经》中可能就有不少具备这种唱和形式的即兴创作。

所谓唱和,包括"对唱"、"帮腔"以及"重唱"等形式。战国时代的《礼记·乐记》曾论述"唱"与"和"的关系及其效果问题。它说:"清庙之瑟,朱弦而清越,一唱而三叹,有遗音者矣。""一唱而三叹"即"一唱而三和",在弹奏领起部分或主曲调之后,多次出现应和的旋律,使人感到余韵徘徊,意味无穷。如果有歌词,也必然具备相应的唱和形式。

战国末年,屈原《九章》中的《抽思》篇,用"倡曰"作为一大段开始的标志。楚国诗人宋玉在《高唐赋》中描写群鸟鸣叫的声音说:"更唱迭和,赴曲随流,"以唱和为比喻。可见唱和是社会上普遍流行的歌唱形式。

汉武帝时,官府音乐机构乐府普遍地搜集各地的民间音乐,并加以整理。乐府的歌曲大体上分为两大类,即"鼓吹曲"和"相和歌"。《宋书·乐志》说:"相和,汉旧歌也,丝竹更相和,执节(拍板)者歌。"又说:"凡乐章古辞,今之存者,并汉世街陌谣讴。"相和歌的主要来源是街陌谣讴,而街陌谣讴往往采用互相唱和的形式,这大概就是相和歌最初得名的由来。

东汉诗《西北有高楼》描写一个心情悲伤的人弹奏的曲调:"清商随风发,中曲正徘徊。一弹再三叹,慷慨有余哀。"在主旋律之后,反复出现了帮腔旋律,激昂悲哀的音律久久飘扬在高楼之外。这里反映了音乐中唱和形式所表现的效果。

《宋书·乐志》记载三国时有"但歌四曲,出自汉世。无弦节,作伎最先唱,一人唱,三人和"。"但歌",即徒歌,无乐器伴奏,是一唱众和的形式。当时新的音乐又发展起来,称为"清商三调"。《晋书·乐志》说,魏晋之世,"宋识善击节唱和",这是一项被重视的专门技艺。

南北朝时代,南朝盛行的"江南吴歌"和"荆楚西声",都是源于南方一些地区的民间音乐;在北朝,除了北方各地的民间音乐陆续被发掘整理之外，西域音乐也传了进来。北朝将相和歌、清商三调、吴歌、西曲等统称为"清商乐"。现存清商曲词中很多都保留着"和声""送声"的帮腔形式。

隋唐时代，在音乐文化领域里，经过长期酝酿，中原音乐和西北等地区少数民族的音乐结合起来，并且吸收了中亚及印度等地的音乐因素，从而产生了新的中国风格的音乐，称为"燕乐"（燕同宴）。唐代诗歌中新添了依照新乐曲的节拍而填写的"曲子词"，简称为词。词有唱和形式，歌舞戏的唱词也有唱和形式。

到了北宋，不仅涌现出新的民间音乐，而且戏剧也流行起来。南宋杨万里《竹枝歌序》记述舟人的唱词："有云：'张哥哥，李哥哥，大家着力齐一拖'。又云：'一休休，二休休，月子弯弯照几州'。其声凄婉，一唱众和。"民间的劳动歌曲一直采用唱和形式。南宋、金、元时期，在南方出现了温州杂剧，即"南戏"，也称"戏文"；在北方出现了金元杂剧。明代许多地区吸收民间音乐而形成的地方戏都发展起来。南戏流传到江西弋阳一带，和当地的民间乐曲结合，产生了"弋阳腔"；南戏流传到江苏昆山一带，和当地的乐曲结合，产生了"昆山腔"（昆曲）。明汤显祖《宜黄县戏神清源师庙记》说："自江以西为弋阳，其节以鼓，其调喧。""调喧"即指"一唱众和"的帮腔而言。

明末清初，弋阳腔和昆曲最为盛行。清代乾隆中期以后，昆曲渐衰，而所谓"乱弹"者代之而兴。乱弹即指京腔、秦腔、弋阳腔、梆子腔、二黄腔等。这些腔调里集中了不少优秀的民间乐曲。弋阳腔又发展成各种流派，大都保留着帮腔形式。清李渔《闲情偶寄·音律》篇说："北曲一折，止隶一人。虽有数人在场，其曲只出一口，从无互歌迭咏之事。弋阳、四平等腔，字多音少，一泄而尽。又有一人启口，数人接腔者，名为一人，实出众口。"弋阳腔流传到各地区，又和当地的语音土戏结合，发展成各种流派，如四川高腔、湖南高腔等，这些流派大都保留着帮腔形式。其他各地区有些民歌和地方戏中，也仍然保留着帮腔、对唱的唱和形式或这种形式遗留下的痕迹。

二　唱和——对唱

对唱指两人或两方交替歌唱,或采取问答方式,或采取接续方式。所用曲调,或相同,或不同。采用不同的曲调,当然以能互相配合为原则。

(甲)问答式的对唱形式。《诗经》中如《召南·采蘋》篇可能属于这一类:

〔唱〕于以采蘋?〔和〕南山之滨。

〔唱〕于以采藻?〔和〕于彼行潦。

〔唱〕于以盛之?〔和〕维筐及筥。

〔唱〕于以湘之?〔和〕维锜及釜。

〔唱〕于以奠之?〔和〕宗室牖下。

〔唱〕谁其尸之?〔和〕有齐(斋)季女。

到南山涧采浮萍,到流水的河边采水藻。烹煮蘋藻,祭祀祖先。有个庄严的少女主持这个祭礼。这是祭祀时唱的诗,表现了此唱彼和的节奏。反复叙述,这是唱词的特点。乐曲的旋律当然比文字的形式复杂得多,歌唱时还要依照曲调对歌词加以扩展调整,如增加衬字虚声等。

汉代乐府诗歌的影响,在东汉末年曹操等人的作品中已经明显地表现出来。曹操《短歌行》(其一)的内容,既有求贤若渴的思想,又有感恩图报的思想,不像一个作者的口气。故北京大学教授罗庸先生曾指出,此诗可能是宴会上宾主唱和之作:

〔唱〕对酒当歌,人生几何?譬如朝露,去日苦多。(一解)

〔和〕慨当以慷,忧思难忘。何以解忧?惟有杜康(酒)。(二解)

〔唱〕青青子衿,悠悠我心。但为君故,沉吟至今。(三解)

〔和〕明明如月,何时可掇。忧从中来,不可断绝。(四解)

〔唱〕呦呦鹿鸣,食野之苹。我有嘉宾,鼓瑟吹笙。(五解)

〔和〕山不厌高,水不厌深。周公吐哺,天下归心。(六解)

这首诗有"古词",有"晋乐所奏"歌词。古词共八章,每章四句。这里采用的是晋乐歌词,只有六章,称为六解,缺七、八两章,而四、五两章的位置互易。这种情况有两种解释:或者是原为六章,古词中有后人增补之处;或者是原为八章,在晋代演唱时曾经乐人删削调整。如果按唱和形式去理解,晋乐歌词各章在文义上更能互相衔接,唱和的特征更为显著。

敦煌发现的唐代曲子词中,有《南歌子》二首,是男女对唱的歌词:

〔唱〕斜影竹帘立,情事共谁亲?分明面上指痕新。罗带同心谁绾?甚人踏褋裙?　蝉鬓因何乱?金钗为谁分?红泣垂泪忆何君?分明殿上实说,莫沉吟。

〔和〕自从君去后,无心恋别人。梦中面上指痕新。罗带同心自绾。被狨儿踏褋裙。　蝉鬓竹帘乱,金钗归股分。红泣垂泪哭郎君。信是南山松柏,无心恋别人。

两首词中相当的句子互相构成问答语,唱法和后来的《小放牛》有相似之处,但《小放牛》又增加了比较复杂的帮腔形式。

(乙)接续式的对唱形式。《诗经》中也有这类歌词,如《周南·芣苢》:

〔唱〕采采芣苢,薄言采之。
〔和〕采采芣苢,薄言有之。
〔唱〕采采芣苢,薄言掇之。①
〔和〕采采芣苢,薄言捋之。②
〔唱〕采采芣苢,薄言袺之。③
〔和〕采采芣苢,薄言襭之。④

妇女们在野外采集车前子,一面摘采,一面歌唱,此唱彼和,不一会就装

---

① 掇,拾取。
② 捋,握着茎部成把地采下来。
③ 袺,提着衣襟来兜东西。
④ 襭,把衣襟掖在腰带间来兜东西。

满了大兜小兜,兴高采烈,相偕而归。诗歌的节奏反映了迅速敏捷的摘采动作。

《豳风·东山》似乎也是接续式的对唱形式的歌词,原诗四章,今抄录首章如下:

〔唱〕我徂东山,慆慆不归。我来自东,零雨其濛。

〔和〕我东曰归,我心西悲。制彼裳衣,勿士(事)行枚。① 蜎蜎者蠋,②烝在桑野。③ 敦彼独宿,④亦在车下。

本诗中唱的部分像乐曲的引子,在各章中重复出现,其位置和文字完全相同。杨荫浏同志认为是"副歌"。和的部分反而成为诗的主体。这又是一种曲式。一个离家三年的士卒,结束了征戍生活,在濛濛细雨中踏上归途,他一面走着,一面想象战乱后家园的荒凉情景,也回忆起过去的家庭生活,百感交集,凝为诗歌。它使人透过文字仿佛听到了一唱三叹的哀怨歌声。

南北朝时代,南朝的西曲歌中有《莫愁乐》二首:

〔唱〕莫愁在何处?莫愁石城西。艇子打两桨,催送莫愁来。

〔和〕闻欢下扬州,相送楚山头。探手抱腰看,江水断不流。

莫愁是一女子名。这两首是男女对唱的歌,抒写离别的心情。"欢"是当时女子对她的情人的称呼。

西曲歌中还有《那呵滩》六首,也是男女对唱的送别诗。《古今乐录》说:"其和云'郎去何当还'。"这里所说的"和",当是指帮腔的和声(以下称为"帮和")。今将帮腔实词安排在每章尾句之后。举例如下:

〔唱〕我去只如还,终不在道边。我若在道边,良信寄书还。

〔帮和〕郎去何当还。

〔和〕江水引百丈,一濡多一艇。上水郎担篙,何时到江陵。

---

① 行枚,横枚。行军时含在口中,以免出声。
② 蜎蜎,蠕动的样子。蠋,野蚕。
③ 烝,发语词。
④ 敦,蜷缩的样子。

〔帮和〕郎去何当还。

演唱时主要由男女二人对唱,再由其他人或此二人合唱帮腔。对唱是唱和,帮腔也是唱和,这样就构成了二重唱和的复杂形式。这种对唱形式,后来发展成小歌舞戏。现在内蒙古和东北地区有"二人转"、"二人台"等,都是属于对唱形式的小歌舞戏,但所用曲调已比较复杂丰富。四川灯戏和云南花灯戏等也都是从二人对唱的小歌舞戏发展而成的地方戏。

三 唱和——帮腔

帮腔是紧接每段唱词尾句,每句唱词或全首唱词尾句而出现的应和部分,一般采用"一唱众和"的形式。帮腔,大概最初只是虚声,后来才有依照虚声填上实词的。古代由于人们熟悉这种形式,而且由于书写或刻印条件的限制,也要尽量省略文字,所以关于唱和形式特别是虚声的记载很少。帮腔虚声只有偶然保存下来的,如《后汉书·五行志》所载歌谣中的"董逃"。这首歌谣共十三句,今摘录四句如下(帮腔加方括号):

承乐世〔董逃〕,游四郭〔董逃〕。蒙天恩〔董逃〕,带金紫〔董逃〕。

《五行志》认为"'董'谓董卓也。言虽跋扈,纵其残暴,终归逃窜"。这是牵强附会的说法。董逃二字是帮腔虚声,这种帮腔加强了诗歌的节奏感。

又如南宋赵长卿《摊破丑奴儿》词:

树头红叶飞都尽,景物凄凉。秀出群芳。又见红梅浅淡妆。也啰,真个是可人香。 兰魂蕙魄应羞死,独占风光。梦断高唐,月送疏枝过女墙。也啰,真个是可人香。

本词与《丑奴儿》词相比,上下两叠各增帮腔"也啰,真个是可人香"八字,"也啰"是帮腔虚声,"真个是可人香"则填为实词。

帮腔实词在《诗经》里相当多,如《郑风·木瓜》篇:

〔唱〕投我以木瓜,报之以琼琚。

〔和〕匪(非)报也,永以为好也。

〔唱〕投我以木桃,报之以琼瑶。

〔和〕匪报也,永以为好也。

〔唱〕投我以木李,报之以琼玖。

〔和〕匪报也,永以为好也。

男女唱和,诉说彼此相爱的感情和决心。和的部分反复出现在各章中,其位置和文字完全相同,当是帮腔。又如《商颂》中有《那》篇,过去不分章,现在可分为五章,每章四句,第五章是"乱";最后还有两句"顾予蒸尝,汤孙之将"。这两句也是一种帮腔,但这种帮腔大概是巫师等人朗诵的祝词。清代学者孙诒让认为,《那》诗中所说的《万舞》是指颂扬商汤《大濩》舞而言。按《那》诗可能就是春秋时代宋国所用的配合《大濩》舞的乐歌。《商颂》中另一篇《烈祖》的章句和《那》完全相同,最后也有"顾予蒸尝,汤孙之将"两句。它也可能是配合《大濩》的乐歌。这两句祝词的大意是,顾念我们的诚意,请享用祭品,这是商汤的后代子孙所奉献的。歌唱时加朗诵,为的是加强严肃气氛。

《宋书·乐志》中著录了一批"清商三调歌诗",有无名作者的古词,也有曹操等人的乐府诗,都是"魏晋乐所奏"的经过整理增补的作品。歌诗中有些重复的字句,当是帮腔。今抄录曹操《苦寒行》一首如下(重复部分加方括号):

北上太行山,艰哉何巍巍。〔太行山,艰哉何巍巍。〕羊肠坂诘屈,车轮为之摧。(一解)

树木何萧瑟,北风声正悲。〔何萧瑟,北风声正悲。〕熊罴对我蹲,虎豹夹道啼。(二解)

溪谷少人民,雪落何霏霏。〔少人民,雪落何霏霏。〕延颈长叹息,远行多所怀。(三解)

我心何怫郁,思欲一东归。〔何怫郁,思欲一东归。〕水深桥梁绝,中道正徘徊。(四解)

迷惑失径路,瞑无所宿栖。〔失径路,瞑无所宿栖。〕行行日以远,人马同时饥。(五解)

担囊行取薪,斧冰持作糜。〔担囊行取薪,斧冰持作糜。〕悲彼《东山诗》,悠悠使我哀。(六解)

共六解。前五解,重复首句三字,次句全句;最后一解,重复前两句。其他歌诗,有每解中前两句重唱,每解之后唱"歌以言志",再重唱首句的;还有只重唱每解首句的,有只重唱歌诗中一解的。从这几个曲调的唱法,可以推想其他同调歌词的唱法。

《宋书·乐志》说:"凡乐章古词,今之存者,并汉世街陌谣讴,《江南可采莲》、《乌生》、《十五》、《白头吟》之属也。"许多研究者都指出,《江南可采莲》是一首一唱众和的诗歌:

〔唱〕江南可采莲,莲叶何田田,鱼戏莲叶间。

〔和〕鱼戏莲叶东,鱼戏莲叶西,鱼戏莲叶南,鱼戏莲叶北。

采莲人对着这样美丽的风物,情不自禁地唱起来,一唱众和,洋溢着一片欢乐。

《宋书·乐志》中保存了汉魏以来的清商大曲(即相和大曲)十五曲,今将大曲《艳歌何尝行》(白鹄)古词抄录如下:

〔艳歌〕飞来双白鹄,乃从西北来。十十五五,罗列成行。(一解)妻卒被病,行不能相随。五里一返顾,六里一徘徊。(二解)吾欲衔汝去,口噤不能开;吾欲负汝去,毛羽何摧颓。(三解)乐哉新相知,忧来生别离。蹉跎顾群侣,泪下不自知。(四解)

〔趋曲〕念与君别离,气结不能言。各各重自爱,道远归还难。妾当守空房,闭门下重关。若生当相见,亡者会黄泉。

〔和〕今日乐相乐,延年万岁期。

本诗下有注文:"'念与'下为趋曲,前有艳。"对于趋曲的段落,说得明确。艳歌指什么?就注明艳趋的一些大曲加以比较,可以推想这里的艳歌即指"念与"以前的古词四解。本诗艳歌与趋曲是两大段男女对唱的歌词。曲尾"今日乐相乐,延年万岁期"两句,与整个趋曲不押韵,疑是附加的帮腔实词,表示祝福的习惯用语。唱到这两句时,可能是由此二人或其他人合唱或朗诵。

南北朝时代的清商曲词中,许多诗歌都有帮腔实词。如《欢闻歌》,《古今乐录》说:"歌毕辄呼'欢闻不',以为送声,后因此为曲名。"今抄录一首如下:

　　　　遥遥天无柱,流漂萍无根。单身如荧火,持底报郎恩。〔欢闻不?〕

又如《子夜变歌》,《古今乐录》说:"前作'持子'送,后作'欢娱我'送。"送声在语句之后。今按唐代诗歌帮腔的一种形式,把《子夜变歌》的两种送声安排在歌词里。举例如下:

　　　　岁月如流迈〔持子〕,行已及素秋〔欢娱我〕。蟋蟀吟堂前〔持子〕,惆怅使人愁〔欢娱我〕。

《西乌夜飞》的帮腔形式比较复杂。《古今乐录》说:"歌和云'白日落西山,还去来。'送声云'折翅乌,飞何处,被弹归'。"本诗每首四句,而和声、送声都较长,不宜安排在每句之下,因此,将和声安排在第二句之后,送声安排在尾句之后。举例如下:

　　　　〔唱〕阳春二三月,诸花尽芳盛。
　　　　〔和〕〔白日落西山,还去来。〕
　　　　〔唱〕持底唤欢来,花笑莺歌咏。
　　　　〔和〕〔折翅乌,飞何处,被弹归。〕

《三洲歌》的和声更长。《古今乐录》说:"歌和云'三洲断江口,水从窈窕河傍流。啼将别,共来长相思'。"本诗每首四句,今将和声安排在尾句之后。举例如下:

　　　　〔唱〕送欢板桥湾,相待三山头。遥见千幅帆,知是逐风流。
　　　　〔和〕〔三洲断江口,水从窈窕河傍流。啼将别,共来长相思。〕

其他如《江南弄》、《采菱曲》等只有和声,和声当然都在歌词尾句之后。

唐代初年,李世民封为秦王,当时军中有歌颂他的乐舞,称《秦王破阵乐》。《新唐书·礼乐志》说:"歌者和曰《秦王破阵乐》。"其后,唐朝又有《大定乐》。《旧唐书·音乐志》说:"歌和云'八纮同轨乐'。"这里所说的和声都是帮腔。

唐代有个流行的小歌舞戏《踏谣娘》,内容描写妇女受虐待的情况。据唐崔令钦《教坊记》记载,表演时"丈夫着妇人衣,徐步入场行歌。每一叠,旁人齐声和之云:'踏谣和来,踏谣娘苦,和来。'"歌词已失传,但它的帮腔实词保留下来,是一唱众和的形式。

唐中宗时曾盛行泼寒胡戏,表演者持油囊装水,泼洒歌舞,以为笑乐。诗人张说作《苏摩遮》诗五首,自注"泼寒胡戏所歌,其和声云'亿岁乐'"。今抄录一首如下:

摩遮本出海西胡〔亿岁乐〕,琉璃宝眼紫髯胡〔亿岁乐〕。闻道皇恩遍宇宙〔亿岁乐〕,来时歌舞助欢娱〔亿岁乐〕。

和声,不知是在每句之后,还是在每首之后。今按唐代诗歌帮腔的一种形式,安排在每句之后。

唐代的《竹枝词》又称《巴渝歌》,是四川的民歌。刘禹锡写了一些竹枝词,如"巫峡巫山杨柳多,朝云暮雨远相和"。都是七言绝句,没有帮腔。但词中既然说"远相和",可见歌唱时是采用对唱或帮腔形式的。皇甫松《竹枝词》有帮腔:

山头桃花〔竹枝〕谷底杏〔女儿〕,两花窈窕〔竹枝〕遥相映〔女儿〕。

孙光宪《竹枝词》也有帮腔:

门前春水〔竹枝〕白蘋花〔女儿〕,岸上无人〔竹枝〕小艇斜〔女儿〕。商女经过〔竹枝〕江欲暮〔女儿〕,散抛残食〔竹枝〕饲神鸦〔女儿〕。

皇甫松《采莲子》和《竹枝词》相似:

菡萏香连十顷陂〔举棹〕,小姑贪戏采莲迟〔年少〕。晚来弄水船头湿〔举棹〕,更脱红裙裹鸭儿〔年少〕。

"竹枝"表示曲调,其他帮腔都是些口头语。

在五代词及宋词中似乎也有帮腔遗留的痕迹。如南唐李璟《摊破浣溪沙》词:

> 菡萏香销翠叶残,西风愁起绿波间。还与韶光共憔悴,不堪看。　细雨梦回鸡塞远,小楼吹彻玉笙寒。多少泪珠何限恨,倚栏干。

本词与《浣溪沙》词相比,上下叠各增最后一句三个字。这三个字也许是帮腔实词,但已构成曲调的一个组成部分,不再是附加部分。

四　唱和——重唱

重唱,即依照别人所唱的曲调唱歌。重唱时或者曲调和歌词都相同,或者曲调相同而歌词不同。《论语·述而》篇记载:"(孔)子与人歌而善,必使反之,而后和之。"孔子同他人一起歌唱,如果觉得是一首好歌,一定要求他再唱一遍,然后自己来应和。这里所说的"和",大概就是按照别人的声腔重唱。战国末年,宋玉《对楚王问》说:

> 客有歌于郢中者,其始曰《下里》《巴人》,国中属而和者数千人;其为《阳阿》《薤露》,国中属而和者数百人;其为《阳春》《白雪》,国中属而和者,不过数十人而已。

"属"是接续的意思。《下里》《巴人》是大家喜爱的感到亲切的歌曲,所以跟着唱的人就特别多。这里所说的"和"也是重唱的意思。

秦朝灭亡之后,刘邦和项羽展开了争夺帝位的战争。《史记·项羽本纪》记载项羽在垓下被围困的情况说:

> 于是项王乃悲歌慷慨,自为诗曰:"力拔山兮气盖世,时不利兮骓不逝。骓不逝兮可奈何,虞兮虞兮奈若何!"歌数阕。美人和之。

"阕"是乐章的意思。歌数阕,唱了几遍。虞姬应和,大概也是重唱,只是歌词会有所改动。《史记·高祖本纪》记载刘邦回到故乡沛郡的情况说:

（刘邦）置酒沛宫,悉召故人、父老、子弟纵酒。发沛中儿,得百二十人,教之歌。酒酣,高祖击筑,自为歌诗曰:"大风起兮云飞扬,威加海内兮归故乡,安得猛士兮守四方。"令儿皆和习之。

"和习"即依照刘邦唱的曲调唱他的歌诗。《汉书·礼乐志》说:"至孝惠(汉惠帝)时以沛宫为原庙,皆令歌儿习吹以相和。"到这时已经增加了伴奏的乐器,歌儿互相唱和,音乐也有了发展。

歌唱时由乐器伴奏或按照器乐的曲调唱歌,古代都称为"和"。《史记·刺客列传》记载,荆轲在燕国,"日与狗屠及高渐离饮于燕市","高渐离击筑,荆轲和而歌于市中。"荆轲动身去秦国时,至易水之上,"高渐离击筑,荆轲和而歌"。荆轲按照高渐离用筑奏出的曲调唱歌。

在音乐的唱和形式影响下,从东汉末年诗坛上就出现了以诗互相赠答的风气,也称为唱和,或称酬唱。词的赠答,最早的是上面所引的敦煌曲子词《南歌子》,两首的韵脚基本相同。至文人作词互相赠答,以唐代的白居易、刘禹锡为最早。白居易《忆江南》词:

江南忆,最忆是杭州。山寺月中寻桂子,郡亭枕上看潮头。何日更重游。

自注:"此曲亦名《谢秋娘》,每首五句。"因白居易填词,此曲改为词调《忆江南》。刘禹锡《和乐天春词,依〈忆江南〉曲拍为句》:

春去也,多谢洛城人。弱柳从风疑举袂,丛兰裛露似沾巾。独坐亦含颦。

此后,词的赠答风气也盛行起来。赠答的作品不仅格律相同,而且往往韵脚也相同。

五 结 束 语

从历史上看,歌谣是在集体劳动中产生的。群众掌握劳动节奏的特征,创造了诗歌的唱和形式。在劳动中,劳动者此唱彼和,一唱众和,声应气求,喜闻乐唱,不仅使同伴有减轻疲劳之感,而且能协调共同劳动的动作,起了互相关照的作用。从此广泛运用,唱和形式产生了多种效果。它能使音乐色彩多样化,避免单调滞板;能扩大音量,宜于在空旷地方演唱,能容纳许多人参加,适合群众性娱乐活动的需要。对唱,可以两人对唱,可以两组对唱,还可以轮换。帮腔,能参加的更多。如前面所举的唐代小歌舞戏《踏谣娘》,在广场上表演时,"每一叠,旁人齐声和之云'踏谣和来,踏谣娘苦,和来'"。演员只有两人。所谓"旁人齐声和之",当然是指观众。观众帮腔,更易于进入戏剧境界,和演员的情感融为一体,都得到了艺术享受,也都受到了教育。显而易见,群众的需要和艺术实践,是唱和形式发展的主要条件。

在音乐发展的漫长过程中,有的唱和形式保留下来,成为一种传统的民歌形式;有的唱和形式从简单的旋律发展成比较复杂的曲调,或者成为独立乐曲,或者融合在大型乐曲中。大型乐曲中有些对称、呼应的段落,可以认为是对唱形式的运用;有些尾声,是帮腔形式的发展;有些重复的段落,也可以认为是唱和形式的化身。但这些特点不可能都反映在歌词上。

帮腔,一般都很短,也有比较长的。它对于主乐曲只能起配合或补充的作用,处于陪衬地位,但它能使乐曲更加完美地塑造音乐形象,表达主题思想。

《诗经》中有些歌曲可能有帮腔,有些比较长的歌曲有"乱",或者同时还可能有帮腔。乱是乐曲的高潮部分,往往安排在乐曲的末尾,采用器乐合奏的方式。《诗经》中有乱的歌曲,已经确定的共三篇,即《周南·关雎》、《周颂·大武》和《商颂·那》。《国语·周语》记载:"昔正考父校商之名颂十二篇,以《那》为首。其辑之'乱'曰:'自古在昔,先民有作,温恭朝夕,执事有恪'。"这四句是《那》篇的最后一章,是乐曲的乱。全曲结束后又有两句祝词。如果这些祝词是帮腔实词,那么,本诗有乱也有帮腔。

在相和歌、清商曲中,较长的歌曲往往分为若干解。解相当于章,大概是由于使用解曲而得名。解曲的来源之一是一个曲调。如《新唐书·礼乐志》说:"初隋有法曲,其音清而近雅","隋炀帝厌其声淡,曲终复加解音"。以解音弥补法曲过于清淡的缺陷。唐南卓《羯鼓录》记载:

"夫曲有不尽者,须以他曲解之,方可尽其声也。夫《耶婆色鸡》当用《柘枝》即便解之。"借用《柘枝》大曲的一段,来弥补《耶婆色鸡》曲不完整的缺陷。解曲的另一个来源,可能是由帮腔发展而成的曲调。有的帮腔是重复主曲调末尾的部分声腔,有的则是配合上的其他声腔。这种配合的声腔有可能发展成解曲。帮腔如发展成解曲,它的原始形式就不显明了。

在戏曲音乐中,帮腔虚声有逐渐向实词转化的趋势,而帮腔实词也在演变中。它演变的形式可以分为三类:

(1)帮腔实词以合唱形式构成了每段唱词的结尾部分,无论就曲调或歌词内容说,都是这段唱词中的一个组成部分。这种情况在宋元戏文中已经屡次出现。如元戏文《薛云卿鬼做媒》中的一段唱词:

《越调排歌》(曲牌)一夜朔风,冻云四垂,向长空纷坠。飘棉舞絮,迸玉筛乱珠,一望琼瑶天地里。〔合〕豪家见,雪恁飞,暖阁里多乐意。贫人见,雪恁飞,寒屋下长吁气。

这里的合唱部分是《排歌》的一叠。明代戏文中采用这种形式的更多。如高明《琵琶记》戏文第二出《高堂称寿》中的一段(剧中人有蔡伯喈、蔡翁、蔡婆、蔡妇):

《宝鼎现》〔翁〕小门深巷,春到芳草,人间清昼。〔婆〕人老去星星非故,春又来年年依旧。〔妇〕最喜今朝春酒熟,满目花开如绣。〔合〕愿岁岁年年,人在花下,常斟春酒。

这里的合唱部分占了三句。周贻白说:"昆山腔每值数人同场,有合唱曲尾之例。"他认为昆曲中也有帮腔遗留的痕迹。

(2)众人帮腔的实词变为主唱者一人独唱的唱词,即唱到每段尾句时重复尾句一次,如小歌舞戏"小放牛"和云南"花灯戏"等。

(3)众人帮腔的实词变为主唱者一人独唱的唱词,但后来主唱者唱到每段尾句时也不再重复尾句,而只由伴奏乐器重奏尾句的声腔一次。周贻白指出,如越剧、楚剧,虽然都是每人独唱,但"其伴奏乐器之随腔,每至尾句过门,辄即尾句之重复"。帮腔又演变为器乐曲调。

戏曲音乐中帮腔形式所以逐渐转化、减少或消失,一方面由于戏剧表演场所的转移,一方面由于伴奏器乐的发展。戏剧表演,最初在广场上,以后在广场、街道或寺院的戏台上。但在城市里,从北宋起就有固定的群众娱乐场所,称为"瓦舍"、"瓦子",瓦子里又分成各种戏棚,称为"勾栏",专供戏剧表演之用;官府或贵族家中的戏剧表演,就在庭院里或室内。因此,一唱众和的帮腔形式渐渐地不适用了,需要变换其他形式。同时,伴奏乐器逐渐增加,演奏技巧不断提高,不仅为唱腔伴奏,而且能代替部分唱腔,补充唱腔的间隙和不足之处,能发挥相对独立的音乐效果。这样,帮腔形式就部分地或全部地转入主曲调唱腔和过门曲中,又成为一种新的因素,推动着唱腔和过门曲有所扩展,更加丰富多彩。

古代音乐和诗歌中唱和形式的发展变化,反映了广大群众和艺人艺术实践的丰硕成果。

(《词刊》1980年1、2期)

关于词的起源问题

一　问题的提出

词是唐代产生的一种文学体裁,和当时的音乐有密切关系。唐代音乐的成分中,主要是中原音乐,此外也包含西域音乐等。所谓西域音乐,即指我国西部兄弟民族的音乐以及中亚和印度等地的音乐。在解放以前,我们有些文学史和音乐史研究者,在引用古代有关西域音乐的文献时,肯定过多,缺乏具体分析,因而导致若干片面的和错误的论断,传播过一些不正确的影响。解放以后,关于这个问题的研究,已逐渐走上康庄大道,取得了很大的进展。上述的偏向和错误,也不断地得到讨论纠正。但近年来有些论著对于唐代音乐的分析和词体起源的解释,还存在可以商榷的地方。如《宋词选·前言》说:

> 宋人王灼《碧鸡漫志》说:"盖隋以来,今之所谓曲子者渐兴,至唐稍盛。今则繁声淫奏,殆不可数。"这里所谓曲子就是指隋、唐时期流行的西域音乐——燕乐(即宴乐),那是代表西北民族刚健风格的新音乐,和中国原有的清乐有所不同。这两种体系和性质不同的音乐配合着不同的歌词形式。曲子词主要是用来配合燕乐的。词是这种新兴的曲子词的简称。

《读词常识》第一章说:

> 宴乐的主要成分是西域音乐,是中国西部各兄弟民族的音乐,以及中亚细亚和印度的音乐。……燕乐就是以这种大量传入的胡乐为主体的新乐,其中自然也包含着一部分民间音乐的成分。它是中外音乐交融结合而成的一种新音乐。……词是"胡夷里巷之曲",它所配合的音乐主要就是燕乐。燕乐的主要乐器是琵琶。

> ……琵琶……在音律上有很大发展,可以用它来创制出无数动人美听的新鲜乐曲。……词的产生和创作,其大部分就是为了配合这种流行的新乐的曲调。

燕乐是由于常用在宴会上而得名的(燕与宴通)。对于这个名词所代表的内容,还有不同的理解。但如果以燕乐代表隋、唐时代兴起的新音乐,那么,认为这种燕乐以西域音乐为主体,和中原传统音乐"清商乐"(清乐)属于不同的系统,是不妥当的。如果以燕乐代表隋唐时代传入中原地区的西域音乐,那么,认为词主要是用来配合这种燕乐的歌词,也是不妥当的。因为那样,就太夸大西域音乐的影响了。而《读词常识》似乎还认为,词的产生和琵琶有关,未免夸大了一种乐器的作用。

有一种《中国文学史》第十三章说:

> 词所以兴起于唐代,是和当时随着城市经济的繁荣而繁荣起来的音乐有关。在当时,西域音乐(胡乐)大量传入中国,曲调繁多,从宫廷到民间都很流行;同时,唐代民间乐曲也很发达,故"自开元以来,歌者杂用胡夷里巷之曲"。这种中外音乐都很盛行的情况,有力地促进了词的发展。

另一种《中国文学史》第十三章说:

> 配合词调的音乐主要是周、隋以来从西北各民族传入的燕乐,同时包含有魏、晋、南北朝以来流行的清商乐。燕乐的乐器以琵琶为主,琵琶有二十八调,音律变化繁多,五七言诗体不容易跟它配合,长短句的歌词就应运而生。《旧唐书·音乐志》:"自开元以来,歌者杂用胡夷、里巷之曲。"所谓里巷之曲是当时民间流行的俚曲小调,如《渔歌子》、《望江南》等。所谓胡夷之曲是当时外国传进来的乐曲,如《苏幕遮》、《菩萨蛮》等。

两书解释词的起源问题比较全面,但仍然倾向于认为产生词的音乐以西域传来的为主。后者也夸大了琵琶所起的作用。当时所谓"胡夷之曲",并不全是外国传进来的,也有边疆兄弟民族的乐曲。

看来,这个问题还有继续探讨的必要。

二　唐代的新音乐是不是以西域音乐为主

在中原地区,在某些时期特殊的局部环境中,有以西域音乐为主的情况;但就唐代形成的整个的新音乐说,不是以西域音乐为主,而是以中原地区的民间音乐为主,大量吸收了西域音乐,西域音乐在新兴的唐代音乐中占有重要位置。

中国古代音乐发展史表明:(1)音乐来自民间,是人民生活的反映和升华。社会不断地发展,人民生活不断地发生变化,新的音乐就永远不断地涌现出来,通过各种渠道浮升上来。(2)历代的新音乐都是继承了旧音乐的成就和传统,在新的社会条件下发展起来的。(3)中国一向是个多民族的、幅员辽阔的国家。各民族的音乐有不同的民族形式,各地区的音乐有不同的地方特点。但就全国规模的发展的总趋势看,这些音乐因素互相接触融合,就产生了以中原音乐为主,概括国内民族特点和地方特点,或者还吸收外来音乐而成的中国风格。在各个历史阶段,中国风格是有发展的。

宋沈括《梦溪笔谈》卷五说:"自唐天宝十三载,始诏法曲与胡部合奏。自此乐奏全失古法,以先王之乐为雅乐,前世新声为清乐,合胡部者为宴乐。"这里勾画出音乐发展史上的三个阶段:雅乐指西周到春秋时代形成的中国风格(到唐代已失传);清乐指西汉到南北朝形成的中国风格;宴乐(燕乐)指唐代形成的中国风格,其中包含了"胡部"——西域音乐,但并不是以西域音乐为主。

西汉设置乐府,搜集各地的民歌,加以整理。汉乐府曲大致分为两类,即"鼓吹曲"(武乐)与"相和歌"(普通音乐)。魏、晋时代,在继承了相和歌的基础上有新音乐发展起来,即"清商三调"。南北朝时代的南朝,在继承了相和歌与清商三调的基础上有新音乐发展起来,即"吴歌"和"西曲"。北魏将吴歌、西曲、清商三调以及相和歌等统称为"清商乐"。到隋唐时代,清商乐便成为汉代以来中原和南方各地传统音乐的总名称。

在唐代,高度发展的封建经济,南北朝以来,国内各民族及其文化的又一次大融合,给音乐的繁荣创造了有利条件。当时继承了清商乐,在中原并在西部和其他民族地区搜集民间音乐,同时也吸收了中亚和印度等地的音乐因素,经过广大人民的选择和音乐家的实践,中原音乐和西域等地的音乐结合起来,因此产生了唐代音乐。唐代音乐是我国音乐发展史上继清商乐而起的又一个高峰,形成了当时的新的中国风格。

古代关于西域音乐的历史文献,由于材料来源、具体条件、著者成见和叙述方法的局限,有不少记载是靠不住的或不能全信的,必须批判地加以分析和评价。如杜佑《通典·乐典》说:"周、隋以来,管弦杂曲将数百曲,多用西凉乐;鼓舞曲多用龟兹乐。"(西凉,今甘肃武威;龟兹,今新疆库车。)而《旧唐书·音乐志》则写为:"周、隋管弦杂曲数百,皆西凉乐也;鼓舞曲皆龟兹乐也。"这样就又加重了一层。从这条记载推想,当时西域音乐似乎已占统治地位,其实不然。杜佑根据的是周、隋宫廷的音乐材料,其中大部分是从北魏继承下来的。北魏、北周都是鲜卑族建立的政权,宫廷中采用的西域音乐比较多(西凉乐已经是西域音乐和中原音乐融合而成的),这种情况不能代表北朝的民间音乐活动。又如白居易《法曲》诗自注说:"天宝十三载,始诏诸道调法曲与胡部新声合作,识者深异之。"而沈括则又增益一句:"自此乐奏全失古法。"皇帝下一道命令,何至于从此"乐奏全失古法"？ 过去,我们也常常征引隋代的"九部乐"和唐代的"十部乐",来证明西域音乐占了主要地位;实际上,这些都是宫廷宴会时乐舞表演的节目次序单,目的在炫耀皇帝的威德,不能反映当时整个新音乐的内容。《新唐书·舆服志》说:"开元来,太常乐尚胡曲。"元稹《法曲》诗说:"女为胡服学胡装,伎进胡音务胡乐。"这是描写一部分贵族阶层的风尚,不能认为从都市到乡村全是这样。

唐代音乐是中原地区的民间音乐、传统音乐和传进来的西域音乐等因素融合而成的,其中以中原民间音乐为主体。当唐代音乐酝酿成熟的时候,这些因素都或多或少地有了发展和提高。就一般情况说,这时产生的或流传的乐曲也就程度不同地具备了或涂染上时代色彩。

音乐史上的各个阶段,如清商乐,如燕乐,是就音乐发展的总趋势而划分的。有继承关系,又有区别。前后过渡的时期很长,不能截然划分,判若鸿沟。清商乐到了唐代虽然渐渐衰败了,但它所起的作用仍然是显著的,它的若干成就也被新音乐所吸收。唐代的法曲是清商乐、民间音乐和法乐(宗教音乐)相结合的产物;唐代的大曲是继承了清商乐的"相和大曲",而又借鉴西域乐大曲所创造的大型乐曲形式。就乐曲而论,为广大人民所喜爱的、在社会上扎了根的乐曲,更是不容易消失的;虽然因时因地而有所改变,但其主要部分会成为"音乐幽灵",长期地辗转流传着。有的乐曲虽然消失了,但其中某些旋律却保存下来,成为新乐曲的一种因素。李白《听胡人吹玉笛》诗:"胡人吹玉笛,一半是秦声;十月吴山晓,梅花落敬亭(山)。"白居易《杨柳枝》词:"《六幺》《水调》家家唱,《白雪》《梅花》处处吹;古歌旧曲君休听,听取新翻《杨柳枝》。"《梅花落》是东汉以来流行的横吹曲,《白雪》是清商乐曲。此外,清商乐中如《乌夜啼》在唐代变为教坊杂曲;《玉树后庭花》、《泛龙舟》变为大曲,《堂堂》、《明君》(王昭君)变为法曲。这类乐曲在流传过程中,有些经过加工改编,即所谓"加减节奏"或"因旧曲造新声";有些改动不大;当然也可能有长期保持原样或只是沿用旧曲名的,大概都占少数。

唐代音乐中包含了各民族地区的音乐因素,如乐曲《伊州》出于今新疆,《赞普子》出于今西藏,《南诏奉圣乐》出于今云南,等等。也包含了外国音乐因素,如乐曲《柘枝》来自中亚,《婆罗门》来自印度,等等。这类乐曲传入中原后,一方面对唐代音乐的形成起了一定的作用,一方面本身也受到不同程度的中原化,原封不动的大概占少数。

中原地区有丰富的民间音乐和音乐遗产。在这种情况下,如果说,隋、唐时代中原地区的广大人民在音乐活动中,把土生土长的反映自己生活的民间音乐和世代继承的传统音乐都放在一边,而以西域音乐为主,那是难以想象的事情。

至于根据有关西域乐器和乐律盛行于中原的记载来说明西域音乐占了统治地位,这种见解也是不能成立的。当时西域乐器和乐律传进来,受到中原人民的欢迎,丰富了演奏的声音,提高了技巧,促进了音乐艺术的发展;但不能使中原音乐离开自己的传统和基础,而进入另一种发展轨道,形成另一种体系的风格。风格的特点主要表现在乐曲的内容、旋律、音色、节奏变化和曲式结构上,采用哪一种乐律或哪些乐器,关系是不太大的。比如用古琴演奏《东方红》,《东方红》是一首中国民歌;用钢琴或提琴演奏,《东方红》还是一首中国民歌。古琴和钢琴,不仅乐器不同,而且使用的乐律也不同。我们可以用同样的道理理解唐代的音乐。

三 词主要是配合西域音乐的吗

词最初是唐代音乐的产物。它主要是配合中原乐曲的,也有一部分是配合西域和其他地区的乐曲的。唐代的乐曲很多,但只有少数的曲名和有关文献保留下来。成批的乐曲,《唐会要》卷三十三著录天宝十三载"太乐署供奏曲名及改诸乐名"二百四十多曲,崔令钦《教坊记》著录唐玄宗时教坊演奏的乐曲三百二十多曲(此书可能经过后人订补)。其他书中也记载了一些。

教坊是政府的俗乐机构,是为封建统治阶级享乐而设置的,但也是搜集民间音乐并安置、训练乐工的地方,传播音乐的地方。教坊曲可以说是当时最流行的、代表最高水平的乐曲。近人根据曲名和有关文献进行考证,估计在教坊曲中,西域乐曲或具有西域情调的乐曲约占十分之一强;即使说,有些乐曲更改了曲名,文献缺如,已无痕迹可寻,充其量也不过占十分之二。其余的,大多数是中原地区的民间乐曲和传统乐曲。这种民间乐曲,大概很多都更改过曲名;有一些还可以从曲名上看出来,如《摸鱼子》、《剉碓子》、《煮羊头》等。

凡是配过或填过歌词的乐曲,都应当称为"词调";但一般所说的词调或"词牌",却是指唐、宋时代经常用以填词的大致固定的一部分乐曲,约计八百七十多个(包括少数金、元词调)。有些词调往往不止一个名称、一种格律,所以在调名上还存在一些纠葛。唐宋词调中大约有八十个出于唐代的教坊曲,其中可以称为西域乐曲或具有西域情调者,有《苏幕遮》、《婆罗门引》、《柘枝引》、《伊州令》、《赞普子》(赞浦子)、《沙塞子》、《西河》、《甘州令》、《梁州令》(凉州)、《酒泉子》等,约占十分之一强,充其量也不过占十分之二。用这种统计方法来衡量,本来并不完全合理,但可以反映当时的大致情况。在宋代音乐中,西域音乐因素占的比重更小。因此不能说，词所配合的音乐主要是西域音乐。

　　大部分词调出于民间乐曲，如《二郎神》、《欸乃曲》、《竹枝词》、《潇湘神》等。《二郎神》原来是纪念二郎的乐曲。二郎是谁，传说不同，大都认为是指战国末年李冰的次子。李冰父子在蜀中修建都江堰，治水的事迹为后人所传诵。《欸乃曲》词原来配合的是湘水、潇水上的船夫曲。"欸乃"就是船夫号子中经常出现的呼喊声。《竹枝词》出于巴渝民歌。《潇湘神》的前身为《潇湘送神曲》，是潇水、湘水一带民间祭祀湘妃时迎神送神所用的乐曲。刘禹锡《浪淘沙》词："令人忽忆潇湘渚，回唱迎神两三声。"白居易《夜闻筝中弹〈潇湘送神曲〉感旧》诗："殷勤湘水曲，留在十三弦；苦调吟还出，深情咽不传。"这类民间乐曲和西域音乐根本没有关系。

　　词调也有出于琴（七弦琴）曲的，如《相思引》、《虞美人》、《风入松》、《长相思》等。《相思引》又名《琴调相思引》。《乐府诗集》卷五八："按《琴集》有《力拔山操》，项羽所作也。近世又有《虞美人》曲，亦出于此。"又卷六〇："《琴集》曰：《风入松》，嵇康所作也。"托名项羽、嵇康所作，未必可信，但《虞美人》、《风入松》确是琴曲。《长相思》原名《湘妃怨》，是民间祭祀娥皇、女英时所用的乐曲。古代有个神话：虞舜巡游云南，使二妃——娥皇、女英留居潇湘间。舜死了之后，"二妃啼，以涕挥竹，竹尽斑"。白居易依照《湘妃怨》的节拍填词，此曲因而成为词调，名《长相思》。白词第二首：

　　　　深画眉，浅画眉，蝉鬓鬅鬙云满衣，阳台行雨回。　巫山高，巫
　　山低，暮雨潇潇郎不归，空床独守时。

用《湘妃怨》曲调写巫山神女的传说。白居易又有《听弹〈湘妃怨〉》一诗：

　　　　玉轸朱弦瑟瑟徽，吴娃徵调奏《湘妃》。分明曲里愁云南，似道
　　"萧萧郎不归"。

自注："江南新词有云：'暮雨萧萧郎不归'。"他所说的"江南新词"即指《长相思》词。"玉轸朱弦瑟瑟徽"，指装饰华丽的七弦琴（瑟瑟，一种碧珠）。由此可以推断，《长相思》的前身即《湘妃怨》，《湘妃怨》是琴曲。

既然如此,就很难说词配合的乐曲都是或大部分是琵琶曲。词的产生和琵琶的传入并没有必然的因果关系。

还有不少词调出于清商乐,但情况比较复杂。有词调采用清商乐曲而且保留旧曲名者,如《玉树后庭花》、《白苎》等。《玉树后庭花》,陈后主作诗,陈太乐令何胥作曲,原为清商曲,至唐代仍然流传。唐太宗时,御史大夫杜淹说:

> 陈将亡也,有《玉树后庭花》;齐将亡也,有《伴侣》。闻者悲戚。所谓"亡国之音哀以思"。以是观之,亦乐之所起。

唐太宗说:

> 夫声之所感,各因人之哀乐。将亡之政,其民苦,故闻以悲,今《玉树》、《伴侣》之曲尚存,为公奏之,知必不悲。

两个人的音乐理论都有问题,但说明了当时的《玉树后庭花》仍然是陈朝的旧曲。《教坊记》著录此曲,同时列入杂曲和大曲中。列入大曲者,当已经过扩充改编。唐玄宗时,也改编为法曲。大曲结构复杂,具备"散序"、"中序"、"破"等部分。词调中先有《玉树后庭花》或《后庭花》,金、元时代又有《后庭花破子》。后者大概出于大曲的"破"段。

《白苎》原为一种吴地舞蹈的名称。配舞的乐曲也称《白苎》。在唐代宫廷中,《白苎》列入清商乐。李白诗:"醉客满船歌《白苎》,不知霜露入秋衣。"①戴叔伦《白苎辞》:"新裁白苎胜红绡,玉佩珠璎金步摇(首饰)。回鸾转凤意自娇,银筝锦瑟声相和。"武元衡《春日偶作》诗:"纵横桃李枝,淡荡春风吹。美人歌《白苎》,万恨在蛾眉。"可见《白苎》的舞蹈和歌曲仍然流行于唐代。词调《白苎》或作《白纻》,虽然是由北宋人开始填词,但和清商乐《白苎》应有继承关系。

词调采用清商乐曲而更改旧曲名者,如《西江月》的前身是《步虚词》,《相见欢》和《锦堂春》的前身大概是《乌夜啼》。怎样知道的呢?因为《西江月》又名《步虚词》,《相见欢》又名《乌夜啼》,《锦堂春》本名《乌

---

① 诗题为《陪族叔刑部侍郎晔及中书贾舍人至游洞庭》其四。

夜啼》，这样，就显示了这些乐曲相应地互有关系的迹象。词调产生异名，大都是有原因的，这种异名或象征一首新词的主题，或摘引词中的名句或美丽词藻，或反映词调的源流变迁。《步虚词》和《乌夜啼》应当是由于最后一种原因而保留下来的异名。《步虚词》又名《步虚歌》，《乐府诗集》卷七八列入《杂曲歌辞》中，并引《乐府解题》说："步虚词，道家曲也，备言众仙缥缈轻举之美。"相传三国时曹植游山，忽闻空里诵经声，"解音者则而写之，为神仙声。道士效之，作步虚声"。此说未必可信，但乐曲的流传一定有很长的历史，到唐代仍然盛行。《全唐诗话》卷一记李行言，"中宗时为给事中，能唱《步虚歌》"。唐宪宗时，施肩吾作《闻山中步虚声》诗："何人步虚南峰顶，鹤唳九天霜月冷；仙洞偶逐东风来，误飘数声落尘境。"《步虚歌》被教坊采集，在教坊曲中改名《西江月》，但在其他场合未必都称为《西江月》。词调《西江月》出于教坊曲。《高丽史·乐志》所载《步虚子令》词，和《西江月》的又一体相似，可能就是《西江月》的异名。

《相见欢》和《锦堂春》格律不同，为什么同出于《乌夜啼》曲？按《乐府诗集》卷四七《清商曲辞》中著录《乌夜啼》，卷六〇《琴曲歌辞》中著录《乌夜啼引》。本来是南北朝的乐曲，到唐代仍然盛行，教坊杂曲中就有《乌夜啼》，《教坊记》说"亦入琴操"。白居易《池鹤八绝句》诗自注："琴曲有《乌夜啼》、《别鹤怨》。""《别鹤怨》在羽调，《乌夜啼》在角调"。他所说的琴曲《乌夜啼》，即《乌夜啼引》。元稹《听庾及之弹〈乌夜啼引〉》诗："君弹《乌夜啼》，我传乐府解古题。良人在狱妻在闺，官家欲赦乌报妻。乌前再拜泪如雨，乌作哀声妻暗语。后人写出《乌啼引》，吴调哀弦声楚楚。"《乌夜啼引》和《乌夜啼》不完全相同。就所属宫调说，在唐、宋时代，《乌夜啼引》在角调，《乌夜啼》不知在何调；词调《锦堂春》在商调，《相见欢》不知在何调。因此推断《相见欢》出于《乌夜啼引》，《锦堂春》出于《乌夜啼》。

这一类更改名称的情况，无论乐曲或词调都是经常有的，只是有些留下了线索，有些没有留下来，还有待进一步发掘整理。当然，乐曲在长期流传过程中都会或多或少地有所发展变化。

也有词调采用清商乐曲名而实无关系者，如李煜《菩萨蛮》词改名

《子夜歌》，大概是由于词中有这样的句子："花明月暗笼轻雾，今宵好向郎边去。"《菩萨蛮》是外国传来的乐曲，和南朝的吴歌不会有瓜葛。这一类毕竟占少数。

从种种情况考察，词所配合的乐曲主要是中原地区的民间乐曲，也有传统乐曲。词所配合的音乐和清商乐，并不是两种体系和性质不同的音乐。

四　词是什么时候产生的

关于这个问题，今天也有争论。大致可以分为三派：(1)"远在六朝，梁武帝（萧衍）所作的《江南弄》就具有了词的雏形。但是，词作为一种既适于歌唱又具有独立艺术价值的诗体，并且在音节和句型的长短方面都形成一套固定的格律，却是到了中、晚唐才渐渐形成的。"(2)"词的产生最早是起于隋代。宋郭茂倩编的《乐府诗集》，于《近代曲辞》部分首列隋炀帝和王胄作的《纪辽东》，它的句式、字声和韵位跟后来的词都没有什么不同"。(3)"词大约是初盛唐产生，从中唐以后流行起来的新诗体"。

这些分歧反映了对词的特征理解不同。现在试先对词的特征加以分析。否则，只以长短句为标志去搜索它的踪迹，必致漫无边际，治丝愈棼。第一，在唐代，词是配合当时社会上广泛流行的乐曲（即俗乐曲）的唱词。流行乐曲包括中原地区的民间乐曲、传统乐曲、各种新作的乐曲、西域乐曲、其他兄弟民族乐曲及外来乐曲，等等。这些乐曲都是有艺术生命的活的乐曲。因此，词和乐府诗、新乐府诗以及庙堂乐章是有区别的。第二，词是依照乐曲节拍而填写的长短句唱词，只有少数词调始终保持齐言形式。为了适应乐曲的要求，而当时的声韵学也提供了条件，词有固定的严密的格律，有显著的音乐节奏感。以上两个特点应当结合起来。

虽然唐代音乐是在继承了清商乐的基础上发展起来的，虽然清商乐的一部分已经被融化在唐代音乐里，有些清商乐曲依然流行于唐代；但就各个时代音乐风格的整体说，唐代音乐和清商乐毕竟是属于不同历史阶段的艺术,是有区别的。而配合唐代音乐的词和配合清商乐的乐府诗,毕竟是属于不同历史阶段的文学体裁,也是有区别的。不能离开孕育词的土壤,而从乐府诗的园地里寻觅词的萌芽。

在现存乐府诗中,汉、魏时期的作品有些杂言体,如《战城南》《孤儿行》等;而南北朝时期的作品,则绝大部分是五七言诗,只有极少的杂言体。杂言体也出于民间,但那时并没有得到充分发展。

梁武帝《江南弄》算不算词的雏形呢?

众花杂色满上林,舒芳耀绿垂轻阴,连手躞蹀舞春心。舞春心,临岁腴,中人望,独踟蹰。

《乐府诗集》卷五〇引《古今乐录》说:"梁天监十一年冬,武帝改西曲,制《江南上云乐》十四曲,《江南弄》七曲。"七曲即七首诗。这里说明了梁武帝改变西曲民歌的形式,作成乐府新诗;即使是依照乐曲作的,也不能认为是一百多年以后才产生的词的雏形。如果是的话,那就是已经透露了"红杏枝头春意闹"的消息,为什么以后的词坛长期寂寥,竟然"曲高和寡",后继无人?唐代王勃、李贺都作过《江南弄》,形式都和梁武帝作的不同。王勃《江南弄》是杂言体:

江南弄,巫山连楚梦,行云行雨几相送。瑶轩金谷上春时,玉童仙女无见期。紫露香烟眇难托,清风明月遥相思。遥相思,草徒绿,为听双飞凤凰曲。

李贺《江南弄》,七言八句。他们的作品不是依照当时流行乐曲的节拍而填的唱词,而是沿用乐府古题而作的诗,是不能唱的。王勃虽然采用长短句形式,作品也不能列入词的范畴。

隋、唐时代,传统乐曲所发生的影响可以分为四类:(1)人民大众喜爱的乐曲,仍然普遍流行。这类乐曲生命力旺盛,在当时也列入俗乐中。(2)一部分已趋于僵化的乐曲,流行于上层社会,仅存奄奄一息,对广大人民不起作用。(3)乐曲已失传,只作为乐府古题保留下来,供诗人采用这些古题写诗——乐府诗。沈亚之《送李胶秀才序》说:

余故友李贺并撰南北朝乐府故词,其所赋亦多怨郁凄艳之巧。

诚以盖古排今,使为词者莫得偶矣。惜乎！其终以不被声弦唱。

元稹《乐府古题序》也说:"后之文人达乐者少,""但遇兴纪题,往往兼以句读长短为歌诗之异。"这种乐府诗都是不能唱的。(4)在乐府诗影响之下,产生了新乐府。元稹又说:"近代惟诗人杜甫《悲陈陶》、《哀江头》、《兵车》、《丽人》等,凡所歌行,率皆即事名篇,无复依傍。"这一类都称为新乐府。《乐府诗集》卷九〇说:"新乐府者,皆唐世之新歌也,以其辞实乐府,而未尝被于声,故曰新乐府也。"也是不能唱的。所谓能唱不能唱,只是指是否为配合流行乐曲而作或能否配合流行乐曲而唱,并不是说绝对不能唱。以上四类中,仅第一类乐曲有一些变为词调,如《乌夜啼》、《玉树后庭花》等。流行的琴曲中也可能有不少的传统乐曲。其他三类都不会产生词调,作品都不能称为词。

假如有的传统乐曲在南北朝时期曾配有杂言体诗,而入唐以后又变为词调,岂不是乐府诗中已出现词的萌芽？这种情况还没有发现,也不可能发现。在南北朝时期的乐府诗中杂言体很少,大都是齐言诗。大约到唐高宗时,民间才出现了长短句新词。乐曲在漫长的历程中流传,一般都是有变化的,对唱词格律的要求也是有发展的,南北朝时期的杂言体就不会和唐代的长短句完全相同。假如从文字上看,格律相同,南北朝乐曲流传到唐代的,究竟不如当代产生的乐曲多,也不如当代乐曲更具备时代特色,它并不是唐代乐曲的典型代表,它在前一阶段的唱词形式的出现,并不意味着一种新文体即将诞生,即为以后词坛的繁荣"开一代风气之先",所以仍然是乐府诗,不能认为是词的起源。

那么,《乐府诗集·近代曲辞》部分首列隋炀帝和王胄作的《纪辽东》,而郭茂倩又说近代曲"出于隋、唐之世",《纪辽东》总算是最早的词了吧？其实不然。今将隋炀帝所作者抄录一首于下:

辽东海北翦长鲸,风云万里清。方当销锋散牛马,旋师宴镐京。前歌后舞振军威,饮到解戎衣。判不徒行万里去,空道五原归。

隋炀帝用兵辽东,进行非正义的战争,给人民带来严重灾难,也是隋朝迅速灭亡的原因之一。这首自己吹嘘的诗未必是按乐曲填的唱词;即使入乐,也只是在庙堂上昙花一现,没有什么音乐价值,在社会上不发生影响。如果《纪辽东》已成为词调,在当时音乐昌盛的气氛中,词人应接踵而起,而填长短句也会蔚为风气,为什么以后的词坛还是长期寂寥,后继无人?他们的作品都是受乐府影响的诗,至多算是庙堂乐章,不能称为词。

《敦煌曲初探》第五章认为隋代牛弘作的《上寿歌辞》、隋炀帝等《纪辽东》、唐长孙无忌《新曲》、王勃《杂曲》、阎朝隐《采莲女》,等,"一一皆作长短句词之体,确切无可否认",也混淆了庙堂乐章、乐府诗和词的界限。《上寿歌辞》和《纪辽东》一样,也是庙堂乐章。长孙无忌《新曲》见于《乐府诗集·新乐府辞》部分。王勃《杂曲》和阎朝隐《采莲女》,虽然列在《杂曲歌辞》和《清商曲辞》部分,实际上也属于新乐府一类。

古代文人接触民间曲子词不多,但对上述庙堂乐章和乐府诗、新乐府诗等,不会都没有看到,为什么不把它们作为曲子词呢?如温庭筠有《春野行》(杂言),有《更漏子》,为什么《花间集》(五代赵崇祚编的词选)不收前者而收后者?这说明古人对词的鉴别是有个标准的,那就是指依据俗乐曲而填的长短句词。早期的词调多半出于教坊曲,也可以证明这一点。

齐言绝句原来也出于民间,可以和各种不同的较短乐曲配合,从南北朝以来即普遍地作为唱词形式。唐代配合流行乐曲的唱词,有歌诗,有曲词。歌诗指齐言诗,大部分是绝句。如《旧唐书·音乐志》说:"时太常所传,有宫、商、角、徵、羽讌(燕)乐五调歌词各一卷。或云,贞观中杨仁恭妾赵方等所铨集。词多郑卫,皆近代词人杂诗。"元稹《重赠》诗:"休遣玲珑唱我诗,我诗多是别君词。"自注:"乐人商玲珑能歌,歌予数十诗。"也称为词,实际上都是齐言诗。曲词或称曲子词,绝大部分是长短句形式。文学史上所说的词即指曲词而言,除了少数采用齐言的唱词以外,不包括歌诗。大概盛唐以前,歌词主要的是绝句诗;中唐以后,长短句词流行起来,唱齐言绝句诗的就逐渐减少了。就现存文献看,许多词调在开始配长短句以前,都配过齐言诗。但长短句并没有完全代替了齐言歌诗。直到现在,绝句还是民歌的一种形式。

词起源于民间,已为敦煌曲子词所证明。敦煌曲子词中有一些可能是盛唐作品,那么,在此以前,在中原地区,民间必先已有相当长的酝酿过程。唐高宗时,许敬宗作《恩光曲》歌词,六言四章,章八韵。他在《上恩光曲歌词启》中说:"窃寻乐府雅歌,多皆不用六字。近代有《三台》《倾杯乐》等艳曲之例,始用六言。今故杂以兮言,稍欲存于古体。"以艳曲与乐府雅歌对举,就是指的流行乐曲。只提六言,大概这时文人还没有作长短句的。认为词"初盛唐产生,从中唐以后流行起来",这基本上是合理的推断。但文学史上所谓初唐是指从唐高祖到唐玄宗开元元年以前的一个时期,如果唐高祖时民间已出现长短句词,到唐玄宗时才在文人作品中产生影响,其间经历近百年,未免过长。因此推断民间曲子词的出现大约在唐高宗时。

盛唐时期,文人开始作长短句词,但保留下来的不多。中唐时期,白居易、刘禹锡等填了不少的词。他们和民间的音乐活动接触较多,不可能不受民间曲词的影响。白居易也自称所填《长相思》词为江南曲词,正是为了表示不同于齐言体的唱词。又《忆江南》词自注:"此曲亦名《谢秋娘》,每首五句。"刘禹锡与白居易唱和《忆江南》词,题作《和乐天春词,依〈忆江南〉曲拍为句》。这时文人填词还没有形成普遍的习惯,还是一种新鲜的创作方式,所以需要在题目上作些说明。从此以后,作词的风气蓬蓬勃勃地发展起来,盛行于晚唐五代,而大盛于两宋,在文学史上也起了重要作用。

(《北京大学学报》1964 年 5 期)

姜白石歌词十七首今译

一 隔梅溪令

好花终于离开了爱香的人,
随着流水而去,
水上一片清澈的波纹。
又恐怕春天过去,绿树成荫,
那人的踪影待往何处去寻?

木兰双桨的声音,飘浮着的白云,
使我浸沉在回忆的梦境中,
暂时停船凝神。
任漂向孤山下边去寻觅倩影,
那里翠羽鸟鸣啼,一春不停。

二 杏花天影

鸳鸯浦上飘拂着低垂的柳丝,
想桃叶当年就在这里唤渡别离。
我的忧愁的眼睛又在春风里眺望,
待要离去,倚着木兰桨,再徘徊片时。

金陵路上,黄莺吟唱,燕子飞舞。
料想只有潮水了解人的心情最苦。
岸上铺满了芳草,我仍然不能踏上归途。

又是苍茫日暮，
再移动小船——向什么去处？

三　醉吟商小品

又正是春天正要归去的时候，
飘拂着千万条暗黄的柳丝，
那里黄昏时乌鸦悲啼，
我的梦魂追随着骏马而去。
不要倾诉心里的深情吧，
琵琶能传出千言万语。

四　玉梅令

稀疏的雪片，
散落在溪南的花苑，
春天的寒气，萦绕着古旧的亭馆。
有几株玉梅正背立着埋怨春风，
高处的花朵还没有开绽，
阵阵幽香已飘传很远。

主人领会梅开雪落的真意，
梅花也殷勤佾劝。
花永远好，祝主人更康健。
就揉合春水，酿成醇酒，
剪裁春雪，构成新的诗篇。
销磨一天的工夫，围绕花枝，走上千转。

五　霓裳中序第一

登上高亭，正极目远望，
红莲花已经零落，我仍然不能归去。
多病没有气力。
况且纨扇渐渐弃置，
罗衣就要收起。
光阴不停地奔驰。
令人感叹的是梁上的一对燕子，
像远客年年在这里寄居。
那人在何处？
窗帘上洒满了淡淡的月光，
仿佛照见她的容仪。

多么沉寂！
墙角里蟋蟀杂乱吟唱，
触动庾信的离愁别恨，萦绕交织。
回想少年漂泊的踪迹，
笛声中度过关山，
柳荫下穿过街陌乡曲。
落花没有消息，
只有碧绿的水缓缓流去。
漂泊的时间久了，
如今还有什么意趣？
就躺在酒垆旁，进入醉乡里。

六　扬州慢

淮南著名的都城，

竹西亭更是景色宜人的去处,
在开始的旅程中驻马暂停。
走过当年的春风十里,
如今却是一片荞麦青青。
自从金兵蹂躏江南以后,
这里只剩下荒废的池塘和高耸的树木,
人们至今感到痛恨,不愿再说起这种战争。
黄昏来临,
号角吹出的寒凉声音,震荡着空城。

善于观赏的杜牧,
料想如今重来,也必定吃惊。
纵然他写的豆蔻词工巧,青楼诗美好,
却难以表达这时深切的心情。
二十四桥仍然存在,
波心里,冰冷的月光荡漾,默默无声。
可怜桥边的红芍药,
年复一年,知道是为谁而生?

七　长亭怨慢

春风渐渐吹尽了柳枝上的香絮,
绿荫深深地掩映着这里的家家户户。
远处的江岸曲曲弯弯,
黄昏来临,零落的帆船还往什么去处?
看到多少人在这里离别,
但谁能像长亭的冷静的柳树?
树如果有情的话,
也不会保持这样青青的面目!

黄昏来临,
望不见高城,
望见的只是乱山无数。
韦郎去了,
怎么能忘记玉环的吩咐?
第一是早早归来,
怕红梅花伶仃孤苦。
即使有最快的剪刀,
也难剪断千丝万缕的离别情愫。

八　淡黄柳

空城拂晓的号角声,
荡漾在杨柳成行的街巷。
在马上觉得衣裳单薄,经不起初春微凉。
看遍了鹅黄嫩绿的景色,
这都是江南旧日相熟的景象。

正是寂寞的时候,
明天的寒食节更增添惆怅。
勉强带着酒,到小桥的宅舍探访。
怕梨花落尽,又是秋色苍茫。
燕子归来,问春在何处,
唯有自然碧绿的池塘。

九　石湖仙

松江之畔,弥漫着烟雾,
是千古传诵的"三高"游赏的好去处。
相信石湖仙,

会像范蠡一样,飘飘然去漫游五湖。
浮云何在?
我自爱荷叶飘香,莲花起舞。
从容自处,
看世间发生过多少变故!

过去曾在卢沟逗留观赏,
悠闲地为菊花吟咏美丽的词句。
听说金人也学中原文士,
折起头巾一角挡雨。
玉友美酒斟满金蕉杯,(玉友,酒名。金蕉,酒杯名。)
美人唱起《金缕曲》,
筝柱缓缓推移。
等待好消息,明年一定是宰相高职。

一〇 暗 香

旧时的月光,
不知多少次照着我,在梅花旁边吹笛。
唤起美人,
不管天气寒冷,一同去攀摘。
如今何逊渐渐老迈,
全忘却描写春风梅花的文笔。
但怪那竹林外边稀疏的花朵,
总把清香和寒意送入幽雅的座席。

江南水乡,一切沉寂。
希望把梅花寄到远方,
但夜雪又开始聚积,令人叹息。
杯中绿酒,引出离别的眼泪,

红花默默,也浸沉在心潮起伏的怀念里。
永远记得曾携手游赏的西湖,
千万株梅花笼罩着一片寒凉碧绿的湖水。
梅花又一片片地吹落了,
几时能再相会?

—— 疏　影

绿苔封裹的树枝上,系缀着像玉一般的花朵,
一对小小的翠羽鸟在枝上同宿。
在漂泊的日子里看到梅花,
黄昏时,它在篱笆角落,
正沉默地独自倚靠着高高的翠竹。
王昭君不习惯远居沙漠,
总是暗暗地怀念大江南北的故土。
想必是她在月光皎洁的夜间归来,
变成了梅花,这样地幽静孤独。

还记得古代深邃的王宫的故事,
那人正在熟睡时,
梅花飘落在她的眉心里。
不要像春风那样,
全不管梅花的美丽风姿,
要尽早安排华美的居室。
还是让一片落花随波漂流而去,
却又惋惜笛子吹出的《梅花落》曲。
等那时再去寻觅清幽的香气,
它已进入小窗上边的图画里。

一二　惜红衣

竹席竹枕带来凉爽，
弹琴读书，以销磨光阴，
睡醒时没有一点气力。
洒满冰水，
用快刀切开瓜果，甜美、碧绿。
从墙头唤人送酒，
但对城南诗人，谁加理会？
多么沉寂，
高柳树上黄昏的蝉声，
正诉说秋天的消息。

这里有虹桥阡陌，
鱼推动的波浪送来清香，
红荷花已多半零落参差。
系住小船眺望，
故国在遥远的天北。
可惜在小岛边、沙滩上，不能和美人一起游历。
问什么时候才能一同歌咏，
三十六陂秋天的景致？

一三　角招

到了春天，人就消瘦，
怎样还能再游西湖，
到处是垂柳。
独自眺望烟雾以外的远岫。
记得曾和你湖上携手。

你回去不久,
芳香红艳的荷花早已零乱地坠落千亩。
一叶小船冲开波浪,飘然而去,
经过那三十六座离宫,
使游人流连回首。

还有,那画船上的人举袖遮面,
青楼上的人手持纨扇,
互相照映,看谁俊秀。
首饰的光彩将要滴溜。
喜欢穿宫黄色的服装,
就在这个时候,
如同往日,引起了春天的忧愁。
一点春心荡漾,像醉人的醇酒,
把它谱写成琴声,自己弹奏。
问谁了解曲中的心情?
一同赏花的朋友。

一四 征 招

在潮水退回的时候,经过西陵江岸,
一叶小船仅容下我自己。
离开这里才几时?
黍稷已茂盛如此。
漂泊的生活如今已使人厌倦,
只是得到了满腔作诗的情绪。
回忆江南行踪,在沙岸停船落帆,
这次游历,仍然如是。

连绵不断的剡中山脉,

重相见,仍然是老朋友依依不舍的情味。
好像埋怨我不来游历,
它拥有十二个愁苦美人的鬟髻。
就这样游览山水,
也辜负谢幼舆的高雅兴致。
晚开的水莅花,沉默地在烟雾中摇动,
奈何不能回到故里!

一五　秋宵吟

空疏古老的窗帘,
透进来将落的月亮,光辉皎皎。
在西窗下坐得久了,人声静悄。
蟋蟀吟唱着愁苦的曲调,
铜漏缓缓发出丁丁(zhēng)之声,
箭壶催促着天将破晓。
凉风吹来,摇动着翠竹,
晨霭升起,倾斜着飞上云霄。
因而感叹回想,
好像离开故乡时的情怀,
黄昏时登船,荒烟笼罩着野草。

衣带的孔眼暗暗销磨,
因为近日愁多,突然衰老。
卫娘在何处?
宋玉归来后,
两地的心情都暗暗为思念缠绕。
江上的枫叶落得早。
容易动摇的誓约,没有留下凭借,
而美丽的梦又虚无缥缈。

只有眼泪涟涟,洒在单薄的衣服上,
今夕是何夕,抱恨不会终了。

一六　凄凉犯

杨柳成行的街巷,
秋风骤起,
边城的景象一片萧索。
马叫的声音渐渐远了,
人回到什么去处?
戍楼上吹起号角。
心情本来烦乱,
更加衰草满目,寒烟淡薄。
好像当年将军的队伍,
络绎不绝地度过沙漠。

回想在西湖上,
小船上唱起歌曲,
到暮春还赏花行乐。
旧日同游的人不知是否仍在?
想如今绿叶红花必然凋落。
先写下书信,
等新雁来时在雁足上系着。
但怕他匆匆不肯寄递,耽误了后约。

一七　翠楼吟

清凉的月光映照着龙沙,
也没有飞扬的沙尘笼罩着护城的藩篱,
今年赐酒欢庆,刚刚完毕。

听新近传来的边地乐曲,
正在将军毡幕里歌唱弹吹。
几层的高楼耸峙此间,
曲折的栏杆绕成一带硃红,
伸出的重檐飞起一片青翠。
人多么美丽,
吹下来脂粉香气,
夜深天寒,微风习习。

此地应当有诗词仙人,
拥白云,骑黄鹤,与诸君游戏。
在石阶上久久凝神远望,
茂盛的芳草蔓延千里,令人叹息。
这是天涯漂泊的情味,
只有饮酒来排遣凄凉的愁思,
看花来销磨英雄的志气。
黄昏窗帘卷处,
西山外送来一片秋霞,雾开天霁。

(《阴法鲁学术论文集》中华书局 2008 年版)

古文献中不同语言的译语校注问题

这里所说的古文献是指古代用汉语记载的文献而言,包括书籍和其他文字资料。我国历史悠久,文献资料极为丰富,但经长期流传,不仅散失了很多,而保存下来的也有文字讹误、脱漏、增衍、错乱等状况,需要整理,因此,在古文献整理实践中就逐渐形成了一门校勘学,专门研究这类问题。关于校勘方法,陈垣先生曾提出"校法四例",今节录如下:一为对校法。即以同书之祖本或别本对读,发现其中不同之处。二为本校法。以本书前后互证,而抉摘其异同,则知其中之谬误。三为他校法。以他书校本书,凡其书有采自前人者,可以前人之书校之;有为后人所引用者,可以后人之书校之;其史料有为同时之书所并载者,可以同时之书校之。四为理校法。遇无古本可据,或数本互异,而无所适从之时,则须用此法。① 这四条基本方法,是陈先生多年的经验总结,是对纷繁复杂的校勘方法的概括。

古代汉语文献中,包含着大量的国内少数民族语词和外来语词,或音译,或意译,或半音半意,或另定汉语称谓(如兴隆笙——即管风琴),而以音译者居多。音译又有全译和缩译之别。音译词中由于语源或使用的时代、地区不同,语音有差异,所以汉译字的写法也不同;音译只求字音近似,对于选用的汉字并不固定;汉译者本人如操方音,则译写时所用汉字出入更大。因此,在古文献中,译语传抄传刻更容易出现错误。校订这类语词,上述四种方法也是适用的。但近代由于语源学和比较语言学的兴起,中外学者探索这类语词的本音本义多有创获,他们的研究成果可以为校勘工作者提供直接论据;即使有些研究成果仍然属于探索性质的初步见解,也可以为校勘工作者提供思考线索。同样地,对古代译语的探索,还有助于加强对古文献的正确理解,提高对国

---

① 陈垣:《校勘学释例》卷六。

内民族文化交流史以及中外文化交流史的认识。近来季羡林、张广达等同志注释的《大唐西域记校注》,就广泛地运用了语言学的研究成果,取得了突出的成就。

汉译语词中,文字讹误是常见的现象,要校正这类讹误,就应当探索译语的语源问题。例如:

1. 特勤,原是突厥语"酋长"(tegin 或 tigin)的音译,但《新唐书·突厥传》叙述突厥官制时说:"子弟曰'特勒',大官曰'叶护'。"其他史书中也多有写作"特勒"的。《册府元龟》卷二二二写作"特懃",《元史》卷一二二写作"的斤"①。清光绪十六年(1890),"阙特勤碑"发现后,碑文证明,特勤是称号,古文献中"特勒"、"特懃"都是"特勤"之讹,"的斤"和原词的本音近似②。

2. 唐樊绰《蛮书》卷五记载③,南诏在(今云南)地区的行政区划分为"六脸",向达先生《蛮书校注》据《嘉庆重修一统志》改"脸"字为"睑"。《新唐书·南诏传》写作"睑",并解释说:"夷语'睑'若'州'。"睑(jiǎn)是一种行政单位,大致相当于汉语的州。语言学家闻在宥认为睑是傣语④。(以上两例指汉译少数民族语词)

3. 有些古书称棉花为"古贝"或"吉贝",称棉布为"帛叠"、"白叠"(叠或写作毾)。《梁书·林邑国传》说:"吉贝者,树名也。其华(花)成时如鹅毳,抽其绪纺之以作布,洁白与纻布不殊,亦染成五色,织为斑布也。"而《旧唐书·南蛮传》说:"有古贝草,缉其花以作布,粗者名古贝,细者名白毾。"前书称为吉贝,后书称为古贝。经学者研究,或认为古字误,或认为吉字误。也许两者都不误,古、吉都属"见"母字。其他异译有劫贝、迦罗波等,都是梵语 karpāsa 或马来语 kapas 的音译。而白叠

---

① 张星烺《中西交通史料汇编》第四册,164 页。
② 阙特勒(Kül Tigin Abidisi)是突厥可汗之弟,于唐开元二十年(732)卒。唐玄宗派大臣前往吊唁,并立此碑。碑阴及左右侧刊突厥文。
③ 原已已佚,通行本《蛮书》辑自《永乐大典》。
④ 《蛮书校注》卷一。

则是梵语 bhardvdji 的音译①。

4.《新唐书·西域传》记载,唐太宗时波斯(今伊朗)王伊嗣俟多次派使臣来长安(今西安)通好。伊嗣俟死后,其子俾路斯为波斯王。俾路斯死,其子泥涅师时客居长安。唐朝派裴行俭护送泥涅师返国,因波斯被大食(阿拉伯)人侵占,泥涅师即留居吐火罗(故地在今中亚阿姆河南一带)。按伊嗣俟,《旧唐书·西域传》写作伊嗣俟;泥涅师,《旧唐书·裴行俭传》写作泥涅师师。张星烺认为,伊嗣俟指波斯王叶斯德苟特(Yesdegerd),应写作伊嗣俟;泥涅师是 Narses 的音译,应写作泥涅师师②。

5. 玄奘《大唐西域记》卷一记载,他在前往印度途中曾经过白水城。白水城,有的本子作泉城。《校注》指出"泉字疑为白水合文而讹";并根据《突厥语词典》③,说明白水城即 Ibijab,在波斯语、阿拉伯语中,意为白水,其地又名赛兰;赛兰在今中亚塔什干之东北,现在仍沿用旧名。按古代汉语竖写成行,白水二字合为泉字,完全可能。《校注》对白水城语源的论证,也极为精当。(以上三例指汉译外来语词)

考察译语语源,可以避免牵强附会的解释。例如:(1)东汉末年,女诗人蔡琰(文姬)为匈奴所掳,居留匈奴地区十二年,后由曹操赎回。古代著名的长诗《胡笳十八拍》,相传即蔡文姬所作,也有人认为出于后人伪托,至今尚无定论。但"拍"字究竟怎样解释呢?郭沫若同志认为应从古匈奴语中寻求它的语源。古匈奴汉语属于突厥语系。根据包尔汉先生提供的我国西北部和中亚有些民族语中关于"首"、"头"的称谓材料,如维吾尔语称为 bash,乌孜别克语称为 bosh,而土库曼语中的 bas 或 bash 也有"篇章"的意思,郭老认为"拍"(入声,古读 pak)字是 bash、bosh 的音译,即"篇"、"章"的意思。从此例开始,汉语中即逐渐用"首"代替"篇"字,特别是对诗歌而言。

---

① 沙比提:《从考古资料看新疆古代的棉花种植和纺织》(载《新疆历史论文集》);方豪:《中西交通史》第三篇第五章。
② 《中西交通史料汇编》第三册,104—112 页。
③ 《突厥语词典》,十一世纪我国维吾尔族文学家马合木·喀什葛尔编。

1. 郭沫若同志还指出,《后汉书·卫宏传》所载"〔宏〕又著诗赋诔七首"句中的"首"字,当是《后汉书》作者、南朝宋人范晔误用的新词。又《三国志·魏志·陈思王植传》载曹植上疏说:"谨拜表上诗三(按原作'二')篇",《昭明文选》五臣本"篇"作"首",郭沫若同志指出,此首字当是五臣所窜改①。按《胡笳十八拍》的"拍"字不能照汉语字义解释,郭沫若同志解释为匈奴语"首"的音译,确具卓见。"首"字作为篇章的意思使用以后,以前的文献中有据此窜改之处,也是完全可能的。

2. 现在常用的具有停留地点含义的名词"站",出于蒙语"站赤"。《元史·兵志》说:"元制站赤者,驿传之译名也。"驿传(zhuàn),即驿馆、驿舍。元代就有马站、水站等名称,所谓站和汉语站立的意思无关。

3. 在广东、广西省,壮族居住或居住过的地方,有些地名往往含"那"、"都"、"古"、"六"等音,如广东新会的那州、番禺的都那,广西阳朔的古定、象县的六外、百色的渌晚等。据语言学家们研究的成果,在壮语中,"那"音是"田"、"水田"的意思;"都"、"古"或许是 tu、ku 的音译,都是前缀词素;"六"、"渌"(luk)等是"山谷"、"山地"的意思②。我们了解了这些地名的构成因素,就不必考虑作为音符的汉字的本义了。

4. 今新疆库车一带,古代称为龟兹(qiūcí)。这里一向是歌舞之乡。古代流行的一种管乐器筚篥,即出于龟兹。语言学家岑麒祥先生说,古龟兹语称筚篥为"巴勒喀"(vallaki),ki 是词尾,是微小的意思。按汉语筚篥当是龟兹语的音译。筚篥二字都属入声,古音读为 pietliet,福州方音读为 baiklaik,和龟兹语 vallaki 近似。在汉语中还写作"觱篥"、"悲篥",也都是音译语词,但有些书认为"其声悲,本名悲栗(慄)",则完全出于附会。

5. 汉代,匈奴族的君主称"单于"(chányú),单于的王后称"阏氏"(yānzhī)。《史记·匈奴传》记载:"单于有太子冒顿(人名,mòdú)。后有所爱阏氏,生少子,而单于欲废冒顿而立少子。"阏氏,除读"焉支"外,还有两读,即"鄂支"、"玉支"。故北京大学东语系蒙古语教师道宝臣先

---

① 郭沫若:《为"拍"字进一解》,《文学评论》1960 年 1 期。
② 罗常培先生:《语言与文化》第五章。

生以前曾对笔者说,蒙语称母亲,和匈奴语"阏氏"的字音相近,因此他推想阏氏的本义也可能有母亲的意思,就如同旧时汉语称皇后为娘娘一样。这个说法很有启发性。最近北京大学东语系蒙古语教师史习成同志告诉笔者,蒙语称母亲为"鄂支",也有称为"玉支"的。按阏氏的两种读音在蒙语中都可以找到它们的踪迹,可见道先生的推想是有根据的。《汉书·金日磾传》记载,金日磾原为匈奴王太子,"与母阏氏"投归汉朝。他母亲曾有阏氏称号,所以称她为母阏氏。唐司马贞《史记索隐》引晋朝史学家习凿齿语:"匈奴名妻作'阏氏',言其可爱如烟肢(胭脂——化妆品)也。"恐未必可信。(以上五例指汉译少数民族语词)

6. 葡萄,原产于西亚、中亚,往东传入中国,往西传入希腊等地。古伊朗语称为 budawa,希腊语称为 butrus。译为汉语,《史记》写作"蒲陶",《汉书》写作"蒲挑",以后逐渐定为葡萄。葡萄可以酿酒。明李时珍《本草纲目》卷三三认为,"人醅饮之,则酺然而醉,故有是名。"显然也出于附会。

7. 汉武帝元鼎五年(前112)举行祀典时,曾使用一种新乐器空侯瑟,形状像中国的瑟,名称是空侯。空侯也写作坎侯,后来逐渐定为箜篌,是外来语,大概是阿拉伯弹拨乐器"坎农"(qanun)有关古语词的音译。但东汉应劭《风俗通义》卷六说:汉武帝这次举行祀典,"始用乐人侯调作坎坎之乐,言其坎坎应节奏也,侯以姓冠章耳。或说空侯取其中空。琴瑟皆空,何独坎侯耶,斯论是也。"其他书中也有不少关于箜篌的怪论,都不足信。《隋书·音乐志》认为"出自西域,非华夏之器。"其说较妥。

8. 东汉末年,古文献中即出现关于琵琶的记载。琵琶类乐器源出于西亚一带,古伊朗语称为"巴波特"(barbot)。后传入龟兹一带。岑祺祥先生说,古龟兹语词"比般喀"(vipanki)即"琵琶","喀"是词尾。按汉语琵琶当是龟兹语的音译,或写作"批把"、"枇杷"、"鼙婆"。东汉许慎《说文解字》中无"婆"字,有"媻"字,"从女般声"。到五代时,媻字才写作"婆"。"鼙媻"和龟兹语"比般"更为接近。但《风俗通义》卷六说:"以手批把之,因以为名"。东汉刘熙《释名》卷七说:"批把,马上所鼓也,推手前曰批,引手却曰把,象其鼓时,因以为名。"大概都是望文生

训的解释。(以上三例指汉译外来语词)

从译语还可以考察翻译一些汉字的读音和地名的读法。音译并非严格的读音,所以只能考察近似的读音。例如:"阇"字有两读,一读"都",一读"舍",但在汉译语词中大都取后者。如古于阗(今新疆和田)语、疏勒(今喀什葛尔)语称佛教僧侣为"和尚"、"和上"、"和阇"、"乌社"等①,"阇"字即读"舍"音。又如梵语称高僧为"阿阇梨"(梵语 acarya),缩译为"阇梨","阇"字也读"舍"音。

"大",古读"待"(dai)。元朝的京都"大都"(今北京),在元代的藏文资料中仍称 daidu。14 世纪初波斯史学家拉施特·阿丁主编的《史集·契丹国传》中也称大都为 daidu,称杭州为京师(Khingsai)②。又摩洛哥史学家伊本·白图泰于元顺帝至正六年(1346)来到我国泉州,并去广州、杭州及大都游历。他们的游记中称杭州为"汗沙城"(Hansa)③。张星烺认为汗沙即京师(指杭州)的音转④。如果以上两书所记可靠,那么,曾作为南宋京城的杭州,至元代仍有称为京师的。

古文献学是研究如何整理古文献的一个学科,自有它的主要研究对象和问题,但它的范围和内容,则随着其他有关学科的发展,而日益扩大和丰富,因此,古文献整理工作者也需要在研究工作中进一步加强横向联系,更广泛地吸收和参考其他有关学科的知识。

(《北京大学学报(哲学社会科学版)》1986 年 5 期)

---

① 张广达:《论隋唐时期中原与西域文化交流的几个特点》,《北京大学学报》(哲学社会科学版)1985 年第 4 期。
② 《中西交通史料汇编》第三册,页 253。
③ 《伊本·白图泰游记》马金鹏译本,页 556。
④ 《中西交通史料汇编》第二册,页 75。

敦煌唐末佚诗所反映的当地状况

历史上的所谓"河西"指今甘肃、青海两省黄河以西之地，是我国西北的重要地带。唐朝设沙州于敦煌，另分敦煌地置瓜州（今安西县），置肃州于酒泉，甘州于张掖，凉州于武威。各州设刺史，主管州事。又置凉州都督府，督凉、甘、肃、瓜、沙等八州，治所设在凉州。唐睿宗时又派出河西节度使，统管河西军事。唐朝在这里部署了相当的军事力量。

唐玄宗天宝十四年（755）"安史之乱"发生后，唐朝为了平息叛乱，向河西、陇右等地征调援军，以致当地防守力量削弱，吐蕃乘机进攻河西诸州。唐代宗广德二年（764）末或次年初凉州陷落，永泰二年（766）甘州陷落。吐蕃又包围瓜州、沙州。大历十一年（776）瓜州陷落，唐德宗建中二年（781）沙州陷落。沙州陷落后六十七年，即唐宣宗大中二年（848），沙州人张议潮率领当地各族人民起义，收复沙州、瓜州，继而收复肃州、甘州。唐朝任命他为归义军节度使。唐懿宗咸通二年（861），张议潮又收复凉州。咸通八年，张议潮入朝，即留居长安，由其侄张淮深摄行归义军节度使事。咸通十三年，张议潮卒于长安，张淮深继任节度使。此后，这个职位即由张氏世袭。至后梁末帝贞明五年（919），原归义军长史曹议金任节度使，统治范围只限瓜、沙二州。这个职位由曹氏世袭，直至宋仁宗景祐三年（1036）西夏攻占这个地区，曹氏政权灭亡。

自吐蕃攻占河西，至五代时期，约一百八十年间，敦煌和河西地区发生了许多重大事件，但史书上记载却极其简略。自1899年敦煌莫高窟发现古文书以后，学者开始根据这些资料以及石窟的壁画和题记等，对当地的历史进行探索，使人们进一步了解当地一些政治和社会状况。

去年发表的王重民先生生前辑录的《〈补全唐诗〉拾遗》(以下简称《拾遗》)①,又提供了一批重要史料。

这批佚诗中有关敦煌及河西战事的诗,可以分为四组:(一)甲组——马云奇诗十二首。(二)乙组——无名氏残诗集五十九首。(三)丙组——无名氏《敦煌杂咏二十首》。(四)丁组——无名氏《敦煌》诗等三首。第三首诗题残缺;诗只存首句,也有残缺。

甲组诗作者马云奇,生平事迹不详,当是在河西战争中被吐蕃俘虏的唐朝地方官吏。他的《被蕃军中拘系之作》诗说:"何事逐漂蓬,悠悠过凿空。""凿空"出自张骞通西域的故事,②这里当即指西域而言。正如《〈拾遗〉说明》所指出的,马云奇被俘后可能即由吐蕃军押解他去安西(今新疆库车)方向。他写了沿途的景物和自己的心情。《白云歌》说:"望白云,白云天外何悠扬,既悲出塞须入塞,应亦有时还帝乡。""帝乡"指长安。马云奇认为总有一天唐朝会重新统一,他可以回归中原。他和处于民族战争地区的同僚们也都以节操互相勉励。《赠邓郎将四弟》诗说:

　　把袂相欢意最浓,十年言笑得朋从。怜君节操曾无易,只是青山一树松。

邓郎将大概也是在河西的一个官吏。又《九日同诸公殊俗之作》诗说:

　　一人歌唱数人啼,拭泪相看意转迷。不见书传清海北,只知魂断陇山西。(下略)

这里所说的"清海"大概是清海镇,也称清镇,在北庭(今新疆吉木萨尔北破城子)"西七百里。"③重阳节朋友在吐蕃占领区相聚,都悲伤痛哭。但他们是不甘心长期做奴隶的。《同前(〈赠邓郎将四弟〉)以诗代书》诗

---

① 王重民辑录、刘修业整理:《〈补全唐诗〉拾遗》,《中华文史论丛》1981 年 4 期。王重民辑录的《补〈全唐诗〉》,发表于《中华文史论丛》1963 年 3 期。
② 《史记·大宛传》:"张骞凿空",开辟通往西域的道路。空,空道即孔道,大道。
③ 《资治通鉴》卷二五〇,唐懿宗咸通七年条胡三省注。

说:"且随浮俗贪趋世,肯料寒灰亦重然。"①《被蕃军中拘系之作》诗说:"何能忠孝节,②长遣阆(困)西戎!"他们仍然忠于唐朝,等待时机,"寒灰复燃"。

乙组诗的作者在敦煌陷落后,即被吐蕃军押解前往青海方向。有一首诗题为"冬出敦煌郡,入退浑国,朝发马圈之作"。这里所说的"退浑"即"吐谷浑"(tǔyùhún)族,当时活动在今青海北部和新疆东南部,曾建立政权。诗人沿途就所见所闻,写诗咏怀,记下了当时的一些情况。《梦到沙州奉怀殿下》诗说:

> 一从沦落自天涯,③数度栖惶怨别家。④将谓飘零长失路,谁知运合至流沙。……昨来梦魂傍阳关,省到敦煌奉玉颜。舞席歌楼似登陟,绮筵花柳记跻攀。总缘宿昔承颜笑,此夜论心岂暂困。睡里不知回早晚,觉时只觉泪斑斑。

诗题中所说的"殿下",可能是指沙州陷落前最后一个刺史阎朝。《新唐书·吐蕃传》记载:

> 始,沙州刺史周鼎为唐固守,赞普(吐蕃君长)徙帐南山,使尚绮心儿攻之。鼎请救回鹘,逾年不至。鼎迁都知兵马使阎朝领壮士行观水草,晨入谒辞行,……执鼎而缢杀之,自领州事。守城者八年,出绫一端,募麦一斗,应者甚众。……又二岁,粮械皆尽,登城而呼曰:'苟勿徙他境,请以城降。'绮心儿许诺,于是出降。自攻城至是凡十一年。赞普以绮心儿代守。后疑朝谋变,置毒靴中而死。州人皆胡服臣虏,每岁时祭父祖,衣中国(指中原)之服,号恸而藏之。

阎朝投降的条件是"勿徙他境",即聚集在沙州的中原人仍然继续留在这里。过了一个时期,阎朝即因"谋变"而被杀。谋变,可能确有其

---

① 然,同"燃"。
② 何,原作"可",今改。
③ 自,疑应作"至"。
④ 栖惶,应作"栖遑"。惶惶不安的样子。下同。

事。本诗反映出,作者是刺史的座上客,或者是州中比较高的官吏,或者和刺史的关系很深。作诗时,阎朝还没有被杀,或者已被杀而作者不知道。《忆故人》诗说:

> 一更独坐泪成河,半夜相思愁转多。左右不闻君笑语,纵横只见唱戎歌。

诗人身陷吐蕃士卒包围之中,彻夜不眠,所思念者大概也是在沙州的故人。

最后,诗人到了临蕃城。这个城在青海(湖)之东、鄯州(今青海乐都)之西,原是唐朝的军事重镇,这时已被吐蕃占领。《晚秋至临蕃被禁之作》说:

> 一到荒城恨转深,数朝长叹意难任。昔日三军雄镇地,今时百草遍城阴。颓墉穷巷无人迹,独树孤坟有鸟吟。邂逅流移千里外,谁念栖惶一片心。

临蕃城陷落之后,断壁颓垣,已成为一片废墟。诗人被囚荒城,时时遥望敦煌。《望敦煌》诗说:

> 数回瞻望敦煌道,千里茫茫尽白草。男儿留滞暂时间,不应便向戎庭老。

当时敦煌是诗人的希望所在。他在等待敦煌传来的捷报,准备施展自己的抱负,不会老死在吐蕃的监牢中。又有《晚秋羁情》诗:

> ……近来殊俗盈衢路,尚见蒿莱遍街陌。室宇摧残无个存,犹是唐家旧踪迹。

写的也是临蕃城的景象。满街荒草,所看到的却是当地的不同的风俗。室宇残破,但唐朝城市的风貌仍然依稀可见,使作者感到一丝安慰之情。另一首作品《非所寄王都护姨夫》说:

> 敦煌数度访来人,握手千回问懿亲。蓬转已闻过海畔,莎居见说傍河津。戎庭事事皆违意,虏口朝朝计苦辛。缧绁倘逢恩降日,宿心言豁在他辰。

都护,当时敦煌没有这个官职,可能是寄住在敦煌的安西或北庭大都护府的大都护、副大都护或副都护。诗人几次问从敦煌来的人,知道王都护辗转经过青海湖畔,到了黄河渡口,住在草地里。大概王都护也是被押解到青海的。诗人的心情非常痛苦,希望自己和王都护都在被囚禁中得到皇帝派来的军队的营救,到那时当再为朝廷效力,实现自己的宿愿。

丙组诗《敦煌杂咏》,从内容看,大概作于吐蕃占领沙州之后。卷末有"咸通十二年十一月二十日学生刘文瑞写记"一行,抄写者不一定是作者。抄写时间在吐蕃占领后九年,仍用唐朝年号,而诗中也洋溢着对唐朝的热切希望。这一卷诗有小序:

> 仆到三危,[向]逾二纪。略观图录,粗览山川,古迹灵奇,莫可究竟。聊申短咏,以讽美名云尔矣。

他到敦煌已二十多年,亲历当地的风云变化,不胜感慨。敦煌由于中原人民聚居的很多,而且不断地反抗吐蕃统治者,所以这里没有遭到很大的破坏。诗中有《望京门咏》:

> 郭门望京处,楼上起重堙。水北通西域,桥东路入秦。黄河吐双径,白草生三春。不见中华使,翩翩起虏尘。

当时的敦煌城在今县城西南,党河西岸,大概修建在河道转弯处,北面和东面都有水环绕,所以说"水北通西域,桥东路入秦"。"秦"即指长安而言。望京门应是敦煌东门,上起高楼,遥望长安。朝廷的使臣来时,即由此门入城。但这时登楼东望,朝廷的使臣绝迹,只见吐蕃骑兵驰驱,尘土飞扬,诗人的心情是何等地沉重。又有《莫高窟咏》:

> 雪岭干青汉,云楼架碧空。重开千佛刹,旁出四天宫。瑞鸟含珠影,灵花吐蕙丛。洗心游胜境,从此去尘蒙。

当时的敦煌城距莫高窟只有二十五里。莫高窟的洞窟外部还有很多木构建筑,楼台亭阁,栈道通连,楹楣雕绘绚丽,院中灵花缤纷,呈现出一片奇妙神秘景色。诗人的忧郁心情,在这里暂时得到了解脱。

相传西汉贰师将军李广利征大宛时,行军过敦煌三危山下,将士口

渴,广利用刀刺石壁,泉水涌出,后称为悬泉。诗中有《贰师悬泉咏》,歌颂这个故事:

> 贤哉李广利,为将讨匈奴。路指三危回,山连万里枯。抽刀刺石壁,发矢落金乌,志感飞泉涌,能令士马苏。

当地传说,今安西县西南方三危山下的"吊吊水"即悬泉,水从山崖流出。① 又古史记载,西汉时有人名暴利长,在敦煌渥洼水畔得天马,献给朝廷,诡称马从水中走出,他持勒绊,设计擒获。汉武帝作《天马之歌》,其中有"天马来,龙之媒,游阊阖,观玉台"之句。② 在古代神话中,阊阖是天门,玉台是上帝所居之处。天马原在天宫,现在来到人世,它的到来必然引致龙的降临。《敦煌二十咏》中有《渥洼池天马咏》:

> 渥洼为小海,伊昔献龙媒。花里牵丝去,云间曳练来。腾骧走天阙,灭没下章台。一入重泉底,千金市不回。

章台指长安市街。③ 渥洼池即寿昌海,今称南湖,在今敦煌县城西南。"④ 从这首诗和上引《贰师泉咏》,可以看到人们希望唐朝收复河西的心愿。

两晋南北朝时期,北方先后出现过十几个封建政权。晋安帝隆安四年(400),原属北凉的敦煌太守李暠,被地方官吏推为凉公,建立西凉政权,建都于敦煌,后迁酒泉。《晋书·凉昭武王传》记载,李暠在敦煌"于南门外临水起堂,名曰靖恭之堂,以议朝政,阅武事。"《敦煌二十咏》中有《李庙咏》:

> 昔时兴圣帝,遗庙在敦煌。叱咤雄千古,英威重一方。牧童歌冢上,狐兔穴坟旁。晋史传韬略,留名播五凉。

李庙大概即指靖恭堂,四百年后仍然存在,但已荒凉不堪。又有《贺拔堂咏》:

---

① ④ 向达:《西征小记》,见《唐代长安与西域文明》。

② 《汉书·武帝纪》、《汉书·礼乐志》及颜师古注。

③ 《汉书·张敞传》:"时罢朝会,走马章台街,自以便面(团扇)附马。"

>英雄传贺拔,割据王敦煌。五郡征盘匠,千金造寝堂。绮檐安兽瓦,粉壁架鸿梁,峻宇称无德,何曾有不亡?

这个贺拔是谁呢？按唐睿宗景云元年（710），朝廷曾派贺拔延嗣主管甘、凉、瓜、沙、肃、伊、西七州事,次年任命他做凉州都督、河西节度使。他没有封王,也没有在敦煌割据,所以贺拔不是指延嗣。再往上推,北魏宗室元太荣(原姓拓拔),于北魏孝昌元年（525）开始任瓜州刺史,永安二年（529）被封为"东阳王",大统八年（542）死于瓜州任所,统治敦煌凡十七年。[①] 诗中所说的"贺拔"或许即指原姓"拓拔"的鲜卑族东阳王而言。而所说的"峻宇称无德,何曾有不亡?"也很可能在暗示当地吐蕃统治者的下场。

唐代的阳关究竟在什么地方？敦煌发现的《沙州图经》说在寿昌县"西十里,今见毁坏,基址见存"。向达先生认为阳关当在今敦煌县城西南的古董滩一带。《敦煌二十咏》中有《阳关戍咏》:

>万里通西域,千秋尚有名。平沙迷归路,甃井引前程。马色无人问,晨鸡吏不听。遥瞻废关下,昼夜复谁扃?

关城残破,荒无人烟,所谓阳关大道已被流沙淹没,只能以枯井（甃井）作为访古的标志。这里既没有人查问进来的是否血汗马,更没有关吏再听鸡鸣而开门。远望关楼遗址,还有谁再关闭大门？这个诗人和下引《沙州图经》的作者,所处的时期可能相去不远。《敦煌二十咏》中还有《水精堂咏》:

>阳关临绝漠,中有水精堂。暗碛铺银地,平沙散玉羊。体明同夜月,色净合秋霜。何则弃胡塞,[②]终归还帝乡。

水精或写作水晶。水精堂当是由于采用透明石料或玉石作为建筑材料或装饰品而得名。堂外的沙地铺着"暗碛",而玉羊之类的装饰品却散

[①] 参看向达:《莫高、榆林二窟杂考》,见《唐代长安与西域文明》;贺世哲:《敦煌莫高窟供养人题记校勘》,《中国史研究》1980年3期。

[②] 何:原作"可",今改。

布在流沙中。"体明"二句大概是指殿中装饰品。诗人认为这样华丽的建筑不当弃置在这里,而应当迁到长安。1972年,酒泉文物普查队曾到今敦煌县城西南的南湖公社西隅,勘查阳关遗址,据参加者成大林记载:

> 古董滩附近的墩墩山、龙首山,满山都是五色砾石和粗沙粒,红色砾石尤多,晨昏时分,在斜阳照射下,呈紫红色。两山之间为一狭窄的山口,土名红山口。
>
> 走进流沙,俯首细看,就会发现,在沙梁间的地上散布着古代陶器碎片、铜扣、铜带钩、石磨和各种铁制生产工具,一些产自西域的五色料珠、琥珀之类的装饰品残片和汉代五铢钱、唐代开元通宝、货泉通宝、榆夹钱等古代货币,更随处可以拣到。……因此,当地群众叫它"古董滩",也叫"古铜滩"。
>
> 由此向西翻越十四道沙梁,发现有大型板筑遗址……面积达上万平方米。……进入流沙地带,还发现了窑址、耕地遗址,连地埂水渠也明显可见,分布面积达十平方华里之阔。……结合地理形势和文献材料,可以断定:汉唐时代的阳关就在这里。[①]

阳关在魏晋时代曾设县治,所以遗址较大。唐代的阳关建筑群仍然不小,水精堂是其中的一座殿堂,它距关楼似乎还相当远,所以诗人说"遥瞻废关"。他大概到了水精堂,没有到废关。

诗中所说的"暗碛"当即指附近出产的紫红色砾石。既然至今在当地还可以发现五色料珠、琥珀之类的装饰品残片,那么,在唐代末年"平沙散玉羊"的情况更是可以想象的了。但这种五色料珠和琥珀的装饰品未必都产自西域,大部分应当出于当地。《敦煌二十咏·瑟瑟咏》说:

> 瑟瑟焦山下,悠悠采几年。为珠悬宝髻,作璞间金钿。色入青霄里,光浮黑碛边。世人偏重此,谁念楚材贤。

可见当时敦煌就有瑟瑟矿场。瑟瑟即珍珠,矿场在"焦山"下。这座焦

[①] 成大林:《阳关之谜》,《文史知识》1981年3期。

山也许就是红山口一带的山,因山石呈紫红色而得名。诗中的"黑碛"即《水精堂咏》中的暗碛。"楚材"指古代楚人卞和所得的璞玉。由于敦煌有这种特产,所以当年才能修建水精堂,而料石之类的装饰品残片至今仍然可以在流沙中被发现。

南北朝末年,波斯的祆(xiān)教(拜火教)传入中原,或称火祆教。唐代初年,长安也有祆祠。敦煌发现的唐僖宗光启元年(885)《伊州、沙州地志》残卷记载,伊州(今新疆哈密)有祆庙。① 今观《敦煌二十咏》中的《安城祆咏》,可知敦煌也有祆庙。这首诗说:

> 板筑安城日,神祠与(于)此兴。一州祈景祚,万类仰休征。蘋藻来(采)无乏,精灵若有凭。更看云祭处,朝夕酒如绳(渑)。②

修筑安城,同时修建祆庙,这里的居民可能是一批内迁的信仰祆教的西域人。地名安城,是否由于这批祆教徒中有安息(波斯的旧称)或安国(今中亚布哈拉)人呢? 今提此疑问,供研究者参考。当时到祆庙祭神求福的信徒不少,所以说献的酒和渑池的水一样多。

丁组诗三首都作于张议潮收复敦煌之后。③ 第一首《敦煌》:

> 万顷平田四面沙,汉朝城垒属蕃家。歌谣再复旧唐国,道舞春风杨柳花。仕女上(尚)□天宝髻,水流依旧种桑麻。雄军往往施鼙鼓,斗将徒劳猃狁夸。④

本诗反映了敦煌收复之后,作者和居民的欢乐心情。城内外杨柳夹道,桑麻遍野,一派水乡风光。人们仍然梳着天宝(唐玄宗年号)发髻,表示不忘传统习俗。英勇的军队往往敲起鼙鼓,但受到敌方称赞的猛将还没有得到应有的奖赏。这支军队就是张议潮的起义军。从莫高窟壁画《张议潮出行图》可以想见他们的气概。

第二首题名《寿昌》。寿昌,县名,原称龙勒,在寿昌海(今南湖)东

---

① 向达:《唐代长安与西域文明》第七章。
② 渑,渑池。在今河南渑池县。
③ 参看《拾遗》说明。
④ 猃狁(xiǎnyǔn),古代民族名。这里借指吐蕃。

北,属于沙州。今将原诗抄录如下:

> 会稽碛畔亦疆场,回出平田筑寿昌。沙幕雾深鸣□雁,①草枯犹未及重阳。狐裘上(尚)冷搜红髓,绨葛那堪卧□霜。邹曹(鲁)不行文墨少,移风徒哭说西王。

本诗有些语句不易理解。会稽是西凉国主李暠割据敦煌、酒泉地区时(400—417)设置的侨郡,在敦煌城以北。从江南迁来的人在此聚居。以后,废郡。寿昌应有县城,这里还说"筑寿昌",大概是由于旧城已在战争中毁坏,这时需要重新修筑。会稽碛畔也成了战场,所以这次筑寿昌城不能不远离平田,目的在保护农业生产。寿昌新城似已不在旧城原址。本诗作者可能是在张议潮幕府中供职,自以为不在邹鲁文化较高之地,学识浅陋。末句的意思尤其含糊,可能是由于吐蕃还占据着沙州以西的许多地方,所以说"徒哭说西王"。古代神话传说中"西王母"之国在西方。

第三首题为《仆固天王,乾符三年四月二十四日打破伊州,□□□□□录打劫酒泉后却□断(下缺)》,诗只存首句中"为言回鹘倚凶"六字。《〈拾遗〉说明》指出:

> 第三首诗题有历史价值。仆固天王殆即北庭回鹘首领仆固俊。此诗应是当时当地人所作,所以称他为"天王"。乾符三年(876)打破伊州事,不见史书记载。……这时候,仆固俊受张议潮的指挥,打败了吐蕃不久,这次打伊州,想他是受张议潮的命令的。

按《新唐书·吐蕃传》记载:

> 咸通七年(866),北庭回鹘仆固俊击取西州(今新疆吐鲁番)收诸部。鄯州城使张季颙与[吐蕃]尚恐热战,破之,收器铠以献。……会仆固俊与吐蕃大战,斩恐热首,传京师。

据此诗题,唐僖宗乾符三年(876),仆固俊又击取伊州(今新疆哈密)。诗题下半可能是说,吐蕃劫掠酒泉后,准备逃走,又被仆固俊截击。仆

---

① "鸣"后一字可能是"塞"字。

固俊斩尚恐热首事,应在伊州战役之后。

　　关于以上四组佚诗的史料价值,现在只提出初步的探索和推测的意见,希望研究者予以指正并进一步发挥佚诗的史料意义,以辅助说明有关历史问题。

(《西北史地》1982 年 3 期)

唐代西藏马毬戏传入长安

西藏人民和祖国各族——特别是汉族人民,自古以来就有密切的经济和文化关系。到了唐代,西藏称为"吐蕃",吐蕃和唐朝当时已"和同为一家",文化交流日益频繁。长安盛行的马毬戏就是西藏人传进来的。

在中原地区,原来有一种踢毬的游戏,称为"蹴鞠"或"蹋鞠"。刘向《别录》说:"蹴鞠者,传言黄帝所作,或曰起战国之时。蹋鞠,兵势也,所以练武士,知有材也。皆因嬉戏而讲练之。"[①]所谓黄帝所作,只是传言;说起于战国之时,是可以相信的。关于鞠的制法,《汉书·霍去病传》颜师古注说:"鞠,以皮为之,中实以毛,蹴蹋而戏也。"游戏时以用脚踢为主,有时兼用手打。

在唐代初年,传来了一种"波罗"(polo)毬戏,骑在马上用毬杖打,称为"打毬"、"击毬"或"击鞠"。这时汉语里产生了一个毬字。唐封演《封氏闻见记》卷六《打毬篇》说:"打毬,古之蹴鞠也。(中略)近俗声讹,谓鞠为毬,字亦从而变焉,非古也。"按唐音,鞠读为"钜六反"(两音相拼),毬读为"渠幽反",因语音演变而创造了一个新字,鞠字逐渐被毬字所代替。波罗毬传来,即用固有名词毬或鞠指这个新物品。因不用脚踢而用毬杖打,所以改称为"打毬"。

许多学者认为波罗毬戏源出于波斯。但波斯语称毬为guy,根本没有"波罗"毬这个名称。波斯语中像guy这一类的单音词很少,而且另外也找不到它取得毬字意义的语根,这个名词很可能是借字[②]。借用的哪个民族的语言呢?在唐代,波斯人到中国来的,中国人到波斯去的都很多,波斯语guy字大概是借用的汉语毬字;就读音比较,如果认为借用的是汉语的鞠字,则更为近似。

---

① 《古今图书集成》卷八〇二《艺术典》,蹴鞠部引。

② 关于波斯语中"波罗"毬的材料,是黄巨兴同志供给的。

波罗一词是从藏语的线毯"波郎"(polon)演变而来的。清代有人译藏语"波郎"为"抢行头"、"行头"即用棉线缠绕而成的毯,富有弹性。欧洲各种语言中的马毬,大都是借用的波罗这个名称。《英国百科全书》一方面承认英语 polo 源出于藏语 pulu(毯),一方面却认为西藏的马毬戏又是从波斯传来的,难以自圆其说。古阿拉伯语中没有波罗毬这个词儿,后来借用了英语 polo。俄语中有外来语波罗毬,是借用的英语 polo。《俄语外来语辞典》认为 polo 一词源出于藏语①。有的学者主张最早的波罗毬戏发源于西藏,我们认为有充分的理由。

《封氏闻见记》说:"〔唐〕太宗常御安福门,谓侍臣曰:'闻西蕃人好为打毬,比亦令习,曾一度观之。昨升仙楼有群蕃街里打毬,欲令朕见。此蕃疑朕爱此,聘为之。以此思量,帝王举动,岂宜容易,朕已焚此毬以自诫。'"这里所说的"西蕃人"即吐蕃人。说"比亦令习",即最近令人向吐蕃人学习打毬,可见这时波罗毬戏刚开始传入。吐蕃人在升仙楼街里打毬,必能轰动一时,因此也希望皇帝去参观。唐太宗怕引起皇帝提倡打毬的误会,烧了自己的波罗毬,但实际上他还是爱好这种游戏的。

波罗毬大小如拳头,是用坚韧的木料做的,当中挖空,外面涂为红色,也有加上一些装饰品的,所以称为"朱毬"、"珠毬"、"画毬"、"綵毬"、"七宝毬"或"木毬子"。毬杖长数尺,雕饰精美,打毬的一端作弯月形。马毬戏都在毬场上举行,场地宽广平滑。但如上引"群蕃在街里打毬"的记载,偶尔也有在比较宽敞的街道上打毬的。毬场两端设置毬门,打毬入门者为胜。打毬的人分为两朋(即队,或写作棚),骑马入场,回旋驰骋,场面极为紧张。击中一毬,即得一"筹",把筹插在毬门上。隆重的马毬比赛,往往用龟兹(今新疆库车)乐伴奏。

唐中宗景龙三年(709)十一月,吐蕃遣尚赞咄(官名)名悉腊等来长安迎接金城公主。《封氏闻见记》说:

景云(应作龙)中,吐蕃遣使迎金城公主,中宗赐观打毬。吐蕃赞咄奏言:"臣部曲有善毬者,请与汉敌。"上令仗内试之。决数都,吐蕃皆胜。时玄宗为临淄王,中宗又令与嗣虢王邕、驸马杨慎交、

---

① 关于阿拉伯语和俄语中的材料,是黄巨兴同志供给的。

武秀等四人,敌吐蕃十人。玄宗东西驱突,风回电激,所向无前。吐蕃功不获施。其都满赞咄,犹此仆射(官名)也。中宗甚悦,赐强明绢数百段。学士沈佺期、武平一等皆献诗。

这是非常精采的一场马毬赛。沈佺期《幸梨园亭观打毬应制》诗说:

> 今春芳苑遊,接武上琼楼。宛转萦香骑,飘飘拂画毬。俯身迎未落,回辔逐傍流。只为看花鸟,时时误失筹。

武平一《幸梨园亭观打毬应制》诗说:

> 令节重遨游,分镳戏绿毬。骖驔回上苑,蹀躞绕通沟。影就红尘没,光随赭汗流。赏阑清景暮,歌舞乐时休。

从这两首诗可以看到当时的热闹情况。

景龙四年二月,唐中宗送金城公主到始平离别。沈佺期、武平一等都有《送金城公主适西蕃诗》。可以证明西蕃即吐蕃,唐太宗所说的西蕃人即吐蕃人,非泛指西域人;唐朝的马毬戏是西藏人首先传进来的,他们一向有高超的打毬的技巧。

唐玄宗时,打毬的风气大盛,驸马武崇训、杨慎交甚至"洒油以筑毬场"。此后,穆宗、敬宗、宣宗、僖宗等,以及许多文臣武将都曾沉醉在这种游戏里。1956年西安发掘唐大明宫遗址时,还发现了一块石碑,刻着"含元殿及毬场等,大唐大和辛亥岁乙未月建"。当时兴建毬场是一项大工程,所以记在碑文里。大和辛亥岁即文宗太和五年(813)。

在唐代还有骑驴打毬的,骑驴打毬不至过于猛烈。也有不骑驴马而步行打毬的,如王建《宫词》说:"殿前铺设两边楼,寒食宫人步打毬。一半走来争跪拜,上棚先谢得头筹。"步行打毬当然是更缓和的游戏。

马毬戏在内地盛行于唐宋元明各代,到清代就不见记载了。民国年间,北洋军阀的军队中有马毬队,燕京大学也举行过马毬比赛(骑着驴打毬),这又是从欧美传来的。

西藏的马毬戏流传得很广,它给世界人民贡献了一个在文化生活中非常受欢迎的节目。

(《历史研究》1959年6期)

河北钜鹿出土北宋绢画"打毬图"

《唐明皇击鞠图》，北宋李公麟原本，清丁观鹤临摹

阴法鲁先生学术年表

1915年,出生于山东省肥城县红庙村。幼年在家塾读书,后至肥城县城读县立高级小学,至济南读私立育英初级中学及山东省立高级中学。

1935年,考入北平北京大学中文系。

1937年,抗日战争爆发,北大、清华、南开三校联合南迁,在湖南成立长沙临时大学,前往就读。

1938年初,临时大学迁往云南,成立西南联合大学,继续就读。

1939年,在导师罗庸先生指导下,完成大学毕业论文《先汉乐律初探》。大学毕业后,适逢北京大学文科研究所在昆明成立,与逯钦立、马学良、周法高、杨志玖、王明、任继愈等同时考取首届研究生,导师为罗庸、杨振声先生,确定的研究课题为《词的起源及其演变》。

1942年初,完成毕业论文《词与唐宋大曲之关系》,北京大学文科研究所毕业,并留在研究所担任研究助教。

1942年秋,应聘赴大理喜洲镇华中大学任中文系副教授,兼任该校"哈佛燕京学社"文学研究员,讲授"大一国文"、"大二国文"、"中国文学史"等课程,并从事研究工作。

1944—1945年,《先汉乐律初探》、《唐宋大曲之来源及其组织》(研究生论文的一部分)油印发表。

1946年,随北京大学回迁北平,担任中文系讲师。

1949年,北平解放后,调任本校博物馆学专修科讲师,后专修科并入史学系,改任史学系副教授。

1952年,高等学校院系调整,调任北京政法学院副教授。

1954年,调任中国科学院历史研究所副研究员,研究隋唐史,侧重文化史。

1956年,参加国家艺术史研究十二年规划制订,与欧阳予倩、吴晓邦等共事,进入音乐舞蹈史学界。

1957年,与杨荫浏先生合著的《宋姜白石创作歌曲研究》出版。

1959年,参加西藏文物调查,在萨迦寺发现《金藏》残卷。

1960年,调回北京大学中文系,任新成立的古典文献专业副教授,协助魏建功教授主持专业工作。

1962年,在北京大学组织主持"敦煌发现60周年纪念系列讲座"。

1971年,参加中华书局二十四史点校工作,在汪绍楹先生点校稿的基础上,完成《隋书》部分的点校定稿工作。

1978年,担任北京大学中文系教授。

1981年,担任国务院古籍整理出版规划小组成员。

1982年,应邀赴美国哥伦比亚大学音乐系,任客座教授。

1984年,参与发起创办"中国文化书院",并担任书院导师。

1986年,在北京大学离休。

1989年,主编教育部统编教材《中国古代文化史》。

1992年,担任国家古籍整理出版规划小组顾问。

1995年,北京大学中文系古典文献专业举办阴法鲁先生八十华诞庆祝会。

2002年3月,因病在北京逝世。

2003年,北京大学中文系古典文献专业举办阴法鲁先生逝世一周年追思会。

2008年,《阴法鲁学术论文集》在中华书局出版。

后 记

　　今年是北京大学中文系创建一百周年，陈平原主任与北大出版社策划刊行"北大中文文库"，编选前辈学者论著，以凸显北大中文系的学术传统，这无疑是非常有意义的工作。阴法鲁先生是北大中文系名副其实的老辈，从读书到执教，见证了北大中文系大半个世纪的风雨沧桑。1935年，阴先生自山东省立高级中学考入北大中文系，两年后抗战爆发，跟随学校南迁，历尽艰辛，1939年在西南联大中文系毕业时，同届入学的二十五名同学仅余九名。大学毕业后，阴先生又考取北大文科研究所首届研究生，导师为中文系罗庸、杨振声教授，同时录取的尚有逯钦立、马学良、周法高、杨志玖、王明、任继愈等后世知名学者，号称"得士"。抗战胜利后，阴先生随北大回迁北平，先后担任中文系讲师、博物馆学专修科讲师和史学系副教授。1959年，北大中文系新设古典文献专业，次年阴先生即应母校的召唤，从中国科学院历史研究所调回北大，协助魏建功先生主持古典文献专业建设。此后，阴先生长期在北大中文系服务，为古典文献专业的教学科研鞠躬尽瘁，赢得学界好人的称誉。

　　余生也晚，1986年始从阴先生在职攻读硕士学位，成为他离休之前招收的最后一名研究生。当时，阴先生正在主持《中国古代文化史》的编撰，遂指定我以文化史为研究方向，并准备承担系里相关课程的教学任务。因此，对于阴先生在音乐与文学方面的学术专长，涉猎无多。此次受命编选阴先生的论著，方认真拜读先生的文字，略窥其学问之涯涘。阴先生攻读研究生期间，即在罗庸、杨振声教授指导下，探究词的起源及其演变，并完成毕业论文《词与唐宋大曲之关系》。此后，古代音乐与文学的交叉研究，古代音乐舞蹈史研究，成为阴先生的主要研究方向。该领域学界向来少有人涉足，但即便是在有兼容并包传统的北大，此类冷僻学问，亦难引人关注。阴先生却甘坐冷板凳，在此领域默默地耕耘，研究成果不但在海外被广为引用，而且成为国内音乐舞蹈界艺术实践的理论指导。可是阴先生周围的同事，包括我们这些学生，对此却知之甚少，真应了那句俗语，"隔行如隔山"。我想阴先生在他的学术领域，大概是非常寂寞的，但是当年每次登门拜望，先生除了学问之外，几乎不谈自己，也很少言及学界的浮嚣，对于我们的信口臧否，总是微微一笑。在学风浮躁、学术功利化的当下社会，学术声望和地位往往直接关系到个人的利益。阴先生因从事的并非主流或时髦的学术研究，也不善于包装自己，自然得不到相应的待遇，他没有被评为博士导师，也没有丰厚的稿酬版税。因为离休得早，享受不到后来的各类津贴和奖金，阴先生的家庭生活简单而朴素。但是在我的记忆里，从来没有听到过先生的抱怨之词。每次问学之际，面对宽厚仁和的先生，自己心浮气躁的心绪似乎也得到平释，逐渐品味出一些作为纯粹学者的人生乐趣。

因为篇幅有限，本书主要选编阴先生以古代音乐文学为核心的代表论文，力求较为全面地展示其在古代音乐与文学交叉领域研究的杰出成就。阴先生在古典文献学、古代文化史诸方面，亦多有建树，相关论文参见中华书局编辑出版的《阴法鲁学术论文集》。本书所选论文，除《唐宋大曲之来源及其组织》外，亦均采自《阴法鲁学术论文集》，承蒙中华书局方面允准，并得到冯宝至学长的大力协助，谨致谢忱。阴先生哲嗣松生先生，全权委托笔者编选本书，对于他的信任，在此也表示感谢。由于学养所限，选目或有不当，前言、年表或有疏误，敬请大方之家不吝指正。

刘玉才

于北京大学中国古文献研究中心

2010 年 8 月 25 日